중급 상담실무자를 위한

집단상담의 실제

권경인 · 김미진 · 이민주 공저

GROUP COUNSELING
PRACTICE FOR
INTERMEDIATE COUNSELORS

KB192434

학지사

머리말

집단상담자들을 위한 리더 교육에 대한 여러 요구들이 있어 왔다. 특별히 초심 단계를 벗어나고 숙련으로 들어가기 전 중간 단계에 해당하는 중급 집단상담자들은 상담 현장에서 가장 많이 집단상담을 진행하는 주체이지만 전문성 발달에 대한 고민도 깊다. 이들의 필요와 요구에 부응하는 집단상담 리더 교육의 내용과 방법에 대해 20년 이상 고민해 왔던 여러 연구와 실제 프로그램의 실시에 따른 피드백을 기반으로 이 책은 만들어졌다.

집단상담은 여러 내담자와의 상호작용을 통해 심리적 변화를 촉진하고, 개인상담과는 차별화된 역동성을 가진 독특한 상담 형식이다. 집단 구성원 간의 상호작용과 집단 역동은 치료적 요인으로 작용하며, 집단상담자는 이를 효과적으로 이끌어 내는 리더십과 전문적 기술을 갖추어야 한다. 중급 집단상담자들은 이론에 있어 보다 심화되고 개별화된 이론적 내재화를 필요로 하고, 집단상담의 실제에 있어서도 효과를 극대화시킬 수 있는 고급 기술에 대한 갈망이 크다. 최신의 이론과 방법론 및 전체 역동에 대한 개입 기술과 심화된 개념화, 복합적인 집단상담 기술에 대한 요구가 높다.

이 책은 중급 상담실무자를 위한 집단상담 지침서로, 상담자들이 집단상담에서 요구되는 보다 심화된 이론적 기초와 통합된 실천적 기술을 효과적으로 배우고 적용할 수 있도록 돕기 위해 집필되었다. 총 10개 장으로 구성되었으며, 각 장에서는 중급 상담자의 발달 과정을 고려한 심층적 내용과 실질적 도구를 제공하여 집단상담자들이 실무에서 직면하는 다양한 상황에 능숙히 대처할 수 있도록 구성하였다.

제1장 '오리엔테이션 및 내적 자기'에서는 중급 집단상담자의 발달 특성과 교육 요구를 중심으로 다루었다. 중급 상담자로서 정체성을 형성하는 데 필요한 자기이해와 전문

적 기술 개발의 중요성을 강조하며, 개인상담과 차별화되는 집단상담의 특성과 윤리적 고려 사항을 소개한다. 특히, 중급 상담자로서 내적 자기 성찰을 통해 상담자로서의 방향성과 성장 목표를 명확히 설정하는 과정을 제시하고자 하였다.

제2장 '대상관계이론 기반 사례개념화'에서는 대상관계이론을 기반으로 전이와 투사적 동일시를 이해하고 다루는 방법을 탐구할 수 있다. 내적 대상관계와 집단의 심리적 역동을 분석하는 기법을 통해 사례개념화를 보다 효과적으로 수행할 수 있도록 안내한다. 대상관계 재현과 전이 및 투사적 동일시를 다루는 실질적인 기술을 통해 집단 내 복잡한 역동을 통합하고 치료적으로 사용할 수 있도록 하였다.

제3장 '집단 역동 다루기'를 통해서 집단상담자는 집단의 대인 간 상호작용, 집단 전체의 역동, 그리고 집단발달 단계별 규범과 저항 등을 다루는 구체적인 기법들을 모색할 수 있으며, 집단상담자가 치료적 환경을 조성하고 집단원들의 긍정적 변화를 촉진할 수 있는 기술을 배울 수 있다.

제4장 '어려운 집단원'에서는 어려운 집단원이 나타내는 행동 패턴과 갈등 상황을 이해하고, 효과적으로 개입하는 방법을 제시한다. 독점적 행동, 주지화, 일시적 구원 등 다양한 행동 유형에 따른 개입 전략과 상담자로서의 고려 사항을 다루며 집단 내 갈등을 치료적으로 활용하기 위한 구체적인 기술도 강조하였다.

제5장 '집단상담 기술: 집단 역동 촉진을 위한 피드백 기술'에서는 집단원 간의 상호작용을 촉진하기 위한 피드백 기술과 치료적 요인을 강화하는 전략을 설명하였다. 또한 집단상담자가 상호작용 중심의 기술을 활용해 집단의 응집력을 높이고 심리적 변화를 촉진하는 방법을 제시하고, 피드백을 통해 집단원 간 신뢰와 이해를 증진시키는 방법을 구체적으로 담아내었다.

제6장 '역할극'을 통해서 역할극을 활용한 집단상담 기법을 소개하고, 이를 통해 집단원들이 실제 상황에서 자신을 탐구하고 새로운 대처 방식을 실험할 수 있는 기회를 제공하고자 한다. 또한 역할극 과정에서 나타나는 저항을 다루고, 효과적으로 이를 운영하는 방법을 안내하여 집단상담사들이 역할극을 집단상담 장면에서 유용하게 활용할 수 있도록 하였다.

제7장 '메타버스를 활용한 집단상담'에서는 가상현실과 메타버스를 활용한 집단상담

의 가능성과 잠재력을 탐구하며 메타버스가 제공하는 몰입형 환경의 장점을 바탕으로, 다양한 대상과 주제에서 활용할 수 있는 구체적인 방법과 한계를 제시하였다. 또한 비대면 집단에서 집단원 간의 상호작용을 극대화하고 정서적 연결감을 높이는 기술을 모색하였다. 이러한 교육내용은 급변하는 환경 속에서 집단상담이 다양한 형태로 확장되고 활용될 수 있는 방향을 제시한다는 점에서 의의를 갖는다.

제8장 '집단상담 프로그램 개발 및 실제'에서는 집단상담 프로그램의 개발 및 실행 과정에서 필요한 이론적 지식과 실무적 노하우를 다루었다. 상담 목표에 맞는 프로그램 설계, 집단원 특성에 따른 조정, 실행 중 발생할 수 있는 문제를 효과적으로 해결하는 방법과 사례를 기반으로 한 프로그램 재구성 방법을 통해 실질적 활용 방안을 구체적으로 제공하였다.

제9장 '집단상담 슈퍼비전'에서는 집단상담자들이 전문성을 향상시키기 위해 슈퍼비전을 활용하는 방법을 설명하였다. 또한 슈퍼비전 과정에서 다루어야 할 윤리적 이슈와 집단 역동 분석, 구체적 사례를 기반으로 한 피드백 전략 등을 설명하였고, 집단상담자와 슈퍼바이저 간의 상호작용에서 발생하는 역동을 다루는 실질적 방안을 안내한다.

제10장 '집단상담에서 어려운 종결 다루기'에서는 집단의 종결 단계를 효과적으로 운영하는 방법을 제시하고자 구성원들의 복잡한 감정을 이해하고, 집단 경험을 통합하며, 지속적인 성장을 지원하는 방안을 구체적으로 다루었다. 특히, 종결 단계에서 발생할 수 있는 갈등 상황에 대한 대처와 심리적 안정감을 제공하는 기술을 강조하였다.

이 책에서 제시하고 있는 집단상담자가 직면할 수 있는 다양한 상황에 대한 실질적인 해법과 기술훈련 및 전문성을 더욱 심화시키는 데 목적을 둔 실습 등은 혼자서도 습득할 수 있으나 가능하다면 다양한 형태의 소집단 그리고 교육집단에서 나누고 연습하길 제안한다. 실제적이고 경험적으로 집단 내에서 시도하고 서로 피드백을 주고받는 과정에서 학습의 효과가 극대화될 수 있을 것이다.

이 책이 만들어지기까지 긴 여정에는 수많은 집단원들이 있었다. 또한 집단상담자로서 자신의 전문성을 키워 가고자 했던 많은 집단상담자들과의 작업이 녹아 있다. 각 장의 주제들과 연결되는 연구를 함께 수행했던 여러 연구자의 이름들도 기억난다. 특별히 함께 해 준 김미진 선생, 이민주 선생에게 고마움을 전한다. 두 분의 협력 덕분에 이 책이 탄생할 수 있었다. 더불어 집단 교육 과정에서 경험을 나눠 주며 구체적인 실습 방안을 모색할 수 있도록 도와주신 많은 상담자분들께도 진심으로 감사의 마음을 전한다. 또한 책을 집필할 수 있도록 물심양면으로 지원해 주신 학지사 김진환 대표님께도 깊은 감사를 드린다.

2025년 2월

대표 저자, 권경인

차례

제3장 : **집단 역동 다루기 · 109**

제7장 : 메타버스를 활용한 집단상담 · 251

제8장 : 집단상담 프로그램 개발 및 실제 · 287

제9장 : 집단상담 슈퍼비전 · 323

제1장

오리엔테이션 및 내적 자기

학습목표

1. 중급 수준 집단상담자들의 발달 과정 특징을 이해한다.
2. 중급 집단상담자로 나의 내적 자기를 구체적으로 명료화할 수 있다.
3. 중급 집단상담자로 영역별 전문성 발달 정도를 측정하여 객관적인 발달 수준을 파악할 수 있다.
4. 상담자 발달을 위한 성장 목표를 수립하고 구체적인 계획을 세울 수 있다.

들어가며

−집단상담자로 발달하는 과정에서 나의 역량은 지금 어떤 수준에 와 있나요?
−전문성 성장을 위해서 필요한 교육과 훈련은 무엇일까요?
−집단상담자로서 내가 가지고 있는 강점과 특징은 무엇일까요?
−내가 되고 싶은 집단상담자는 어떤 모습일까요?

집단상담자 교육과정의 첫 단계는 오리엔테이션으로, 교육의 목적, 내용, 방법을 참여자들에게 소개하고 참여자 간의 라포를 형성하는 것을 목표로 한다. 오리엔테이션에서는 교육과정의 전반적인 내용과 일정, 규칙 등을 안내하며, 참여자들은 자기소개를 통해 서로를 알아가는 시간을 갖는다. 이 과정은 교육에 대한 이해를 높이고, 참여자들 간의 친밀감을 증진하는 데 기여한다.

상담자로서의 내적 자기 탐색은 상담자 자신의 내면을 깊이 이해하고 탐색하는 과정이다. 상담자는 자신의 가치관, 신념, 감정, 경험을 잘 알고 있어야 내담자를 이해하고 공감할 수 있으며, 이를 위해 생애사 작업, 가치관 탐색, 감정 인식 등 다양한 방법을 활용할 수 있다. 또한 상담교육 및 실습을 통해 자신의 내면과 만나 보는 시간을 가짐으로써 상담자는 자기이해를 높이고 내적 성장을 도모할 수 있다.

이러한 오리엔테이션과 내적 자기 탐색은 상담자 교육과정의 깊이 있는 진행을 위한 도입으로 중요한 첫 단계이다. 이 과정을 통해 참여자들은 교육의 목적과 내용을 충분히 이해하고, 상담자로서 자신을 성찰하기 시작한다. 이는 상담자들이 내담자를 더 깊이 이해하고 공감하는 데 크게 기여한다. 상담은 상담자와 내담자 간의 관계 속에서 이루어지는 것으로, 상담자의 자기이해는 상담 과정에서 핵심적 요소로 작용한다. 따라서 이러한 과정은 상담자로서의 전문성을 발달시키는 교육에서 필수적인 과정이라 하겠다.

1. 중급 집단상담자의 발달 단계에 따른 특성

권경인 등(2020)에 따르면 집단상담자의 발달 과정은 1. 석사과정, 2. 석사 졸업 후 박사과정, 3. 집단상담 전문가과정, 4. 숙련전문가 과정의 4단계로 구분된다. 2단계에서 집단상담자로서 정체성에 대해 내재화가 시작되며 이 단계를 중급 단계라고 볼 수 있다. 집단상담자로서의 중급 단계는 초급 단계에서 습득한 기본적인 원리와 기술 위에 더욱 심화된 이해와 전문성을 구축하는 과정이다. 중급 집단상담자들은 집단상담의 과정과 역동을 이해하고 있으며, 이를 실제 상담 상황에 적용할 수 있는 능력을 갖추고 있다. 또한, 다양한 상황과 어려움에 대처할 수 있는 유연성과 임기응변 능력이 초급 단계보다 발전하였다. 이들은 집단상담자로서의 정체성을 확립해 나가는 중요한 단계에 있으며, 자신만의 상담 스타일과 철학을 형성해 나가고 있다.

중급 집단상담자들은 초급 단계에서 주로 모방하던 슈퍼바이저나 선배 상담자들의 스타일과 철학에서 벗어나, 자신만의 독특한 상담 스타일을 개발해 나가는 과정 중에 있다. 이러한 과정을 통해 자신이 추구하는 집단상담의 가치관과 신념체계를 정립하고, 다양한 이론과 기법들을 접하며 자신에게 가장 적합한 접근법을 찾아간다. 이는 집단상담을 진행함에 있어 더욱 효과적이고 개인화된 방법을 개발하는 데 기여한다.

또한, 중급 집단상담자들은 복잡하고 난해한 집단 역동을 이해하고 다루는 능력을 강화하며, 집단상담이 진행되는 맥락과 환경, 대상에 대한 심도 있는 이해를 바탕으로 상담 계획을 수립하고 진행하기 위해 노력한다. 윤리적 쟁점과 딜레마에 대한 심도 있는 고민을 통해 자신만의 윤리적 기준을 설정하고 이를 상담에 적용하고자 한다. 상담 활동과 의미에 대한 갈등과 고민이 깊은 상태이고 윤리 영역의 중요도에 대한 높은 인식 수준을 가진 단계이다.

이런 발달 과정에서 중급 집단상담자들은 자기성찰과 개인적 성장을 중시하며, 집단 상담 과정을 통해 자신에 대한 깊이 있는 이해를 추구한다. 이들은 자신의 감정, 사고, 행동 경향성을 면밀히 살피고, 이를 통해 통찰을 얻으려 노력한다. 이러한 자기이해는 상담자로서의 전문적 발달은 물론 개인적 성장에도 기여한다.

마지막으로, 중급 집단상담자들은 전문성에 대한 욕구나 내적 동기가 상대적으로 높아 슈퍼비전과 교육 훈련의 중요성을 인식하고 이에 적극적으로 참여한다. 이들은 능동적이고 주도적으로 자신의 교육과 슈퍼비전 과정을 이끌어 나가며, 슈퍼바이저 및 동료 상담자들과의 협력을 통해 전문적 정체성을 더욱 굳건히 하고자 하는 모습이 관찰된다. 이는 집단상담자로서의 지속적인 전문성 신장에 필수적인 요소로 작용하며, 집단상담 분야에서의 성공적인 경력을 위한 기반이 된다. 때문에 중급 단계는 전문성 성장에 중요한 단계이자 실질적인 시작 단계이며 따라서 전문성에 대한 욕구나 내적 동기가 상대적으로 높아 전문적이고 체계적인 교육과 훈련들이 필수적인 중요한 단계라고 할 수 있다. 이러한 발달 단계에 있는 중급 집단상담자들의 발달을 위해서는 중급 수준의 특성에 맞는 교육이 필요하다.

1) 중급 집단상담자의 발달 단계에 맞는 교육의 필요성

중급 집단상담자는 집단상담 수련을 통해 기본적인 집단상담 과정을 이수한 상담자로 일정 수준 이상 개발된 전문성을 기초로 상담 현장에서 실제적 성과를 낼 수 있는 상담자이다. 이들은 집단상담의 기본 이론과 기법을 숙지하고 있으며, 집단 역동에 대한 이해와 집단상담 과정을 파악할 수 있는 능력을 갖추고 있다. 그러나 중급 집단상담자들은 숙련된 상담자의 경지에 도달하기까지 여러 어려움을 겪을 수 있으며, 특히 예기치 못한 집단 상황에 대한 대처나 집단원들의 저항과 같은 복잡한 문제에 직면할 때 필요한 통찰력이나 개입 능력이 부족할 수 있다.

이에 따라 중급 집단상담자들의 발달 단계에 맞는 교육의 필요성이 대두된다. 이들은 기본적인 역량을 넘어서 보다 전문적이고 심화된 집단상담 기술을 습득해야 할 필요가 있다. 특히, 다양한 집단원들의 특성과 역동을 이해하고, 집단원들의 저항과 방어, 침묵, 공격성 등 다양한 집단 저항에 대한 심층적 이해와 그에 따른 개입 방안을 교육받는 것이 중요하다. 이는 집단상담 과정에서 발생할 수 있는 윤리적 딜레마에 대한 심도 있는 논의와 대처 방안을 모색하는 데에도 기여한다. 집단상담 과정 중 발생할 수 있는 윤리적 이슈들을 민감하게 포착하고 현명하게 대처할 수 있는 역량을 강화해야 한다.

또한 중급 집단상담자 교육은 상담자 자신에 대한 성찰을 심화하는 부분에도 비중을 두어야 한다. 상담 과정에서 상담자 스스로가 중요한 도구로 활용되는 만큼, 자기이해와 자기성찰이 매우 중요하다. 이런 역량의 향상을 통해 내담자에 대한 깊이 있는 공감과 수용을 가능하게 하며, 집단 역동에 대한 예리한 통찰력과 집단과정 전반을 조망하는 메타인지 능력을 갖춘 유능한 집단상담 전문가로 성장할 수 있을 것이다. 중급 상담자들의 발달에 따른 교육 과정은 중급 집단상담자들이 자신의 집단상담자로서의 정체성을 확립하고 전문성을 더욱 강화하는 데 필수적이라 할 수 있다.

2) 중급 집단상담자들을 위한 교육과정의 구성

중급 집단상담자 교육과정은 이론 교육, 실습 교육, 슈퍼비전의 세 가지 요소를 모두 포함하는 것이 필요하다. 이론 교육에서 집단상담의 다양한 이론과 기법을 심층적으로 다룰 필요가 있다. 특히, 집단 수준의 역동의 이해와 그에 대한 개입 방법, 집단상담자로서의 윤리 문제 등을 중점적으로 다루는 것이 필요하다. 탄탄한 이론적 배경은 중급 집단상담자들이 전문적인 지식을 쌓고, 실제 상황에서 필요한 다양한 기술을 이해하는 데 기초를 제공한다.

실습 교육은 이론에서 학습한 내용을 실제로 적용해 보는 데 중점을 두는 것으로 구성될 필요가 있다. 집단상담 시연, 역할 연기, 사례 발표 및 토론 등 다양한 방식을 통해 교육생들은 집단상담의 실제 진행 과정에서 교육을 받게 된다. 이 과정은 이론적 지식을 실제 상황에 적용하는 능력을 향상시키고, 직접적인 상담 경험을 통해 자신의 기술을 더욱 발전시킬 수 있는 기회를 제공한다.

슈퍼비전은 교육과정의 중요한 마지막 단계로, 전문 슈퍼바이저가 교육생들이 진행하는 집단상담을 지도하며 구체적인 피드백을 제공하는 과정이다. 이를 통해 집단상담자들은 자신이 진행한 상담의 과정을 객관적으로 돌아보고, 미처 인식하지 못했던 맹점을 보완할 수 있게 된다. 슈퍼비전은 개별 상담자의 성장을 도모하고, 전문적인 피드백을 통해 상담 기술을 미세 조정하는 데 큰 도움을 준다.

이런 세 가지 기본적인 교육 요소가 유기적으로 연계된다면 중급 집단상담자 교육과정은 수련생들의 요구를 충족시킬 뿐만 아니라 중급수준의 상담자들의 발달에 적합한 교육으로서의 완성도를 높일 수 있다. 중급 집단상담자 발달 단계를 고려한 체계적이고 심도 있는 교육과정의 개발의 필요성이 점점 더 중요해지고 있다. 이러한 교육과정은 중급 상담자들이 직면하는 실제적인 문제들을 효과적으로 해결하고, 그들의 전문성을 더욱 강화할 수 있도록 돕는다. 따라서 중급 집단상담자의 발달 단계를 고려한 체계적이고 심도 있는 교육과정의 개발은 중급 상담자들의 요구를 충족시키는 동시에 그들의 지속적인 성장과 발전에 기여할 수 있을 것이다.

3) 개인상담과 구별되는 집단상담자 발달의 특징

집단상담은 개인상담과 구별되는 독특한 특성들을 지니고 있다. 집단상담에서는 집단 구성원들 간의 상호작용과 역동이 치료적 요인으로 중요하게 작용한다. 집단상담자는 이러한 집단 역동을 민감하게 인지하고, 적절히 개입하여 집단의 응집력을 높이고 변화를 촉진해야 한다. 이를 위해서는 집단 발달 단계, 집단규범, 응집력, 하위 집단, 갈등 등에 대한 이론적 지식을 필수적으로 숙지하고, 이를 실제 상황에 효과적으로 적용할 수 있는 기술이 요구된다.

또한, 집단상담자는 여러 내담자를 동시에 상담해야 하므로, 개인상담과는 다른 리더십 기술이 필요하다. 집단상담에서 상담자는 집단 내 역동을 활성화하고 구성원들의 참여를 독려하며, 갈등을 적절하게 활용하고 개입하는 리더로서의 역할을 수행해야 한다. 초기에는 구조화된 리더십을 발휘하여 집단의 방향성을 제시하고, 집단이 성숙해짐에 따라 구성원들에게 더 많은 자율성을 부여하는 유연한 리더십 스타일로 전환해야 한다. 이러한 리더십 외에도, 언어적·비언어적 의사소통 기술과 공감 및 경청 능력과 같은 기본적인 상담적 자질도 갖추어야 한다.

집단상담자는 자신이 속한 집단의 일부가 되어 그 역할을 수행해야 한다. 개인상담에서는 상담자와 내담자 간 일대일 관계가 형성되지만, 집단상담에서는 상담자도 집단의 한 구성원이 된다. 상담자는 구성원들과 라포를 형성하고, 협력적인 관계를 맺으며, 적절한 자기개방을 통해 모범을 보여야 하며, 동시에 중립성과 객관성을 유지하는 이중적인 역할을 수행해야 한다. 이를 위해서는 자기인식 및 자기통제 능력이 필수적이다.

또한 집단상담 과정에서는 비밀 보장, 이중 관계, 집단 내 위해 행동, 자해 및 타해 위험 등 다양한 윤리적 쟁점이 발생할 수 있다. 집단상담자는 이러한 윤리적 쟁점들을 사전에 예측하고, 적절한 대처 방안을 마련해야 하며, 윤리적 딜레마가 발생했을 때는 동료 및 슈퍼바이저와 상의하고 필요시 의뢰하는 것이 바람직하다. 동시에 내담자의 권리와 안녕을 최우선으로 고려하여 의사 결정을 내리는 판단력 역시 중요하다.

이처럼 집단상담자의 발달 과정은 개인상담자와는 차별화된다. 개인상담자의 발달 단계를 정의해 보면 자기인식, 상담 기술 습득, 그리고 전문적 정체성 확립의 세 가지 큰 요소로 설명될 수 있다. 이러한 단계들은 상담자가 자신의 내면을 깊이 이해하고, 효과적인 상담 기법을 학습하며, 전문상담자로서의 정체성을 확립하는 과정을 포괄한다. 반면, 집단상담자의 발달은 집단과정에 대한 깊은 이해와 리더로서의 정체성 확립이 상당한 비중을 차지한다. 초보 집단상담자는 집단을 객관적으로 바라보는 데 어려움을 겪을 수 있으며, 집단을 통제하려는 욕구가 강하게 나타날 수 있다. 숙련된 집단상담자로 발달해 가면서 집단과정에 대한 민감성이 향상되고, 구성원들의 자발성을 존중하며, 유연하고 창의적인 개입을 시도하게 된다. 이러한 발달을 촉진하기 위해서는 수련 과정에서 충분한 집단상담 경험을 쌓고, 슈퍼비전과 자기성찰의 기회를 가져야 할 것이다.

2. 중급 집단상담자의 교육 요구 조사 결과

1) 중급 집단상담자들이 교과과정 외 집단상담 교육에서 경험한 아쉬움

권경인 등(2020)의 중급 집단상담자를 대상으로 한 교육 요구 조사 결과에 따르면 중급 집단상담자들이 교과과정 외 집단상담 교육에서 경험한 아쉬움은 교육이 현장에 적용되지 못하고, 학습자들의 다양한 필요를 반영하지 못했으며, 전문성이 부족한 집단체험이라고 보고하고 있다. 영역별 요인들을 좀 더 자세히 살펴보면 다음과 같다.

(1) 실제 현장에 도움이 되지 않는 교육
첫 번째 요소는 실제 현장에 도움이 되지 않는 교육으로 이론과 실습의 실제 적용 어렵다는 점을 포함하여 교육 시간 부족과 체험적 교육의 부재, 구체적인 대처 방법의 부족이 주요 문제로 지적되었다. 상담자들은 집단교육의 내용이 현장에서 마주치는 구체적인 상황에 적용하는 데 도움이 되지 않으며, 실질적인 상담 기술 습득에도 한계가 있다는 점을 아쉬운 점으로 들고 있다.

(2) 다양한 학습 욕구를 충족하지 못하는 커리큘럼

두 번째 요소인 다양한 학습 욕구를 충족하지 못하는 커리큘럼에서는 구체적으로 부족한 교육 자료와 단순 설명 위주의 강의, 다양한 이론적 학습 기회의 부족을 문제로 꼽았다. 학습자들은 보다 다양하고 심층적인 이론 배경을 요구하였으나, 이에 대한 충분한 제공이 이루어지지 않고 있는 것으로 보인다. 이로 인해 학습자들은 집단상담 교육에서 필요한 깊이 있는 지식을 얻지 못하고, 상담 현장에 효과적으로 대응하지 못하는 문제에 직면하는 것으로 나타났다.

(3) 전문성이 부족한 집단체험

마지막 요소에서는 전문성이 부족한 집단체험으로 리더의 전문성 부족과 구조화되지 않은 집단 규칙, 과도한 참여 비용과 일괄적인 시간 배분 등을 핵심 문제로 꼽았다. 이 요소는 집단상담 과정에서 실질적인 학습과 성장을 저해하고, 집단상담자로서의 필요한 경험을 충분히 제공하지 못함으로써 집단상담자의 전문성 발달이나 성장에 도움이 되지 않을 가능성이 보여 준다.

이러한 아쉬움은 집단상담 교육과정의 개선을 통해 실질적인 현장 적용 가능성을 높이고, 학습자의 다양한 요구를 충족시킬 수 있는 방향으로 재구성되어야 할 것이다. 요구 조사 결과는 전문성을 강화하고, 집단상담자로서의 역량을 체계적으로 발달시키기 위한 교육 방법의 개선이 필수적임을 시사한다(권경인 외, 2020).

표 1-1 교과과정 외 집단상담교육에서 경험한 아쉬움

상위 범주	범주	빈도	비율(%)	핵심 주제
실제 현장에 도움이 되지 못하는 교육	이론과 실습을 실제로 적용하기 어려움	23	29.1	• 실습이 실제 현장에서의 어려움과 괴리가 있음 • 글자로 된 이론은 실전에서 도움이 되지 않음 • 교과서적인 이론만의 교육

실제 현장에 도움이 되지 못하는 교육	많은 인원과 교육 시간의 부족	23	29.1	• 질의응답에 대한 시간 부족 • 대가집단에서 집단원이 많아 참관과 짧은 시간 배정 • 시간이 짧아서 충분히 역할을 해 보지 못함
	체험적 교육이 부족함	14	17.7	• 실습과 시연의 부족 • 집단상담 기술을 실제 적용할 기회가 적음 • 실제 집단과 동떨어진 예시와 전개의 부족
	구체적인 대처 방법의 부재	7	8.9	• 대처 요령의 구체적 방법이 부족 • 침묵을 다루는 방법에 대한 교육 부족 • 집단상담 시 갈등에 대한 개입 방법
다양한 학습 욕구를 충족하지 못하는 커리큘럼	부족한 교육 자료와 단순 설명 위주 강의	17	21.5	• 교육자료(시각적 교육 자료)의 부실 • 일방적인 주입식 강의 • 상호 소통이 없는 강의식 교육
	다양한 이론적 학습 기회의 부족	13	16.5	• 집단에 직접 참여하는 것밖에 배우는 방법이 많지 않음 • 다양한 이론 배경의 집단 리더 교육 경험이 부족 • 한 과목 수강으로 현장에서 해내기엔 턱없이 부족 • 대가들이 사용하는 치료적 개입의 이론화 필요
	학습자에 맞는 맞춤형 슈퍼비전 부족	6	7.6	• 슈퍼비전의 기회와 시간 부족 • 집단 리더의 장점과 단점을 파악할 수 없음 • 슈퍼바이저의 세세한 피드백의 부족
	관심이 없거나 특정 분야에 치우친 교육	4	5.1	• 관심 없는 내용 • 선호하는 이론과 맞지 않아 흥미가 떨어짐 • 실제 집단상담 운영에 관한 내용의 부족
전문성이 부족한 집단 체험	이중관계로 개방의 문제가 생김	13	16.5	• 아는 사람들이 같이 있어 갈등 수습의 어려움 • 리더와 이중관계인 집단원으로 인한 역동의 꼬임 • 서로 알고 있어 오픈이 쉽지 않거나 보호되지 못함

전문성이 부족한 집단 체험	리더의 전문성 부족으로 인한 경험	9	11.4	• 리더 자신의 개인 역동으로 과몰입 • 갈등에 대한 마무리가 잘되었는지 의문이 들음 • 상처받은 집단원의 방치
	거부감이 드는 집단 규칙과 구조화	8	10.1	• 반말을 구조화해서 벌금 내는 방식 • 별명을 짓고 소개하는 방식이 늘 불편 • 욕 세러피는 적응이 안 되고 지금도 기분 나쁨 • 솔직함을 강조하며 너무 공격적인 집단
	큰 부담이 되는 참여 비용	5	6.3	• 큰 부담이 되는 가격 • 깊이 있는 배움을 위해서는 큰 비용을 투자해야 함
	일괄적이거나 과다한 시간 배분	3	3.8	• 라운드식 무조건 한마디씩 해야 하는 경우 압박감 • 한 사람이 이야기를 길게 이어 가는 데 놔둠

2) 중급 집단상담자들이 요구하는 집단상담 운영 과정 및 실제

다음으로 중급 집단상담자들이 요구하는 집단상담 운영 과정 및 실제에 대한 구체적인 교육 요소를 살펴보면 세 가지 주요 범주로 나뉜다.

(1) 안정되고 효과적인 집단운영

첫 번째 범주에는 집단의 시작과 안정적 구조화, 변화와 성장을 위한 마무리, 유연하고 균형 있는 운영 등이 포함된다. 이와 관련하여 집단 효과성 검증, 중도 이탈자 관리, 코리더 선정 및 역할 구분 등도 중요한 요소로 강조되었다. 특히, 비밀 보장의 문제 해결, 신뢰로운 분위기 조성, 각 집단원의 목표 달성 확인과 같은 구체적인 운영 사례들이 언급되었다.

(2) 집단 목표에 맞는 프로그램 계획 및 집단원 특성 파악

두 번째 범주는 집단 목표에 맞는 프로그램 계획 및 집단원 특성 파악이다. 이 범주는 집단의 목표와 성격에 맞는 프로그램을 계획하고, 목적에 맞는 집단원 모집, 집단원에 대한 사전 이해 및 사례개념화를 포함한다. 이러한 접근은 효과적인 집단운영을 위해 필수적이며, 각 집단원의 필요와 기대를 충족시키는 요소로 교육에서 다루어야 될 주요한 요소로 눈여겨 봐야 할 주제이다.

(3) 실제에서 활용 가능한 구체적 내용에 대한 교육

마지막 범주는 실제에서 활용 가능한 구체적 내용에 대한 교육에 대한 요구이다. 중급 집단상담자들은 현장에서 직접 적용할 수 있는 구체적인 이론적 학습과 특정 주제 및 대상별 집단 프로그램, 실제 사례에 기반한 노하우 전수를 요구한다. 이는 중급 집단상담자들이 현장에서 구체적인 대상을 위한 맞춤형 프로그램을 기획하는 경우가 많으며, 이러한 실제 업무 수행에서 직접적으로 활용 가능하고 실제 적용 가능한 구체적인 교육에 대한 요구가 강하기 때문인 것으로 파악된다.

교육 요구 사항을 통해 중급 집단상담자들이 가진 집단상담 교육 프로그램을 통해 보다 전문적인 지식과 구체적인 기술을 습득하고자 하는 동기와 욕구를 파악할 수 있다. 따라서 집단상담 교육과정은 이러한 요구를 충족시킬 수 있는 교육 프로그램으로 구성되어야 할 것이다.

표 1-2 집단상담 운영 과정 및 실제에 대한 교육 요소

범주 / 상위범주	범주	빈도	비율(%)	핵심 주제
안정되고 효과적인 집단운영	집단의 시작과 안정적 구조화	58	57.4	• 집단 들어가는 마음 나누기 • 비밀 보장이 되지 않을 것에 대한 두려움 다루기 • 합의된 집단 규칙 정하기(구조화 수준 조율) • 신뢰하는 분위기 만들기

안정되고 효과적인 집단운영	변화와 성장을 위한 마무리	45	46.5	• 집단을 통해 얻은 것 구체화, 일상생활로 가져가기 • 개인 작업 의미들 확인하고 뿌리내리기 • 종결 감정 다루기
	유연하고 균형 있는 운영	27	26.7	• 개인 목표와 전체 목표가 잘 유지될 수 있는 진행 • 개별성(자율성)과 수용 한계의 구별 • 목표와 활동 간의 부드럽고 자연스러운 전개
	집단 효과성 검증	10	9.9	• 기관에서 원하는 결과 관련 분석 • 성공적인 집단상담과의 비교 분석 • 집단 목표 달성의 효과성 점검
	중도 이탈자의 관리 및 대처	8	7.9	• 조기 이탈의 위험에 놓인 집단원 관리 • 중도 탈락한 집단원 발생 시 대처
	코리더 선정 및 역할 구별	7	6.9	• 코리더의 필요 여부 판단 및 선정 • 리더, 코리더의 역할 구분(사전 협의)
	비협조적인 의뢰기관 대처	7	6.9	• 비협조적인 태도를 보이는 의뢰기관과의 협업 • 의뢰기관의 과도한 개입 시 대처 • 집단상담에 대한 이해가 없는 기관
집단 목표에 맞는 프로그램 계획 및 집단원 특성 파악	집단 목표와 성격에 맞는 프로그램 계획	45	44.6	• 의뢰기관의 목적에 맞는 프로그램 계획 • 집단상담 목적(목표 및 방향성) 명확히 하기 • 집단 목표 및 대상에 상응하는 프로그램 계획
	목적에 맞는 집단원 모집	38	37.6	• 홍보를 통한 집단 모집 • 집단 사전 인터뷰 과정(동질 여부 결정) • 집단원 선별 과정 및 방법
	집단원에 대한 사전 이해 및 사례개념화	35	34.7	• 사전 집단 오티를 통한 집단원 이해 • 집단원에 대한 사전 정보 파악(병리적 집단원, 집단원 친분 정도, 집단원의 욕구 및 기대) • 집단원 핵심 문제의 사례개념화

	사전 준비 및 환경 조성	29	28.7	• 집단 회기별 활동 내용 및 준비물 • 프로그램 진행 연습(사전 이미지 트레이닝) • 적절한 집단상담 시간대 조율 및 운영 장소 확보
실제에서 활용 가능한 구체적 내용	집단상담 이론적 학습	59	58.4	• 특정 이론에 근거한 집단상담 프로그램 요구(예: 대상관계, 현실치료, 정서 중심, 단기해결 중심) • 특정 기법 교육에 대한 요구(예: 동기 강화, DBT, ACT, 게슈탈트, 사이코드라마)
	특정 주제 및 대상별 집단 프로그램	43	42.6	• 주제별 집단 프로그램 요구(예: 사회성 향상, 자아 성장, 스트레스 관리, 리더 소진 예방, 자살·자해 개입, 청소년 집중력 향상, 호소 문제별) • 대상별 집단 프로그램 요구(예: 학부모, 학생, 군장병, 아동, 성인, 기업, 비행·일탈 청소년, 비자발적 집단원)
	실제 사례에 기반한 노하우	28	27.7	• 실제적으로 겪는 어려움에 도움이 되는 부분 • 구체적인 사례 제시 및 개입 기술 학습 • 여러 가지 가능한 상황에 대한 대처 방식 메뉴얼

주: 비율 계산 시 전체 설문의 참여자인 101명을 기준으로 비율을 산정함.

3) 중급 집단상담자들이 요구하는 집단상담자의 지식과 태도

중급 집단상담자의 지식과 태도에서 전문성 성장을 위해 필요하다고 본 교육 구성 요소는 세 가지 주요 범주로 분류된다. 첫 번째 범주는 리더의 전문성 성장을 위한 구체적 교육이며, 두 번째 범주는 어려운 역동 대처 및 치료적 구현, 마지막으로 리더의 내적 자기 다루기이다. 각 범주는 중급 집단상담자가 효과적인 집단상담자로 성장하기 위해 필수적인 요소들을 포함하고 있다.

(1) 집단 내 상호작용을 촉진하고 응집력을 강화하는 기술

먼저 리더의 전문성 성장을 위한 구체적 교육 요소를 보면 중급 집단상담자들은 집단 내 상호작용을 촉진하고 응집력을 강화하는 기술을 중요한 것으로 보았다. 응답자의 55.4%가 이 기술을 강조했으며, 이는 집단상담의 핵심 요소 중 하나이다. 상호작용을 촉진하기 위해 집단원들 간의 피드백을 유도하고, 의사소통을 원활히 하는 기법의 습득에 대한 필요성을 느끼고 있음을 알 수 있다. 또한, 집단원들의 통찰을 돕고, 그들의 인식을 확장시키는 기술에 대한 요구도 있었다. 이런 기술들은 집단원이 자신의 문제를 명확히 이해하고, 새로운 관점을 받아들이는 데 도움을 준다. 이런 기술의 발달을 통해 집단의 응집력을 강화하고, 긍정적인 집단경험을 제공하는 것이 가능해지기 때문에 이는 집단의 효과를 높이는 데 필요한 기술이다.

(2) 어려운 역동 대처 및 치료적 구현

집단상담자들의 요구하는 교육 요소에서 두 번째는 어려운 역동 대처 및 치료적 구현이다. 집단상담자들은 집단 내에서 발생하는 복잡한 역동을 효과적으로 관리하고, 이를 치료적으로 구현하는 능력을 필요로 한다. 전체 응답자의 45.5%가 집단 역동의 치료적 구현을 중요시했으며, 이는 집단 내 상호작용을 긍정적인 방향으로 이끌어 내는 기술을 포함한다. 예를 들자면, 집단원 간의 갈등을 조정하고, 다양한 개인 역동을 이해하며, 이를 통해 치료적 변화를 촉진하는 능력에 대한 요구가 확인된다. 이러한 기술은 집단 내에서 발생하는 다양한 상황에 대한 대처 방안을 마련하고, 집단의 목표를 달성하는 데 중요한 역할을 하는 요소로 상담자가 발달시켜야 될 요소이다.

(3) 리더의 내적 자기 다루기

지식과 태도 영역에서 중급 상담자들이 교육받고 싶어 하는 세 번째 요소는 리더의 내적 자기 다루기이다. 리더의 내적 자기 다루기는 중급 집단상담자가 자신의 감정과 반응을 이해하고 조절하는 능력을 개발하는 것을 포함한다. 이는 리더가 집단상담 과정에서 자신의 내면적 경험을 충분히 파악하고 이를 통제할 수 있어야 함을 의미한다. 리더의 수용적 태도와 중립성이 중요한 요소로, 이는 집단 내 공정하고 효과적인 리더십을 발휘하는 데 필수적이다. 응답자의 38.6%가 리더의 수용적 태도와 중립성을 강조하였으며, 이는 전문적인 상담자로 발달을 진행하고 있는 중급 상담자들이 집단상담에서 리더가 공정하고 객관적인 태도를 유지하는 것에 대한 중요성을 인식하고 적절한 훈련과 교육이 필요하다는 자각하고 있음을 알 수 있는 결과이다.

특히, 이 세 가지 요소의 교육에서 중급 집단상담자가 집단상담의 복잡한 상황에 효과적으로 대응하고, 집단원들의 치료적 과정을 성공적으로 이끌어 갈 수 있도록 지원하는 데 중점을 두어야 할 것이다. 이를 통해 중급 집단상담자의 전문성을 심화시키고, 실제 상담 현장에서의 효과성을 높이는 데 기여할 수 있을 것으로 기대된다.

표 1-3 집단상담자의 지식과 태도에 대한 교육 요소

상위범주 / 범주	범주	빈도	비율(%)	핵심 주제
리더의 전문성 성장을 위한 구체적 교육	상호작용 촉진 및 응집력 강화 기술	56	55.4	• 비자발적 집단원 참여 독려 기술 • 집단원들 간 피드백 촉진 기법 • 집단원들 의사소통을 다루는 능력 • 집단원들 간의 교류 및 응집성 촉진 기술
	집단원의 통찰과 확장 돕는 기술	32	31.7	• 리더의 피드백 기술(예: 집단원 수준에 맞는, 즉시성 있는, 상처 주지 않고 통찰 이끄는, 적절한, 부드러운) • 인지, 정서, 행동 측면에서의 새로운 통찰 이끌기 • 통찰력이 떨어지는 집단원 교정적 체험
	슈퍼비전 통한 전문성 확보	23	22.8	• 집단 슈퍼비전 및 집단상담 전문 슈퍼바이저 요구 • 리더에 대한 이해 및 발전 방향(예: 강점·약점, 리더의 특성과 미해결된 문제가 집단에 미치는 영향)

	윤리의식 및 다문화적 관점	21	20.8	• 리더의 자기한계 인식 • 리더의 윤리의식(윤리적 딜레마 상황 대응 방안) • 리더의 다문화적 관점 유지(인권 및 성인지 감수성)
	전체 역동의 치료적 구현	46	45.5	• 집단원 문제를 집단원 간의 역동과 연결하여 탐색 • 전체 역동의 치료적 요인에 대한 파악 • 진솔하게 참여하는 전체 역동 이끌기
어려운 역동 대처 및 치료적 구현	대인 간 갈등 및 역동 다루기	36	35.6	• 집단원 간 갈등 다루기(예: 평가적 피드백, 감정적 공격, 집단원 간 기대 차이로 갈등) • 리더와 집단원 간의 역동 다루기(저항 및 방어) • 리더의 특정 집단원에 대한 역전이 • 리더와 코리더의 역동 다루기(예: 경쟁하려는 코리더)
	다양한 유형의 개인역동 이해	33	32.7	• 독점하는 집단원을 다루는 기술 • 소심한 집단원의 역동을 촉진하는 타이밍 • 집단원의 다양한 역동 유형화하기(예: 독점하는, 소극적인, 방문형, 소외되는, 적절한 자기개방이 힘든, 집단에 회의적인, 성격장애, 공격적인, 유도하는, 조절하는)
리더의 내적 자기 다루기	리더의 수용적 태도와 중립성	39	38.6	• 리더의 열린 자세와 열린 마음 • 비판도 받아들일 수 있는 자세(자기성찰) • 집단원들의 다양한 의견을 수용할 마음가짐 • 중립과 수용을 바탕으로 한 마음

리더의
내적 자기
다루기
	전문성의 비어
	있음에
	대한 불안 다루기
		37	36.6	• 집단상담 운영에 대한 미숙함과 두려움
				• 집단상담 교육 부재(훈련 기회 부족)로
				  인한 불안
				• 훈련이 부족하다는 생각에 구조화 활동
				  중심 운영
				• 집단운영 경험 부족으로 수련 프로그램
				  을 찾아 헤맴
				• 상담자의 성장 단계, 성장 지표, 평가 양
				  식, 로드맵 부재

	유연함과 담대함의 증진	23	22.8	• 적절한 유머와 유연함 • 자신을 진술하게 드러낼 수 있는 용기 • 집단 역동을 편하게 바라볼 수 있는 담대함

	집단을 도와주고자
	과한 쏠림
	알아차리기
		18	17.8	• 한 회기마다 성취가 있어야 한다는 압박감
				• 집단원들을 만족시켜야 한다는 마음 및
				  조바심
				• 목표 달성을 위해 리더의 가치를 주입하
				  는 것
				• 뭔가 해결해 줘야 할 거 같은 리더의 마음

주: 비율 계산 시 전체 설문의 참여자인 101명을 기준으로 비율을 산정함.

4) 중급 집단상담자의 내적 자기(4가지 범주)

집단상담자의 내적 자기 다루기는 중급 상담자 발달에서 핵심적인 요소로 자세히 살펴보고자 한다. 리더의 내적 자기 다루기는 집단상담자가 자신의 감정과 반응을 이해하고 조절하는 메타인지 및 조절 능력을 개발하는 것을 의미한다. 이는 리더가 집단상담 과정에서 자신의 내면적 경험을 충분히 파악하고 이를 통제할 수 있어야 함을 의미한다. 리더의 수용적 태도와 중립성이 중요한 요소로, 이는 집단 내 공정하고 효과적인 리더십을 발휘하는 데 필수적이다. 응답자의 38.6%가 리더의 수용적 태도와 중립성을 강조하였으며, 이런 역량은 집단상담에서 리더가 공정하고 객관적인 태도를 유지하는 데 중요한 역할을 한다.

(1) 리더의 수용적 태도와 중립성

① 수용적 태도의 의의

집단상담에서 리더는 구성원들에 대해 수용적인 태도를 유지하는 것이 중요하다. 리더는 구성원 개개인의 독특성을 인정하고, 그들의 감정과 생각을 있는 그대로 받아들이는 자세가 필요하다. 이를 통해 구성원들은 집단 내에서 자신의 감정과 생각을 자유롭게 표현할 수 있는 안전한 공간을 경험하게 된다. 리더는 구성원들의 다양한 의견과 관점을 경청하며, 그들이 자신의 이야기를 충분히 할 수 있도록 격려하고 지지할 필요가 있다. 구성원들이 자신의 감정을 표현할 때 이를 판단하거나 평가하지 않고 그대로 수용하는 태도를 보일 수 있도록 하며, 이러한 수용적 태도는 구성원들이 자신을 개방하고, 집단 내에서 진정한 소통을 할 수 있게 돕는다. 리더의 구성원에 대한 수용적 태도는 구성원들이 자신의 감정을 있는 그대로 받아들이고, 이를 탐색할 수 있는 기회를 제공한다. 특히, 부정적인 감정 표현도 수용하되, 이를 건설적인 방향으로 전환할 수 있도록 돕는 것이 중요하다.

② 중립성 유지의 의의

집단상담 과정에서 리더가 갖추어야 할 또 다른 내적 자기는 중립성 유지이다. 리더는 구성원들 사이에서 어느 한쪽으로 치우치지 않고, 공정하고 객관적인 태도를 견지해야 한다. 리더는 구성원들 간의 갈등 상황에서도 특정 구성원의 편을 들기보다는 중립적인 입장에서 갈등을 조정하고 화해를 도모해야 한다. 이는 집단 내에서 신뢰와 안정감을 형성하는 데 중요한 역할을 한다. 또한 리더 자신의 가치관이나 신념을 구성원들에게 강요하지 않으며, 구성원 스스로 자신의 문제를 탐색하고 해결책을 모색할 수 있도록 도와야 한다. 또한, 구성원들 간의 역동에 개입할 때에도 특정 구성원의 입장만을 대변하기보다는 집단 전체의 이익을 고려하는 균형 잡힌 시각을 가져야 한다. 이러한 중립성은 리더가 집단 내에서 신뢰를 구축하고, 공정한 리더십을 발휘하는 데 중요하다.

③ 리더의 자기성찰과 객관화 능력

리더의 내적 자기가 중립성을 갖기 위해서 리더는 자신의 감정이나 선입견이 구성원들에 대한 태도에 영향을 미치지 않도록 자기성찰과 객관화 능력을 갖추어야 한다. 이런 역량에는 리더가 자신의 감정을 인식하고 조절할 수 있는 메타인지 조절 능력이 포함되며, 이를 통해 구성원들에 대해서 리더는 일관되고 예측 가능한 태도를 유지할 수 있게 된다. 구성원들은 리더의 일관된 태도를 통해 안정감을 느끼고, 리더를 신뢰할 수 있게 된다. 이는 집단의 응집력과 상호작용을 높이는 데 기여하며, 구성원들이 집단 내에서 안전하게 소통할 수 있는 기반을 마련해 준다.

④ 수용적 태도와 중립성이 구성원에게 미치는 영향

리더의 수용적 태도와 중립성은 구성원들의 자발적인 참여와 성장을 촉진하는 요인이 된다. 구성원들은 리더의 수용적이고 지지적인 태도를 경험함으로써 집단 내에서 안전함을 느끼고, 자신을 개방하게 된다. 리더가 구성원들의 감정과 생각을 존중하고 공감해 줄 때, 구성원들은 자신의 내면을 성찰하고 문제에 대해 통찰하게 된다. 이는 구성원들이 자신의 감정을 깊이 이해하고, 이를 기반으로 문제 해결의 실마리를 찾게 하는 데 중요한 역할을 한다.

리더의 중립적 태도는 구성원들로 하여금 자신의 선택과 결정에 대해 책임감을 갖게 하고, 주도적으로 문제를 해결해 나가도록 동기화한다. 수용적이고 중립적인 리더의 태도는 구성원들 간의 역동을 촉진하여, 집단의 응집력과 상호작용을 높이는 데 기여한다. 이는 집단상담의 치료적 효과를 극대화하며, 구성원들이 서로에게 긍정적인 영향을 미칠 수 있는 환경을 조성하는 기반이 된다. 또한, 리더의 모범적인 태도는 구성원들에게 건설적인 의사소통 방식과 대인관계 기술을 학습하게 하는 모델링 효과를 갖는다. 이는 구성원들이 집단 외부에서도 건강한 대인관계를 유지하고, 자신의 문제를 보다 효과적으로 해결할 수 있는 능력을 배양하는 데 도움이 된다.

이상에서 살펴본 바와 같이, 집단상담에서 리더의 수용적 태도와 중립성은 구성원들의 심리적 안정과 집단의 역동을 촉진하는 데 있어 매우 중요한 요소라 할 수 있다. 리더는 전문적 식견을 바탕으로 구성원 개개인의 성장은 물론 집단 전체의 변화와 발전을 도모하는 조력자로서의 역할을 수행해야 할 것이다(권경인 외, 2020).

(2) 전문성의 비어 있음에 대한 불안 다루기

중급 발달 수준의 집단상담자들에게는 높은 수준의 전문성이 요구되며, 이러한 전문성의 부재는 상담자들에게 큰 불안을 야기하기 쉽다. 이러한 불안을 해소하고, 집단상담자들의 전문성을 향상시키기 위한 구체적인 교육 요소에 대해 살펴보겠다.

① 전문성의 부재

첫째, 실제 집단상담자로서의 전문성의 부재는 상담자들에게 불안감을 야기할 수밖에 없다. 집단상담은 다수의 내담자를 동시에 상담해야 하므로 높은 수준의 전문성이 요구된다. 그러나 이에 대한 준비가 부족한 상담자들은 집단상담 진행에 어려움을 겪을 수밖에 없다. 이는 상담의 질적 저하로 이어질 수 있으며, 내담자들에게 부정적인 영향을 미칠 수 있다. 전문성 부족에 따른 불안감은 상담자들의 자신감 저하로 이어진다. 자신의 역량에 대한 의구심은 상담 과정에서의 적극성을 떨어뜨리고, 내담자들과의 라포 형성을 어렵게 만든다. 이는 집단상담의 효과성을 감소시키는 요인으로 작용할 수 있다. 따라서, 상담자들이 자신감 있게 집단을 이끌 수 있도록 전문성 향상이 필수적이다.

② 전문성 향상을 위한 체계적인 교육과정의 개설 및 교재 편찬

둘째, 전문성 향상을 위한 체계적인 교육과정의 개설 및 교재 편찬이 필요한 실정이다. 현재 국내 집단상담 분야에서는 전문성을 갖춘 인력이 부족한 실정이다. 집단상담자 양성을 위한 체계적인 교육 시스템이 미비한 것이 원인 중의 하나로 볼 수 있다. 많은 상담자들이 개인상담에 치중되어 있어 집단상담에 대한 전문성을 쌓기 어려운 환경에 놓여 있다. 이러한 환경은 상담자들이 집단상담에서 요구되는 전문성을 확보하는 데 장애가 된다.

③ 체계적인 교육과정을 통해 집단상담자들의 전문성 향상

셋째, 상담자들의 발달 단계에 맞는 단계별로 교육과정, 또한 교육과정의 유기적 연계를 통한 체계적인 교육과정을 통해 집단상담자들의 전문성을 상담자의 발달 과정에 맞추어 향상시키는 것이 필요하다. 이를 통해 상담자들은 자신의 발달 단계에 맞는 교육을 통해 체계적인 교육을 받아 상담자로서의 전문성을 점차 향상시킬 수 있을 것으로 기대된다. 전문성 향상을 위한 교육은 단순히 이론적 지식의 전달에 그쳐서는 안 된다. 특히, 실제 사례 분석과 역할 연습 등을 통한 교육으로 상담자들이 집단상담의 역동을 체험하고 교육받을 수 있도록 해야 한다.

④ 슈퍼비전을 통한 전문성 향상 방안

넷째, 슈퍼비전을 통해 상담자들의 개별적인 역량을 파악하고, 맞춤형 피드백을 제공함으로써 전문성 향상을 도모해야 한다. 슈퍼비전은 상담자들이 자신의 강점과 약점을 명확히 인식하고, 이를 바탕으로 더욱 효과적인 상담 기술을 개발할 수 있는 기회를 제공한다. 슈퍼바이저는 상담자들에게 구체적인 피드백을 제공함으로써 그들이 집단상담 과정에서 경험하는 불안을 줄이고, 자신감을 향상시킬 수 있도록 도와야 한다.

⑤ 전문가들과의 네트워크를 구축

마지막으로, 집단상담 분야의 전문가들과의 네트워크를 구축하여 상담자들이 지속적으로 성장할 수 있는 토대를 마련해야 한다. 워크숍, 세미나 등을 통해 최신 이론과 기법을 습득하고, 다양한 사례를 공유함으로써 전문성을 높여 갈 수 있을 것이다. 이는 장기적 관점에서 집단상담 분야의 발전을 이끌어 낼 수 있는 기반이 될 것이다. 네트워크 형성을 통해 상담자들은 서로의 경험과 지식을 공유하고, 지속적인 전문성 향상을 도모할 수 있는 기회를 갖게 된다.

이와 같이, 중급 발달 수준의 집단상담자에게 요구되는 지식과 태도를 양성하기 위한 교육 요소는 전문성 향상을 목표로 하며, 이를 통해 상담자들이 자신감을 가지고 효과적인 집단상담을 진행할 수 있도록 지원하는 데 중점을 둔다. 체계적인 교육과 슈퍼비전, 네트워크 구축을 통해 상담자들의 불안을 해소하고, 그들의 전문성을 강화하는 것이 중요하다. 이러한 교육 요소들은 궁극적으로 집단상담의 질적 향상과 내담자들에게 보다 나은 상담 서비스를 제공하는 데 기여할 것이다.

(3) 유연함과 담대함의 증진

① 유연함과 담대함의 증진을 위한 교육내용 구성

집단상담에서 상담자가 가져야 할 유연함과 담대함에 대해 살펴보면, 유연함이란 내담자의 변화하는 요구와 집단 역동에 맞추어 대처할 수 있는 적응력을 의미한다. 담대함이란 예측하기 어려운 집단 상황 속에서도 흔들리지 않는 강인한 자아를 유지하며 문제에 직면할 수 있는 용기를 뜻한다. 유연함과 담대함은 상호 보완적 관계에 있다. 유연함이 부족하면 경직되어 내담자의 요구에 제대로 부응하지 못하며, 담대함이 부족하면 예기치 못한 상황에 쉽게 당황하거나 위축된다. 따라서 유연함과 담대함의 조화로운 발달이 필요함을 인식하도록 한다.

② 즉흥적 역할극 실습

유연함과 담대함을 증진하기 위한 구체적인 방안의 한 예는 즉흥적 역할극 실습이다. 즉흥적 역할극이란 주어진 주제나 장면에 대해 사전 대본 없이 즉석에서 연기하는 것을 말한다. 이는 예측 불허의 상황 속에서 적절히 대처하는 방식을 체득하도록 도와 유연함과 담대함을 기르는 데 효과적이다.

즉흥적 역할극 실습을 위해 다양한 집단상담 장면을 설정한다. 예를 들어, 갈등이 심화되는 장면, 예상치 못한 돌발 상황 등 상담자로서 대처하기 힘든 국면을 설정한다. 교육생들은 번갈아 가며 상담자 역할을 수행하며 주어진 상황에 즉흥적으로 대응한다. 이를 통해 교육생들은 실제 상황에서의 대처하는 방법에 대해 배우고 대처 능력을 향상시키게 된다.

③ 집단토의를 통한 성찰과 피드백

즉흥적 역할극을 마친 후에는 집단토의를 통해 각자의 경험을 나눈다. 역할극 상황에서 경험한 생각과 감정, 대처 방식의 적절성, 향후 개선 방안 등에 대해 심도 있는 토의를 진행한다. 이를 통해 상담자는 자신의 유연함과 담대함 수준을 스스로 점검하고 동료 교육생들의 피드백을 얻을 수 있다. 이러한 과정을 통해 교육생들은 자신의 강점과 약점을 파악하고, 이를 보완할 수 있는 기회를 갖게 된다.

④ 성찰일지를 통한 자기 점검

집단 토의가 끝나면 교육생 개인별로 성찰일지를 작성하는 시간을 갖는다. 성찰일지에는 즉흥극 실습을 통해 배운 점, 자신의 강점과 약점, 향후 유연함과 담대함을 증진시키기 위한 계획 등을 기록하도록 한다. 이는 교육생들이 자신의 학습과정을 체계적으로 정리하고, 향후 발전 방향을 구체화하는 데 도움이 된다.

(4) 집단을 도와주고자 하는 과잉 쏠림 알아차리기

중급 발달 수준의 집단상담자들은 집단원들을 돕고자 하는 과도한 열정과 몰입으로 인해 집단상담 운영에 어려움을 겪을 수 있다. 이러한 과도한 열정은 집단상담자들이 집단원들의 문제를 해결해 주고자 하는 강렬한 욕구에서 비롯되며, 이는 때로는 과도한 개입과 통제로 이어질 수 있다. 집단상담자들은 집단원들의 변화와 성장을 지나치게 갈망하나, 이는 오히려 집단원들의 자발성과 주도성을 저해할 수 있다. 또한, 집단상담자는 집단원들에게 과도한 에너지를 쏟아붓는 경향이 있으며, 이는 집단상담자 자신의 소진으로 이어질 수 있다.

① 과도한 개입과 통제 욕구의 자각과 통찰

집단상담자는 자신의 과도한 개입과 통제 욕구를 자각하고 이에 대한 통찰을 얻어야 한다. 집단상담자는 자신의 과도한 열정과 몰입이 집단상담 과정에 부정적인 영향을 미칠 수 있음을 인식해야 한다. 이를 위해 집단상담자는 자신의 욕구와 감정을 객관적으로 관찰하고 성찰함으로써 과도한 개입과 통제 욕구를 조절할 수 있어야 한다. 또한, 자신의 한계를 인정하고 집단원들의 자율성과 책임감을 존중하는 태도를 지녀야 한다. 이러한 자각과 통찰은 집단상담자가 보다 건강한 방식으로 집단을 이끌 수 있도록 돕는다.

② 적절한 거리 두기와 중립성 유지

집단상담자는 집단원들과 적절한 심리적·물리적 거리를 유지함으로써 집단상담 과정에서의 객관성과 중립성을 확보할 수 있다. 이는 집단상담자가 집단원들에게 과도하게 몰입하는 것을 방지하고, 집단의 역동을 보다 명확히 관찰할 수 있게 한다. 집단상담자는 집단원들의 자발적인 변화와 성장을 기다리고 지지하는 인내심 있는 자세를 지녀야 한다. 또한, 집단상담자는 집단원들 간의 역동과 상호작용에 주목하고 이를 촉진하는 역할에 집중함으로써 과도한 개입을 자제할 수 있다. 이러한 중립성 유지와 거리 두기는 집단상담의 질을 향상시키는 데 중요한 역할을 한다.

③ 동료 및 슈퍼비전을 통한 피드백과 수정

집단상담자는 동료 및 슈퍼비전을 통해 자신의 과도한 몰입과 개입에 대한 피드백을 얻고 이를 수정해 나가야 한다. 동료 집단상담자들과의 소통과 협력을 통해 자신의 집단상담 운영 방식에 대한 객관적인 평가를 얻을 수 있다. 슈퍼비전은 상담자가 자신의 맹점과 취약점을 파악하고 이를 보완해 나갈 수 있는 중요한 과정이다. 집단상담자는 동료 및 슈퍼바이저의 피드백을 겸허히 수용하고 이를 자신의 집단상담 운영에 반영함으로써 전문성을 제고할 수 있다. 이러한 피드백 과정은 집단상담자가 보다 균형 잡힌 접근을 유지하는 데 도움이 된다.

④ 욕구와 감정의 건강한 해소 방안 마련

집단상담자는 자신의 욕구와 감정을 건강하게 해소할 수 있는 방안을 마련할 필요가 있다. 이를 위해 상담자는 자신의 욕구와 감정을 적절히 표현하고 해소할 수 있는 자기관리 전략을 수립하는 것이 도움이 된다. 취미 활동, 여가 활동, 운동 등을 통해 스트레스를 해소하고 심리적 균형을 유지하는 것이 중요하다. 또한, 개인상담이나 심리치료를 통해 자신의 내적 갈등과 문제를 해결함으로써 집단상담에 전념하는 데 도움을 받을 수 있다. 이러한 자기관리 전략은 집단상담자가 자신의 열정과 에너지를 지속적으로 유지하는 데 필수적이다.

⑤ 평가와 지속적 발전을 위한 노력

집단상담자는 자신의 발전을 위해 지속적인 평가와 피드백을 받아야 한다. 이를 통해 자신의 과도한 몰입을 자각하고, 더 나은 집단상담을 제공하기 위한 노력을 지속해야 한다. 정기적인 교육과 워크숍 참여, 최신 이론과 기법 습득을 통해 자신의 역량을 강화해 나가야 한다. 이러한 지속적 발전을 위한 노력은 집단상담자가 집단원들에게 보다 효과적인 지원을 제공할 수 있도록 돕는다.

이와 같이, 중급 발달 수준의 집단상담자에게 요구되는 지식과 태도는 집단상담자의 전문성을 향상시키고, 집단상담 과정을 효과적으로 운영할 수 있는 데 필요한 역량들이다. 또한 집단상담자는 자신이 과도하게 열정적이거나 몰입할 수 있음을 자각하고, 이를 건강하게 조절할 수 있는 능력을 개발해야 한다. 이러한 교육 요소들은 궁극적으로 집단상담의 질적 향상과 내담자들에게 보다 나은 상담 서비스를 제공하는 데 도움이 된다.

5) 중급 집단상담자 훈련 프로그램의 구성 및 목표 소개

중급 집단상담자 교육 요구 조사에서 살펴본 세 가지 영역, ① 중급 집단상담자들이 교과과정 외 집단상담 교육에서 경험한 아쉬움, ② 중급 집단상담자들이 요구하는 집단상담 운영 과정 및 실제, ③ 중급 집단상담자들이 요구하는 집단상담자의 지식과 태도에 대한 요구 조사 결과에서 훈련 프로그램의 요소를 도출하여 이를 기반으로 프로그램을 구성하였다. 중급 집단상담자의 발달 수준과 전문성 향상을 위한 각 영역별 요소들을 반영하여 프로그램과 목표를 도출하였다.

중급 집단상담자를 위한 교육 프로그램 범주는 크게 4가지로 구성된다. 첫 번째 범주는 실습과 관찰을 통한 모의집단 경험, 두 번째 범주는 이론과 실제가 접목된 활용 팁 및 활용예시 세 번째 범주는 실제 집단참여를 통한 치료적 효과 체험 네 번째 범주는 집단운영과 프로그램 개발이다. 각 범주의 하위 범주들과 핵심 주제에 대해 구체적으로 살펴보겠다.

(1) 실습과 관찰을 통한 모의집단 경험

실습과 관찰을 통한 모의집단 경험은 중급 수준의 집단상담자들에게 실질적이고 효과적인 교육 방법으로 제안된다. 이는 집단상담자들이 실제 집단상담 상황과 유사한 환경에서 자신의 역량을 발휘하고 검증할 수 있는 기회를 제공하기 때문이다. 모의집단 실습을 통해 집단상담자들은 이론적 지식을 실제 상황에 적용해 보는 경험을 할 수 있으며, 이 과정에서 자신의 강점과 약점을 파악할 수 있다. 또한, 동료 집단상담자들의 모의집단 실습을 관찰함으로써 다양한 접근 방식과 기술을 학습할 수 있다.

모의집단 실습은 안전하고 통제된 환경에서 이루어지므로, 집단상담자들은 실수를 두려워하지 않고 새로운 시도를 해볼 수 있다. 이는 집단상담자들의 창의성과 유연성을 향상시키는 데 도움이 된다. 모의집단 실습에서는 집단상담자들이 다양한 역할(예: 집단 리더, 집단 멤버, 관찰자 등)을 경험해 볼 수 있으므로, 집단 역동에 대한 이해도를 높일 수 있다.

모의집단 실습 후에는 체계적인 피드백과 요약 과정이 필수적이다. 경험 많은 슈퍼바이저나 동료 집단상담자들로부터 받는 건설적인 피드백은 집단상담자들의 전문성 향상에 큰 도움이 된다. 요약 과정에서는 모의집단 실습에서 경험한 내용을 반추하고, 자신의 강점과 약점을 분석하며, 향후 개선 방향을 모색할 수 있다.

실습과 관찰을 통한 모의집단 경험은 집단상담자들의 자기인식과 자기성찰을 촉진한다. 자신의 모의집단 실습 장면을 녹화하여 돌아보는 것은 매우 유용한 방법이다. 이를 통해 집단상담자들은 자신의 언어적·비언어적 커뮤니케이션 스타일을 객관적으로 파악할 수 있으며, 개선이 필요한 부분을 인식할 수 있다.

① 사례를 통한 시연 및 관찰

사례를 통한 시연 및 관찰은 중급 집단상담자들이 집단상담 교육 및 훈련 프로그램에서 가장 필요한 방법적 요소 중 하나이다. 이는 실제 집단상담 사례를 활용하여 집단상담 과정을 시연하고, 이를 관찰함으로써 집단상담 기법과 과정에 대한 이해를 높이는 방법이다. 사례를 통한 시연은 집단상담 과정에서 발생할 수 있는 다양한 상황과 역동을 간접적으로 경험할 수 있게 해 주며, 이를 통해 집단상담자로서의 역량을 강화할 수 있다. 또한, 시연 과정에서 발생하는 집단 역동과 상호작용을 관찰하고 분석함으로써, 집단상담 과정에 대한 통찰력을 기를 수 있다.

사례를 통한 시연 및 관찰은 다양한 형태로 이루어질 수 있다. 실제 집단상담 사례를 녹화한 영상을 시청하고 분석하는 방법, 역할극을 통해 집단상담 과정을 시연하고 관찰하는 방법 등이 활용될 수 있다. 또한, 경험 있는 집단상담자의 시연을 참관하고, 이에 대한 피드백을 받는 방식도 효과적일 수 있다. 이러한 다양한 방법을 통해, 중급 집단상담자들은 집단상담 과정에서 발생할 수 있는 복잡한 상황과 역동을 간접적으로 체험하고, 이에 대한 대처 방안을 모색할 수 있다.

② 역할 연습 및 모델링

역할 연습(Role-playing)은 집단상담자가 실제 집단상담 상황에서 직면할 수 있는 다양한 시나리오를 가정하여, 이에 대한 대처 방안을 연습하는 훈련 방법이다. 이를 통해 집단상담자는 집단 역동에 대한 이해를 높이고, 집단원들의 다양한 반응에 대한 적절한 개입 기술을 습득할 수 있다. 역할 연습 과정에서 집단상담자는 집단원, 공동 집단상담자, 관찰자 등 다양한 역할을 경험하게 되는데, 이는 각 역할에 대한 통찰력을 기르는 데 큰 도움이 된다. 또한, 역할 연습 후에는 피드백 세션을 통해 집단상담자의 개입에 대한 평가와 개선점을 도출하여, 집단상담 기술을 더욱 정교화할 수 있다.

모델링(Modeling)은 경험 많은 집단상담자의 실제 집단상담 장면을 관찰하고, 이를 통해 효과적인 집단상담 기술을 학습하는 방법이다. 숙련된 집단상담자의 언어적·비언어적 의사소통 기술, 집단 역동에 대한 개입 방식, 집단원들과의 라포 형성 과정 등을 면밀히 관찰함으로써, 집단상담 기술에 대한 실제적인 이해를 높일 수 있다. 모델링을 통해 습득한 집단상담 기술을 실제 역할 연습에 적용해 봄으로써, 이론과 실제의 연계성을 강화할 수 있다. 또한, 숙련된 집단상담자와의 사후 토론을 통해 집단상담 과정에서의 의사 결정, 개입 시점, 개입 방법 등에 대한 심층적인 이해를 도모할 수 있다.

역할 연습과 모델링 경험은 집단상담자로서의 자신의 강점과 약점, 개선이 필요한 부분 등에 대한 자기성찰의 기회를 제공한다. 이러한 자기성찰을 통해 집단상담자는 자신의 상담 스타일, 가치관, 대인관계 패턴 등을 점검하고, 이를 집단상담 장면에서 어떻게 활용할 것인지에 대한 통찰을 얻을 수 있다. 역할 연습과 모델링 경험은 집단상담자로서의 정체성 형성과 전문성 개발에 기여할 수 있으며, 이는 향후 집단상담자로서의 성장과 발전의 토대가 된다.

③ 모의집단 실시 후 피드백과 슈퍼비전

모의집단 실시 후 피드백과 슈퍼비전은 중급 집단상담자들의 집단상담 역량 강화를 위해 필수적인 교육 요소이다. 모의집단 실습 이후, 전문가로부터의 피드백과 슈퍼비전을 통해 자신의 강점과 약점, 그리고 개선점을 파악할 수 있다. 이러한 과정을 통해 중급 집단상담자들은 자신의 집단상담 기술을 객관적으로 평가하고, 보다 효과적인 집단상담자로 성장할 수 있는 기회를 얻게 된다. 피드백과 슈퍼비전은 일회성이 아닌, 지속적이고 체계적으로 이루어져야 하며, 이를 통해 중급 집단상담자들의 전문성이 향상될 수 있다.

모의집단 실습에서의 피드백은 집단상담자의 언어적 · 비언어적 의사소통 기술, 집단 역동에 대한 이해와 대처 능력, 그리고 집단상담 전략의 적절성 등 다양한 측면에서 이루어져야 한다. 언어적 의사소통 기술에 대한 피드백은 집단상담자의 질문 방식, 반영, 요약, 직면 등의 기술 사용의 적절성과 효과성을 평가하고, 개선 방안을 제시하는 것을 포함한다. 비언어적 의사소통 기술에 대한 피드백은 집단상담자의 표정, 몸짓, 목소리 톤, 눈맞춤 등이 집단원들에게 미치는 영향을 분석하고, 효과적인 비언어적 의사소통 방법을 제안하는 것을 포함한다. 집단 역동에 대한 이해와 대처 능력에 대한 피드백은 집단상담자가 집단의 발달 단계, 집단원들 간의 상호작용, 갈등 상황 등을 정확히 파악하고 적절히 개입하는 능력을 평가하고, 향상 방안을 모색하는 것을 포함한다. 집단상담 전략의 적절성에 대한 피드백은 집단상담자가 선택한 활동, 기법, 개입 방식 등이 집단의 목표와 특성에 부합하는지를 검토하고, 필요한 조정 사항을 제안하는 것을 포함한다.

슈퍼비전은 집단상담 실습에 대한 피드백을 넘어, 중급 집단상담자들의 전문적 성장을 촉진하는 포괄적인 과정이다. 슈퍼비전에서는 중급 집단상담자들이 경험하는 어려움, 의문점, 좌절감 등을 공유하고, 이에 대한 해결책을 모색할 수 있다. 슈퍼바이저는 중급 집단상담자들의 강점을 인식하고 격려하며, 동시에 성장 영역을 파악하여 구체적인 발전 방향을 제시한다. 슈퍼비전은 중급 집단상담자들이 자신의 집단상담 실무를 성찰하고, 전문가로서의 정체성을 확립해 나가는 과정을 지원한다. 또한, 슈퍼비전에서는 집단상담 이론과 실제를 통합하는 방법, 윤리적 딜레마에 대한 대처 방안, 자기관리 전략 등 다양한 주제가 다루어질 수 있다.

효과적인 피드백과 슈퍼비전을 위해서는 안전하고 지지적인 환경 조성, 구체적이고 건설적인 피드백 제공, 상호 존중과 협력의 관계 형성 등이 필요하다. 안전하고 지지적인 환경에서 중급 집단상담자들은 자신의 취약점을 개방하고, 새로운 시도를 할 수 있는 용기를 얻을 수 있다. 구체적이고 건설적인 피드백은 중급 집단상담자들이 자신의 강점과 약점을 명확히 인식하고, 실천 가능한 개선 방안을 모색하는 데 도움이 된다. 슈퍼바이저와 중급 집단상담자 간의 상호 존중과 협력의 관계는 피드백과 슈퍼비전의 효과를 극대화하고, 중급 집단상담자들의 전문적 성장을 촉진하는 기반이 된다.

피드백과 슈퍼비전은 중급 집단상담자들의 집단상담 역량 강화를 위한 핵심 요소로, 체계적이고 지속적인 교육과정에 반드시 포함될 요소이다.

④ 상황 설정을 통한 주제별 실습

상황 설정을 통한 주제별 실습은 다양한 상황을 가정하고 이에 대한 대처 방안을 모색하는 훈련을 통해 집단상담자로서의 전문성을 제고하는 데 목적이 있다. 이는 집단상담 과정에서 발생할 수 있는 다양한 상황들을 미리 설정하고, 이에 대한 적절한 개입 방법과 대응 전략을 수립하는 연습을 수반한다. 이를 통해 집단상담자들은 예상치 못한 상황에 직면했을 때에도 침착하게 대처할 수 있는 역량을 함양할 수 있게 된다.

실습의 구체적인 방법은 다음과 같다. 우선 집단상담 과정에서 발생 가능한 다양한 상황들을 선정한다. 예를 들어, 집단원 간 갈등 상황, 침묵이 지속되는 상황, 집단원의 저항이 표출되는 상황 등이 이에 해당한다. 선정된 상황을 중심으로 소규모 집단을 구성하고, 각 집단별로 주어진 상황에 대한 대응 방안을 토의하도록 한다. 토의 결과를 바탕으로 역할극을 실시하여 상황에 대한 개입을 실제로 연습해 보도록 한다. 이때 집단상담자는 상황에 적합한 개입 기법을 활용하여 역할극을 진행하게 된다. 역할극이 끝난 후에는 집단원들의 피드백을 받고 집단상담자가 적용한 개입 기법의 적절성을 평가하는 시간을 가진다. 이를 통해 집단상담자는 자신의 개입에 대한 객관적인 평가를 얻을 수 있게 된다.

상황설정을 통한 주제별 실습은 집단 역동에 대한 이해 증진에도 기여한다. 실습 과정에서 집단상담자들은 주어진 상황하에서 집단원들이 보이는 다양한 반응들을 관찰하게 된다. 이를 통해 집단원 개개인의 특성뿐 아니라 집단 전체의 역동에 대해서도 보다 깊이 있는 이해를 할 수 있게 된다. 또한 각 상황에서 적용된 개입 기법들이 집단 역동에 미치는 영향을 파악함으로써 향후 실제 집단상담 장면에서의 개입에 활용할 수 있는 통찰을 얻게 된다.

이론적 지식의 습득과 더불어 실제적인 연습과 훈련이 병행될 때 비로소 전문적인 집단상담자로 성장이 가능하다. 따라서 집단상담 교육 프로그램을 설계함에 있어 상황 설정을 통한 주제별 실습을 적극적으로 활용할 필요가 있다. 이를 통해 집단상담자들은 보다 현실감 있는 훈련을 받을 수 있으며, 다양한 상황에 유연하게 대처할 수 있는 역량을 갖출 수 있을 것이다.

(2) 이론과 실제가 접목된 활동 중심교육

① 이론과 체험적 교육의 접목

이론 교육은 집단상담의 기본 개념, 원리, 기법 등에 대한 지식을 전달하는 데 초점을 맞추며, 이를 통해 상담자들은 집단상담의 학문적 토대를 견고히 다질 수 있다. 체험적 교육은 이론으로 습득한 지식을 실제 상황에 적용해 보는 기회를 제공한다. 역할 연기, 모의상담, 사례연구 등 다양한 방식으로 진행될 수 있으며, 상담자들의 실무 역량을 배양하는 데 기여한다. 이론과 체험의 접목은 상호 보완적인 관계에 있다. 이론이 체험의 바탕이 되고, 체험이 이론의 이해를 심화시키는 선순환 구조를 이룬다. 이론과 체험의 조화로운 통합은 상담자들로 하여금 집단상담에 대한 총체적인 안목을 갖추게 하여 단편적 지식의 습득이 아닌, 유기적이고 실천적인 전문성을 함양할 수 있게 한다.

이론 교육 시 집단상담의 다양한 학파와 모델을 균형 있게 다루어야 한다. 정신역동적 접근, 인본주의적 접근, 인지행동적 접근 등 주요 학파들의 기본 전제와 특징을 체계적으로 소개할 필요가 있다. 각 학파의 집단상담 모델과 기법, 적용 사례 등을 구체적으로 제시함으로써 상담자들의 이해를 도울 수 있다. 특정 학파에 치우치지 않고 다양한 관점을 포괄하는 교육내용 구성이 바람직하다. 이는 상담자들로 하여금 편향되지 않은 시각을 갖추게 하는 데 일조한다. 또한, 최신 연구 동향과 새롭게 대두되는 모델들도 적극 반영하여 교육내용을 지속적으로 업데이트할 필요가 있다.

체험적 교육 시 구조화된 활동과 개방적 활동을 적절히 배합해야 한다. 구조화된 활동은 역할 연기, 게임, 예술치료 등 목표와 절차가 비교적 명확한 활동들을 일컫는다. 이러한 활동들은 특정 기법이나 개입을 연습하기에 용이하다. 개방적 활동은 자유토론, 브레인스토밍, 즉흥 연기 등 참여자들의 자발성이 강조되는 활동들을 가리킨다. 창의성과 역동성이 필요한 상황에서 효과적으로 활용될 수 있다. 구조화된 활동과 개방적 활동의 조화로운 배합은 역동적이면서도 안정감 있는 체험 환경을 조성한다. 이는 상담자들의 자기성찰과 기량 발달에 도움이 된다. 또한, 활동의 성격과 난이도를 점진적으로 조절하는 것도 중요하다. 단계적 접근을 통해 상담자들을 체험 학습에 자연스럽게 적응시킬 수 있다.

집단상담자 훈련 프로그램에서 이론과 체험 교육을 아우르는 통합적 교육 모델 개발이 시급해 보인다. 분절적으로 이루어지는 이론 교육과 체험 교육을 유기적으로 연계할 수 있는 교육 모델이 절실히 요구된다. 이론의 실제 적용 가능성을 높이고, 체험의 학습 효과를 극대화할 수 있는 방안을 모색해야 한다. 집단상담 교육의 궁극적 목표는 현장에서 통용되는 실질적 역량을 갖춘 전문가를 양성하는 것이다. 이를 위해 이론과 체험의 창의적 융합을 도모하는 혁신적 교육과정 설계가 필요하다. 통합적 교육 모델은 상담자들로 하여금 집단상담에 대한 입체적 통찰을 갖게 할 것이다. 현장감 있는 교육을 통해 전문가로서의 역량과 자신감을 고취시킬 수 있을 것으로 기대된다.

② 실제 활용 가능한 기법과 기술 훈련

집단상담 교육 프로그램에서는 이론적 지식뿐만 아니라, 실제 집단상담 현장에서 활용할 수 있는 구체적이고 실용적인 기법과 기술을 제시해야 한다. 집단상담자들이 집단 내에서 발생하는 다양한 역동과 상황에 효과적으로 대처하고 개입할 수 있도록, 경험적으로 검증된 기법과 기술을 습득할 수 있는 기회를 제공해야 한다. 예를 들어, 집단 내 갈등 해결 기술, 저항적인 집단원 다루기, 침묵 깨기 기법, 자기개방 촉진 기술, 집단 응집력 향상 전략 등 실제 집단상담 과정에서 빈번히 요구되는 기술들을 교육내용에 포함시켜야 한다.

　또한 이론과 실제를 접목한 활용 팁 및 활동 예시를 제공해야 한다. 집단상담 이론과 개념을 실제 집단상담 장면에 적용할 수 있는 구체적인 방법과 팁을 제공함으로써, 이론과 실제 간의 간극을 좁히고 학습 내용의 현장 적용도를 높여야 한다. 예컨대, 특정 집단상담 이론에 기반한 개입 기법을 집단 내에서 실행하는 절차와 방법, 주의할 점 등을 상세히 설명하고, 이를 적용한 실제 사례나 활동 예시를 제시함으로써 집단상담자들의 이해와 학습을 도울 수 있다. 또한 집단상담 교육자의 실제 집단운영 경험을 바탕으로, 집단 진행 과정에서 발생할 수 있는 다양한 난관과 도전에 대한 대처 노하우와 팁을 공유하는 것도 도움이 될 수 있다.

　기법과 기술 습득을 위한 체계적이고 단계적인 교육과 훈련 과정 역시 필요하다. 집단상담 기법과 기술은 단순히 이론적으로 학습한다고 해서 저절로 습득되는 것이 아니라, 반복적인 훈련과 연습을 통해 체득되는 것이므로, 이를 위한 체계적이고 단계적인 교육 과정이 마련되어야 한다. 초보 수준의 기술 습득에서부터 시작하여 점진적으로 고급 기술을 연마해 나갈 수 있도록 난이도와 복잡성을 고려한 단계별 훈련 프로그램을 제공하는 것이 바람직하다. 예를 들어, 초급 단계에서는 경청, 공감, 질문 기술 등 기본적인 상담 기술을 연습하고, 중급 단계에서는 집단 역동 파악, 집단 저항 다루기 등 집단과정에 초점을 둔 기술을 훈련하며, 고급 단계에서는 집단 갈등 조정, 자기 노출 활용 등 보다 복합적이고 심층적인 개입 기술을 연마하는 식으로 교육내용을 구성할 수 있다. 아울러 각 교육 단계에 맞는 적절한 피드백과 슈퍼비전을 제공함으로써 집단상담자들이 자신의 기술 습득 수준을 점검하고 지속적으로 발전시켜 나갈 수 있도록 도와야 한다.

③ 활용 가능한 다양한 촉진 활동 체험

　중급 집단상담자들은 실제 집단운영 시 활용할 수 있는 다양한 촉진 활동의 습득이 필요하다고 인식한다. 집단상담의 효과성을 극대화하기 위해서는 집단 역동을 촉진하고 구성원들의 자기 탐색과 행동 변화를 이끌어 낼 수 있는 적절한 활동이 수반되어야 한다. 특히, 중급 수준의 집단상담자들은 기본적인 집단상담 기법에 더하여 보다 심화된 형태의 활동 기법을 익히고자 하는 욕구가 강하다. 이들은 단순히 이론적 지식을 습득하는 것을 넘어, 실제 집단 현장에서 즉각적으로 활용 가능한 다채로운 활동 레퍼토리를 확장하고 싶어 한다. 예를 들어, 자기탐색과 감정 표현을 촉진하는 예술치료적 활동, 역할 연기와 행동 연습을 통해 새로운 행동을 습득하게 하는 사이코드라마, 구성원 간 역동을 탐색하고 피드백을 주고받는 관계 촉진 활동 등이 이에 해당한다. 이러한 활동들을 집단의 목표와 특성, 발달 단계에 맞게 선별하여 효과적으로 적용하는 것은 숙련된 집단상담자의 핵심 역량 중 하나이다.

중급 집단상담자 교육 프로그램은 이론 강의와 함께 다양한 활동 시연과 실습의 기회를 제공함으로써 집단상담자들의 실무 역량을 제고할 필요가 있다. 단순히 활동의 종류와 절차를 나열하는 것을 넘어, 각 활동의 치료적 의의와 기제, 적용 시 고려 사항 등을 심도 있게 다루어야 한다. 실제 집단 장면을 녹화한 영상 자료를 활용하여 숙련된 집단상담자가 다양한 활동을 진행하는 모습을 관찰하고 분석하는 것도 도움이 될 수 있다. 아울러, 교육 참가자들이 직접 집단원과 진행자 역할을 번갈아 맡아보는 역할 연기를 통해 각 활동의 진행 과정을 체험해 보는 것도 필요하다. 실습 후에는 참가자들이 경험한 내용과 느낌, 궁금한 점 등을 충분히 나누고 피드백을 주고받는 과정을 통해 활동 진행 역량을 함양해 나가야 한다.

④ 이론 기반 집단상담 체험

이론 기반 프로그램의 필요성은 집단상담 교육 및 훈련 프로그램 구성에 있어서 매우 중요하다. 이론은 실제 상담 장면에서 발생하는 다양한 현상들을 설명하고 예측할 수 있는 틀을 제공해 준다. 특히, 중급 수준의 집단상담자들에게는 단순히 기술과 기법을 습득하는 것을 넘어, 집단 역동에 대한 심층적인 이해와 집단상담 과정에 대한 통찰력을 갖추는 것이 요구된다. 이를 위해서는 집단상담의 주요 이론들을 충분히 학습하고 내재화하는 과정이 필수적이다. 또한 이론에 기반한 프로그램을 통해 중급 집단상담자들은 자신만의 상담 모델과 철학을 정립해 나갈 수 있다. 이론은 상담자로서의 정체성 형성에 토대가 되며, 내담자를 바라보는 관점과 접근 방식에 일관성을 부여해 준다.

이론 기반 프로그램은 크게 세 가지 요소로 구성될 수 있다. 첫째는 주요 집단상담 이론에 대한 심도 있는 학습이다. 정신역동적 집단치료 이론, 대상관계 이론, 인간 중심 집단상담 이론, 인지행동 집단치료 이론 등 집단상담의 근간을 이루는 이론들을 체계적으로 배우고 이해하는 것이 중요하다. 둘째는 이론과 실제 집단상담 장면을 연결하는 작업이다. 이론적 개념들이 실제 집단상담에서 어떻게 적용되고 발현되는지를 구체적인 사례를 통해 살펴보는 것이 도움이 될 수 있다. 이를 통해 이론이 단순히 추상적인 지식에 그치지 않고 실천적 지혜로 전환될 수 있다. 셋째는 이론에 기반하여 집단상담 프로그램을 직접 구성해 보는 경험이다. 중급 수준의 집단상담자들은 이론적 지식을 바탕으로 집단의 목표와 대상, 환경에 적합한 프로그램을 설계하고 실행할 수 있어야 한다. 이 과정에서 이론의 핵심 개념들을 응용하고 재해석하는 창의적 사고력이 요구된다.

이론 기반 프로그램은 강의, 토론, 실습, 슈퍼비전 등 다양한 방식으로 진행될 수 있다. 이론 강의는 집단상담 이론의 주요 개념과 원리를 전달하는 데 초점을 맞출 수 있다. 토론은 이론의 장단점을 비판적으로 분석하고 현장에의 적용 가능성을 모색하는 장이 될 수 있다. 무엇보다 이론과 실제의 연결을 강화하기 위해서는 이론에 기반한 집단상담 시연과 실습이 필수적이다. 예컨대, 정신역동적 집단치료 이론을 학습한 후에는 실제 집단과정에서 전이와 역전이, 저항, 해석 등이 어떻게 다루어지는지를 시연을 통해 살펴볼 수 있다. 또한 참여자들이 직접 이론에 기반하여 집단을 운영해 보는 실습도 매우 유용할 것이다. 나아가 이론 기반 프로그램은 슈퍼비전과도 긴밀히 연계될 필요가 있다. 참여자들은 자신이 운영한 집단에 대해 이론적 관점에서 피드백을 받고 성찰할 수 있어야한다. 슈퍼바이저는 이론과 실제 집단운영 간의 간극을 메우고 이론의 내면화를 촉진하는 조력자 역할을 할 수 있다.

(3) 실제 집단참여를 통한 치료적 효과 체험

① 실제 집단참여 경험
집단상담에 참여하여 집단상담 과정을 직접 체험하는 것은 집단상담자로서의 정체성을 확립하고, 집단상담 과정에 대한 통찰력을 높일 수 있는 소중한 기회가 된다. 또한, 집단상담에 참여함으로써 집단 역동에 대한 이해를 심화하고, 집단상담 기법을 체득할 수 있다. 집단상담 과정에서 발생하는 다양한 상황과 어려움을 직접 경험함으로써 문제해결 능력을 향상시킬 수 있으며, 자신의 집단상담 스타일과 강점, 약점 등을 파악하여 집단상담자로서의 자기이해를 증진시킬 수 있다.

실제 집단상담에 참여하는 경험은 이론적 지식을 실제에 적용해 보는 기회가 된다. 집단상담 이론과 기법을 실제 집단상담 장면에 적용해 봄으로써 이론과 실제의 간극을 좁힐 수 있다. 다양한 집단상담 이론과 기법들이 실제 집단상담에서 어떻게 구현되는지를 관찰하고 경험할 수 있으며, 집단상담 교육에서 배운 내용들을 실제 집단상담에 적용해 보면서 이론의 장단점과 한계 등을 파악할 수 있다. 이론과 기법을 집단상담 현장에서 활용해 보는 경험은 집단상담자의 전문성 발달에 큰 도움이 된다.

집단원으로서 집단상담에 참여하면서 집단상담의 치료적 힘을 직접 체험할 수 있다. 집단 역동 속에서 집단원들 간의 상호작용이 어떻게 치료적으로 작용하는지를 몸소 느낄 수 있으며, 집단응집력, 집단규범 등 집단의 치료적 요인들이 집단원의 변화와 성장에 기여하는 과정을 경험할 수 있다. 집단상담자의 개입과 리더십이 집단과정에 미치는 영향력을 집단원의 입장에서 관찰하고 체험할 수 있으며, 자신이 집단원으로 참여한 경험은 향후 집단상담자로서 집단을 이끌어 갈 때 많은 도움이 된다.

다양한 주제와 대상의 집단상담에 참여해 보는 것이 중요하다. 서로 다른 심리적 문제나 욕구를 가진 집단원들로 구성된 집단상담에 참여해 봄으로써 집단의 특성에 따른 집단상담 과정의 차이를 경험할 수 있다. 아동, 청소년, 성인 등 발달 단계가 다른 대상들의 집단상담에 참여해 봄으로써 연령에 따른 집단상담의 특징을 이해할 수 있으며, 정신건강, 진로, 대인관계 등 상담영역이 다른 집단상담에 참여해 봄으로써 각 영역에서의 집단상담 운영의 특수성을 파악할 수 있다. 다양한 유형의 집단상담 경험은 집단상담자로서의 융통성과 창의성을 높이는 데 기여한다.

② 만남을 통한 수용과 지지 경험

집단상담자들은 실제 집단에 참여함으로써 집단원들과의 만남을 통해 수용과 지지를 경험하게 된다. 이러한 경험은 집단상담자로서의 역량을 강화하는 데 매우 중요한 역할을 한다. 집단원들과의 만남을 통해 집단상담자들은 자신의 내면을 탐색하고, 자신의 감정과 생각을 표현하며, 타인과의 관계 형성 능력을 향상시킬 수 있다. 또한 집단원들로부터 받는 수용과 지지는 집단상담자들로 하여금 자신감과 안정감을 갖게 해 주며, 이는 향후 집단상담 진행 시 매우 유용한 자원이 된다.

만남을 통한 수용과 지지 경험은 단순히 이론적인 지식 습득 차원을 넘어서는 것으로, 집단상담자들의 전인적 성장을 도모하는 데 기여한다. 집단상담 교육 프로그램에서 이론적 지식을 습득하는 것도 중요하지만, 실제 집단에 참여하여 집단원들과 만남을 갖고 그들로부터 수용과 지지를 경험하는 것은 집단상담자들의 성장에 있어 필수불가결한 요소이다. 이러한 경험을 통해 집단상담자들은 자신의 내적 성장을 이루어 낼 수 있으며, 이는 단순히 집단상담 기술 습득 차원을 넘어서는 전인적 성장으로 이어진다. 전인적 성장이란 지적·정서적·사회적·영적 측면을 아우르는 총체적인 성장을 의미하는 것으로, 집단상담자들이 진정한 의미에서의 전문가로 거듭나기 위해 반드시 필요한 과정이라 할 수 있다.

또한 만남을 통한 수용과 지지 경험은 집단상담자들로 하여금 집단상담 과정에서 발생할 수 있는 다양한 역동을 이해하고 대처하는 능력을 배양하는 데 기여한다. 실제 집단에 참여하면서 집단상담자들은 집단원들 간의 상호작용, 갈등, 저항 등 다양한 집단 역동을 직접 경험하게 된다. 이 과정에서 집단상담자들은 이러한 역동들을 관찰하고 이해하는 능력을 기를 수 있으며, 향후 집단상담 진행 시 이를 효과적으로 다루어 나갈 수 있는 역량을 갖추게 된다. 특히, 집단원들로부터의 수용과 지지는 집단상담 과정에서 발생하는 도전적인 상황들을 슬기롭게 헤쳐 나가는 데 있어 집단상담자들에게 큰 힘이 되어준다.

만남을 통한 수용과 지지 경험은 집단상담자들에게 자기성찰의 기회를 제공함으로써 전문가로서의 정체성 확립에 기여한다. 집단원들과의 만남은 집단상담자들로 하여금 자신의 내면을 깊이 들여다보게 하는 계기가 된다. 타인과의 교류 속에서 집단상담자들은 자신의 강점과 약점, 성격적 특성, 대인관계 패턴 등을 발견하게 되며, 이를 통해 보다 성숙한 자아상을 확립해나갈 수 있다. 이러한 자기성찰의 과정은 집단상담자들이 전문가로서의 정체성을 확고히 하는 데 있어 매우 중요한 역할을 한다. 자신에 대한 이해의 폭을 넓히고 내적 성장을 이루어 감으로써 집단상담자들은 내담자들을 보다 공감적이고 전문적으로 대할 수 있는 역량을 갖추게 된다.

③ 동료집단의 구성

　동료집단은 중급 발달 수준의 집단상담자들로 이루어진 집단으로, 서로의 경험과 지식을 공유하며 상호작용하는 공간이다. 동료집단의 구성원들은 유사한 수준의 전문성과 경험을 가지고 있어, 서로 공감하고 이해할 수 있는 기반을 형성한다. 이러한 동질성은 집단 내에서의 개방적이고 솔직한 의사소통을 촉진하며, 구성원들 간의 신뢰와 유대감을 강화한다.

　동료집단의 크기와 다양성 또한 중요한 고려 사항이다. 집단의 크기는 적절한 수준으로 유지되어야 하며, 일반적으로 6~12명 정도가 이상적인 것으로 알려져 있다. 이는 구성원들 간의 상호작용을 활성화하고, 다양한 관점과 경험을 공유할 수 있는 환경을 조성하기 위함이다. 또한, 동료집단 내에는 다양한 배경과 전문 분야를 가진 상담자들이 포함되어야 한다. 이러한 다양성은 집단 내에서 폭넓은 시각과 통찰력을 제공하며, 상담자들의 성장과 발전에 기여한다.

　동료집단의 운영에 있어서는 구조화된 형식과 유연성의 조화가 필요하다. 집단상담 교육 프로그램은 명확한 목표와 계획에 따라 진행되어야 하며, 이를 위해 체계적인 커리큘럼과 일정이 수립되어야 한다. 동시에, 구성원들의 개별적인 요구와 특성을 고려하여 유연성을 발휘할 필요가 있다. 이는 구성원들의 적극적인 참여와 몰입을 유도하고, 그들의 고유한 강점과 잠재력을 발굴하는 데 도움이 된다.

　동료집단 내에서의 역동성과 상호작용은 교육 프로그램의 성공을 좌우하는 중요한 요인이다. 구성원들 간의 개방적이고 솔직한 피드백과 지지는 상담자들의 성장과 발전을 촉진한다. 이를 위해 집단 내에서의 안전하고 수용적인 분위기 조성이 필수적이다. 또한, 구성원들 간의 협력과 상호 학습을 장려하는 다양한 활동과 과제가 제공되어야 한다. 이러한 과정을 통해 상담자들은 자신의 강점과 약점을 인식하고, 새로운 기술과 전략을 습득할 수 있다.

　동료집단의 지속적인 유지와 관리 또한 중요하다. 교육 프로그램 종료 후에도 동료집단 간의 연결과 소통이 유지될 수 있도록 지원체계를 마련해야 한다. 이는 상담자들의 전문성 발달과 네트워크 형성에 기여하며, 장기적인 관점에서의 성장과 발전을 도모한다. 정기적인 모임이나 온라인 플랫폼 등을 활용하여 지속적인 교류와 협력의 장을 제공할 수 있다.

④ 자신의 문제에 대한 이해 증진

집단 참여를 통해 자신의 문제를 객관적으로 바라볼 수 있는 기회를 제공하는 것은 자신의 문제를 타인의 시선에서 바라보고, 문제의 근원과 핵심을 파악하는 데 도움이 된다. 이를 통해 자신의 문제에 대한 통찰력을 기를 수 있으며, 문제 해결을 위한 실마리를 찾을 수 있다. 또한, 집단참여는 자신의 문제를 다각도로 분석하고 탐색할 수 있는 기회를 제공한다. 자신의 문제를 다양한 관점에서 바라보고, 문제의 원인과 결과, 그리고 문제와 관련된 다양한 요인들을 종합적으로 고려함으로써 문제에 대한 심층적인 이해를 도모할 수 있다. 이는 문제 해결을 위한 실질적인 방안을 모색하는 데 기여한다.

집단참여 경험은 자신의 문제에 대한 통찰력을 바탕으로 문제 해결을 위한 실천 계획을 수립할 수 있도록 돕는다. 자신의 문제에 대한 심층적인 이해를 토대로 문제 해결을 위한 구체적인 목표를 설정하고, 이를 달성하기 위한 실천 전략을 모색할 수 있다. 이는 자신의 문제를 능동적으로 해결해 나가는 데 기여한다. 집단참여를 통한 집단원들로부터 경험한 지지와 수용은 자신의 문제에 대한 수용과 자기이해를 촉진한다. 자신의 문제를 있는 그대로 받아들이고, 문제의 원인과 결과에 대해 깊이 있게 성찰함으로써 자기이해를 증진시킬 수 있다. 이는 자신에 대한 수용과 이해를 바탕으로 한 건강한 자아상 형성에 기여한다.

(4) 집단운영과 프로그램 개발

집단상담 운영 및 프로그램 개발을 위한 실무 교육의 필요성은 중급 집단상담자들이 강조하는 중요한 요소이다. 이는 집단상담 교육이 이론 중심으로 이루어지다 보니, 실제 집단상담 운영 및 프로그램 개발에 어려움을 겪고 있기 때문이다. 집단상담 운영 및 프로그램 개발에 대한 실무 교육은 집단상담자들이 현장에서 직면하는 다양한 문제 상황에 효과적으로 대처할 수 있는 능력을 함양하는 데 도움을 줄 수 있다. 이를 통해 집단상담자들은 보다 전문적이고 효과적인 집단상담 서비스를 제공할 수 있을 것이다.

현재 집단상담 교육 프로그램은 집단상담 운영 및 프로그램 개발에 대한 체계적인 교육내용을 포함하고 있지 않다. 이에 따라 중급 집단상담자들은 집단상담 운영 및 프로그램 개발에 대한 전문성을 갖추는 데 어려움을 겪고 있다. 따라서 집단상담 운영 및 프로그램 개발에 대한 체계적인 교육 프로그램 개발이 시급하다. 이를 위해서는 집단상담 운영 및 프로그램 개발에 필요한 핵심 역량을 규명하고, 이를 바탕으로 교육내용을 구성하는 것이 필요하다. 또한 이론과 실제를 접목한 다양한 교육 방법을 활용하여 교육의 효과성을 높여야 할 것이다.

집단상담 운영 및 프로그램 개발 역량 강화를 위해서는 슈퍼비전이 매우 중요하다. 슈퍼비전을 통해 집단상담자들은 자신의 집단상담 운영 및 프로그램 개발 과정을 성찰하고, 개선점을 파악할 수 있다. 특히, 동료 슈퍼비전은 집단상담자들이 서로의 경험과 지식을 공유하고, 상호 학습할 수 있는 기회를 제공한다는 점에서 매우 유용하다. 동료 슈퍼비전을 통해 집단상담자들은 집단상담 운영 및 프로그램 개발에 대한 다양한 관점과 아이디어를 얻을 수 있으며, 이를 통해 보다 창의적이고 혁신적인 집단상담 프로그램을 개발할 수 있을 것이다.

집단상담 운영 및 프로그램 개발을 위한 전문적 네트워크 구축의 필요성도 강조된다. 전문적 네트워크를 통해 집단상담자들은 최신 연구 동향과 실무 경험을 공유하고, 서로 협력하여 보다 효과적인 집단상담 프로그램을 개발할 수 있다. 이를 위해서는 학회, 협회 등 전문 단체의 역할이 매우 중요하다. 전문 단체는 집단상담자들이 전문성을 개발하고 유지할 수 있도록 다양한 교육과 연수 기회를 제공해야 한다. 또한 집단상담자들 간의 교류와 소통을 촉진하여 전문적 네트워크가 활성화될 수 있도록 지원해야 할 것이다.

결론적으로, 중급 집단상담자들은 집단상담 운영 및 프로그램 개발에 대한 실무 교육의 필요성을 강조하고 있다. 체계적인 교육 프로그램 개발과 슈퍼비전, 그리고 전문적 네트워크 구축을 통해 집단상담자들은 보다 전문적이고 효과적인 집단상담 서비스를 제공할 수 있을 것이다. 이는 궁극적으로 집단상담의 질적 향상과 내담자들에 대한 효과적인 서비스 제공으로 이어질 것이다.

① 집단 프로그램 개발 및 실시

집단을 운영해 달라는 요청을 받은 집단상담사는 집단 프로그램을 기관의 요구와 대상자에게 적합한 프로그램을 설계하고 운영하기 위해, 프로그램 기획 단계에서 고려해야 할 사항과 절차에 대해 고민하게 된다. 권경인, 김미진, 추연국(2020)의 연구에 따르면, 중급 집단상담사들은 프로그램 개발 및 운영에 대한 구체적인 방안이 필요하다. 이들은 특히 '집단 계획 및 운영 기회 제공', '목표와 주제에 맞는 프로그램 구성 연습', 그리고 '구조화된 프로그램 직접 개발' 등 실제 상담을 구성하고 운영하는 데 필요한 구체적인 기술을 습득하길 원한다. 집단상담 프로그램을 개발하고 재구성하는 과정의 차이를 이해하고, 실제 대상과 주제에 필요한 프로그램을 계획하고, 이에 대한 피드백을 통해 더 나은 프로그램을 기획하는 법에 대한 교육이 필요하다.

체계적이고 구조화된 프로그램을 통해 집단상담의 목표를 달성할 수 있으며, 참여자들의 변화와 성장을 촉진할 수 있다. 또한, 집단상담 프로그램 개발은 상담자의 전문성 향상에도 기여한다. 프로그램 개발 과정에서 상담자는 집단 역동에 대한 이해를 심화하고, 다양한 기법과 활동을 습득하며, 자신만의 상담 스타일을 정립할 수 있다. 효과적인 집단상담 프로그램을 개발하기 위해서는 이론적 기반, 참여자의 특성과 요구, 현장의 여건 등을 종합적으로 고려해야 한다. 이를 통해 참여자의 변화와 성장을 극대화하는 최적의 프로그램을 설계할 수 있다.

집단상담 프로그램 개발은 체계적이고 단계적인 과정을 통해 이루어진다. 일반적으로 요구 분석, 목표 설정, 프로그램 구성, 실시 및 평가의 단계를 거친다. 요구 분석 단계에서는 참여자의 특성과 요구를 파악하고, 현장의 여건을 분석한다. 이를 통해 프로그램의 방향성과 목표를 설정할 수 있다. 목표 설정 단계에서는 프로그램의 궁극적인 목적과 구체적인 목표를 명확히 한다. 이는 프로그램 구성의 기준이 되며, 평가의 준거로 활용된다. 프로그램 구성 단계에서는 이론적 기반, 상담 기법, 활동 내용 등을 선정하고 조직화한다. 회기별 주제와 목표, 활동 내용과 진행 방식 등을 구체적으로 설계한다. 실시 및 평가 단계에서는 개발된 프로그램을 현장에 적용하고, 그 효과성을 평가한다. 평가 결과를 바탕으로 프로그램을 수정·보완하여 지속적으로 발전시켜 나간다.

집단상담 프로그램은 다양한 요소들로 구성된다. 이론적 기반, 상담 기법, 활동 내용,

진행 방식 등이 주요 구성 요소라 할 수 있다. 이론적 기반은 프로그램의 토대가 되는 심리학적 이론이나 상담 모델을 의미한다. 대상관계 상담, 인간 중심 상담, 인지행동 상담, 게슈탈트 상담 등 다양한 이론적 기반이 활용될 수 있다. 상담 기법은 프로그램에서 활용되는 다양한 개입 방법을 의미한다. 자기개방, 피드백, 역할 연기, 사회화 기술 훈련 등 다양한 기법들이 상황과 목적에 따라 선택된다. 활동 내용은 프로그램에서 이루어지는 구체적인 과제나 체험을 의미한다. 예술치료, 명상, 신체 활동, 글쓰기 등 다양한 활동이 집단상담 프로그램에 포함될 수 있다. 진행 방식은 프로그램의 전개 과정과 운영 원칙을 의미한다. 회기별 주제와 목표, 활동의 순서와 시간 배분, 집단 역동 촉진을 위한 개입 등이 진행 방식에 포함된다.

집단상담 프로그램의 체계적 개발과 실시를 통해 상담자들은 참여자들의 변화와 성장을 최대화할 수 있으며, 자신들의 전문성도 함께 향상시킬 수 있다. 이는 궁극적으로 집단상담의 질적 향상과 내담자들에 대한 효과적인 서비스 제공으로 이어질 것이다.

표 1-4 집단상담 교육 프로그램의 방법 요소

상위 범주 / 범주	범주	빈도	비율(%)	핵심 주제
실습과 관찰을 통한 모의집단 경험	사례를 통한 시연 및 관찰	40	39.6	• 실제 사례를 영상이나 자료로 보기 • 집단시연 관찰을 통한 개입 방법 습득 • 실제 사례를 가지고 리더가 집단원을 이해하고 시연 • 주제별 집단상담 실제 사례 제시
	역할 연습 및 모델링	32	31.7	• 사이코드라마의 주인공, 보조자아, 감독의 역할 • 집단상담 전문가의 모델링 경험 • 모델링할 수 있도록 코리더로 참여 경험

실습과 관찰을 통한 모의집단 경험	모의집단 실시 후 피드백과 슈퍼비전	30	29.7	• 소그룹 집단 진행 후 경험 나눔(집단원들의 피드백) • 슈퍼비전을 통한 피드백(개입, 집단원 이해, 상호작용) • 실습 장면을 촬영하여 이를 바탕으로 슈퍼 비전
	상황설정을 통한 주제별 실습	20	19.8	• 다양한 주제와 구조로 실습과 진행 • 유형화되는 사례별로 실제적인 실습 • 어려운 집단원 예시를 주고 해결하게 하는 것
이론과 실제가 접목된 활용 팁 및 활용 예시	이론과 체험적 교육의 접목	23	22.8	• 수업에서 집단상담 실습 후 이론으로 정리 • 이론의 설명, 직접 체험, 피드백을 받는 방법 • 집단경험 이후 기술 혹은 태도에 대한 교육
	실제 활용 가능한 기법과 기술 훈련	22	21.8	• 실제 집단에서 활용할 수 있는 기법 연습 • 새로운 이론에 기반한 집단상담 기술 훈련 • 다양한 기법과 기술(예술치료, 연극) 습득
	활용 가능한 다양한 촉진 활동 체험	18	17.8	• 몸의 움직임(춤과 움직임) 경험 • 놀이를 통한 집단상담(반구조화 방법) • 집단상담 아이스 브레이킹 활동
	이론 기반 집단 상담 체험	13	12.9	• 특정 이론에 대한 깊이 있는 집단상담(예: 동 기강화, 현실역동, 가족치료)
실제 집단참여를 통한 치료적 효과 체험	실제 집단참여 경험	41	40.6	• 실제 집단참여를 통한 역동에 대한 이해 • 비구조화된 집단상담으로 자유롭게 참여 • 집단에서의 또 다른 가족 경험 재현
	만남을 통한 수용과 지지 경험	7	6.9	• 다양한 사람들과의 만남 기회 • 집단에서 지지와 수용 받는 경험 • 리더가 편안하고 존중해 주는 느낌과 공감 받는 경험
	동료집단의 구성	6	5.9	• 대학원생들끼리 집단상담 실시 • 동료들과의 안전한 환경에서의 실습과 다양 한 시도 • 집단을 공부할 수 있는 소그룹 스터디 모임

	자신의 문제에 대한 이해 증진	3	3.0	• 나의 문제와 연결 후 필드에 적용 • 자신에 대한 이해 증진
집단운영과 프로그램 개발	집단운영의 실제	27	26.7	• 전반적인 집단 프로그램 운영 방안 • 리더의 특성을 반영한 집단운영 팁 • 청소년 대상의 구조화된 집단운영 방법
	집단 프로그램 개발 및 실시	13	12.9	• 집단 계획 및 운영 기회 제공 • 목표, 주제, 대상에 맞는 프로그램 구성 연습 • 구조화 프로그램을 직접 개발

주: 비율 계산 시 전체 설문의 참여자인 101명을 기준으로 비율을 산정함.

특성: 집단상담 실습, 리더십 관찰, 리더십 슈퍼비전, 경험적 집단 참여, 집단리더 역할 연습, 그리고 집단운영으로 보고한 Ohrt 등(2014)의 연구 결과와 비슷한 결과.

구성: Barlow(2004)가 훈련 교육 영역을 체험, 관찰, 학습, 슈퍼비전으로 세분화하고 영역별 내용이 포함된 교육 제공 집단상담자의 역할과 치유적 개입들을 관찰하고 모델링할 수 있는 모의집단 활동 & 모의집단 실시 후 피드백과 슈퍼비전.

사례 분석

※ 조별로 이전에 진행했던 집단상담 사례의 보고서 중에서 1가지의 사례를 정해서 분석해 봅시다. 사례에 대한 간략한 요약을 정리해 봅시다.

1. 사례에서 어떤 부분이 어려웠나요?

2. 집단 리더의 개입 방법에 대해 분석해 봅시다.

3. 리더의 개입 중에서 적절했던 부분, 좋았던 부분에 대해서 논의해 봅시다.

_____

_____

_____

4. 리더의 개입 중 보충되어야 할 부분이 있다면 어떤 것인지 정리해 봅시다.

_____

_____

_____

5. 내가 만약 개입했다면 어떻게 접근했을지 정리해 봅시다.

_____

_____

_____

_____

6. 개입과 집단과정에서 발생 가능한 어려움을 예상하고 대처 전략을 세워 봅시다.

_____

_____

_____

_____

집단상담자로서 나는 지금 어디에 서 있을까요?

1. 사전 검사 결과를 바탕으로 본 상담자로서 나는 어떤 발달 단계에 있나요?

_____

_____

2. 내가 가진 강점과 전문적 역량은 무엇인가요?

_____

_____

3. 내가 키워야 될 역량과 발달시켜야 될 자질에는 어떤 것들이 있나요?

_____

_____

4. 나는 어떤 스타일의 집단상담자가 되고 싶나요? (내가 선호하는 이론, 활동, 기법 등)

_____

_____

5. 내가 모델링하고 싶은 대상은 누구일까요?

_____

_____

6. 집단상담자로서 내가 궁극적으로 이루고 싶은 목표는 무엇인가요?

_____

_____

_____

상담자 발달 로드맵

영역	범주	현재 수준	목표 수준	계획(시기, 장소, 방법)
집단경험	사례를 통한 시연 및 관찰			
	역할 연습 및 모델링			
	모의집단 실시 후 피드백과 슈퍼비전			
	상황 설정을 통한 주제별 실습			
집단 기술	대인 간 갈등 및 역동 다루기			
	다양한 유형의 개인 역동 이해			
	상호작용 촉진 및 응집력 강화 기술			
	집단원의 통찰과 확장 돕는 기술			
내적 자기	리더의 수용적 태도와 중립성			
	전문성의 비어 있음에 대한 불안 다루기			
	유연함과 담대함의 증진			
	자신의 문제에 대한 이해 증진			
이론 학습 & 교육	집단상담 이론적 학습			
	집단원에 대한 사례개념화			
	슈퍼비전 통한 전문성 확보			
	이론 기반 집단상담 체험			
집단운영	집단의 시작과 안정적 구조화			
	변화와 성장을 위한 마무리			
	집단 효과성 검증			
	비협조적인 의뢰기관 대처			
집단 프로그램 개발 및 운영	집단운영의 실재			
	집단 프로그램 개발 및 실시			
	사전준비 및 환경 조성			
	목적에 맞는 집단원 모집			

부록 2

집단상담자로서 나의 내적 자기

영역	강점/자본	키워야 될 역량	역량을 키울 계획	예상 기간
상담자로서 나를 평가하기				

영역	역량	현재 수준	목표 수준	계획(시기, 장소, 방법)
집단운영에서 어려운 점	공감과 지지			
	역동 촉진			
	집단 제어			
	정서적 활성화			

영역	상황	예상	경험	대처 방식	보완 전략
집단리더로서 나의 불안 & 두려움					

영역	받은 교육	교육 경험	변화 경험	성장 경험	실패 경험
집단리더로서 나의 책임감					

부록 3

상담자 메타정서 평가 척도

■ **상담자 정서 자각 역량 평가 척도**

문항	전혀 그렇지 않다	그렇지 않다	보통	그렇다	매우 그렇다
나는 대부분의 경우 특정 감정을 느끼는 이유를 잘 알고 있다.	1	2	3	4	5
나는 내 자신의 감정을 잘 이해한다.	1	2	3	4	5
나는 내가 느끼는 바를 잘 알아차린다.	1	2	3	4	5
나는 내가 행복한지 아닌지 항상 알고 있다.	1	2	3	4	5
나는 항상 친구들의 행동을 통해 그들의 감정을 잘 안다.	1	2	3	4	5
나는 다른 사람의 감정을 잘 관찰한다.	1	2	3	4	5
나는 다른 사람의 감정과 정서에 민감하다.	1	2	3	4	5
나는 주변 사람들의 감정을 잘 이해한다.	1	2	3	4	5
나는 항상 스스로 목표를 설정하고 이를 달성하기 위해 최선을 다한다.	1	2	3	4	5
나는 항상 스스로에게 유능한 사람이라고 말한다.	1	2	3	4	5
나는 스스로 동기 부여가 되는 사람이다.	1	2	3	4	5
나는 항상 최선을 다하도록 스스로를 격려한다.	1	2	3	4	5
나는 성질을 조절하고 어려움을 합리적으로 처리할 수 있다.	1	2	3	4	5
나는 내 감정을 꽤 잘 조절하는 사람이다.	1	2	3	4	5
나는 화가 나면 항상 빨리 진정할 수 있다.	1	2	3	4	5
나는 내 감정을 잘 조절한다.	1	2	3	4	5

집단상담 사례 분석 활동지

사례 분석	
잠석자	참석자 별칭
집단 맥락과 상황 제시 및 축어록	1. 현재 사례의 맥락과 상황 제시 2. 리더와 집단원들의 구체적인 활동 내용을 제시 3. 상황 축어록

회기 분석	1. 역동 분석: 활동 과정 중 집단 역동을 잘 보여 주는 순간, 집단원의 변화가 일어난 순간 혹은 리더가 진행의 어려움을 경험한 순간 등의 역동 분석
	  1) 개인 내
	  2) 대인 간
	  3) 집단 전체
	2. 집단원들의 참여 소감 혹은 회기에 대한 피드백을 통한 내용 분석
	3. 리더의 개입 방식에 대한 분석
	4. 적절한 개입 방식에 대한 토론

상담자 자기성찰	상담자의 회기 운영에 대한 자기평가와 내적인 경험에 대한 기술 등

부록 5
집단상담 작업동맹 척도

문항	전혀 그렇지 않다	그렇지 않다	보통	그렇다	매우 그렇다
나는 우리(집단에 있는 모든 구성원)가 서로 신뢰한다고 느낀다.	1	2	3	4	5
나는 집단원의 행동이 내게 어떤 영향을 주었는지 솔직하게 피드백한다.	1	2	3	4	5
나는 집단에서 받은 피드백을 통해 집단과정(회기 내)에서 무엇을 해야 할지 분명해진다.	1	2	3	4	5
우리는 서로(집단에 있는 모든 구성원)에게 관심이 있다.	1	2	3	4	5
집단원들과 리더는 나를 진심으로 이해한다.	1	2	3	4	5
리더는 집단을 통해 내가 얻어야 하는 것이 무엇인지 찾을 수 있도록 도움을 준다.	1	2	3	4	5
나는 집단에서 내 생각과 느낌이 다수와 다른 경우에도 솔직하게 표현한다.	1	2	3	4	5
리더는 변화를 위해 집단에서 내가 시도해야 하는 목표가 무엇인지 알고 있다.	1	2	3	4	5
나는 새롭게 알게 된 내 모습에 대해 말하지 않고 혼자 생각한다.	1	2	3	4	5
나는 우리가 서로를 포용한다고 느낀다.	1	2	3	4	5
나는 돌려 말하지 않고, 나의 참모습을 이야기한다.	1	2	3	4	5
나는 집단원들의 피드백을 통해 내가 개선하고 싶은 문제를 확인했다.	1	2	3	4	5
나는 다른 집단원의 상담 과정(작업)에 적극적으로 참여한다.	1	2	3	4	5
우리는 서로를 존중한다.	1	2	3	4	5
나는 효과적인 집단참여를 위해 해야 하는 일을 알고 있다.	1	2	3	4	5
나는 집단에서 무슨 말을 해도 비난하지 않을 것이라는 믿음이 있다.	1	2	3	4	5
집단에서 우리가 하고 있는 일이 별로 효율적이지 않다.	1	2	3	4	5
나는 나에 대해 더 깊이 알고 싶어서 보다 진솔한 이야기를 꺼낸다.	1	2	3	4	5
나는 집단에 몰입하여 다른 집단원에게 적극적으로 질문하고 피드백한다.	1	2	3	4	5
집단이 나를 도와줄 수 있다는 확신이 있다.	1	2	3	4	5
리더가 나의(혹은 집단원의) 작업 목표를 정확하게 이해하고 있다.	1	2	3	4	5

출처: 양정연(2019).

집단상담 사례 실습 평가지(자기평가)

전혀 자신 없음									아주 자신 있음
0	1	2	3	4	5	6	7	8	9

상담자 비언어적인 요인	자세			0 1 2 3 4 5 6 7 8 9
	표정			0 1 2 3 4 5 6 7 8 9
개입 대상	개인	대인	집단	0 1 2 3 4 5 6 7 8 9
				0 1 2 3 4 5 6 7 8 9
집단상담 개입 기술	1. 주의 집중하기(집단원에게 신체적으로 향하기)			0 1 2 3 4 5 6 7 8 9
	2. 경청(집단원이 전달하는 메시지를 포착하고 이해하기)			0 1 2 3 4 5 6 7 8 9
	3. 재진술(집단원이 한 말을 다시 간결하고 견고하며 명확하게 반복해서 바꾸어 말하기)			0 1 2 3 4 5 6 7 8 9
	4. 개방형 질문(집단원이 자신의 사고나 감정을 명료화하거나 탐색할 수 있도록 질문하기)			0 1 2 3 4 5 6 7 8 9
	5. 감정 반영(집단원의 감정에 중점을 두어 집단원의 진술을 반복하거나 다시 바꾸어 말하기)			0 1 2 3 4 5 6 7 8 9
	6. 탐색을 위한 자기개방(자신의 개인사나 자격 또는 감정에 대한 개인적 정보 노출하기)			0 1 2 3 4 5 6 7 8 9
	7. 의도적 침묵(집단원이 자신의 사고나 감정을 만날 수 있도록 침묵 사용하기)			0 1 2 3 4 5 6 7 8 9
	8. 도전하기(불일치나 대립, 방어나 집단원이 자각하지 못하는 비합리적인 믿음, 또는 변하기를 주저하거나 하지 않으려 하는 것 지적하기)			0 1 2 3 4 5 6 7 8 9
	9. 해석(집단원이 지나치게 진술한 것에 대해 이야기하거나 집단원이 자신의 행동이나 사고, 감정을 새롭게 볼 수 있도록 함)			0 1 2 3 4 5 6 7 8 9
	10. 통찰을 위한 자기개방(개인적 통찰을 발견한 자신의 과거 경험에 대해 이야기함)			0 1 2 3 4 5 6 7 8 9

집단상담 개입 기술	11. 즉시성(집단원에게 느끼는 치료적 관계 또는 집단원과의 관계에 대한 즉각적 감정을 개방함)	0 1 2 3 4 5 6 7 8 9
	12. 정보 주기(집단원에게 자료나 의견, 사실, 자원 또는 질문에 대한 답을 집단원에게 제공하거나 가르치기)	0 1 2 3 4 5 6 7 8 9
	13. 직접적 안내(집단원에게 제안하거나 지시하기 또는 집단원이 행동에 옮길 수 있도록 조언하기)	0 1 2 3 4 5 6 7 8 9
	14. 역할극과 행동시연(집단원이 역할극을 할 수 있도록 돕기, 또는 회기 내에서 행동시연하기)	0 1 2 3 4 5 6 7 8 9
	15. 과제(회기 사이에 집단원이 시도할 수 있도록 치료적 과제를 개발하거나 제공하기)	0 1 2 3 4 5 6 7 8 9
기타		

집단상담 사례 실습 평가지(동료평가)

전혀 자신 없음									아주 자신 있음
0	1	2	3	4	5	6	7	8	9

상담자 비언어적인 요인	자세			0 1 2 3 4 5 6 7 8 9
	표정			0 1 2 3 4 5 6 7 8 9
개입 대상	개인	대인	집단	0 1 2 3 4 5 6 7 8 9
				0 1 2 3 4 5 6 7 8 9
집단상담 개입 기술	1. 주의 집중하기(집단원에게 신체적으로 향하기)			0 1 2 3 4 5 6 7 8 9
	2. 경청(집단원이 전달하는 메시지를 포착하고 이해하기)			0 1 2 3 4 5 6 7 8 9
	3. 재진술(집단원이 한 말을 다시 간결하고 견고하며 명확하게 반복해서 바꾸어 말하기)			0 1 2 3 4 5 6 7 8 9
	4. 개방형 질문(집단원이 자신의 사고나 감정을 명료화하거나 탐색할 수 있도록 질문하기)			0 1 2 3 4 5 6 7 8 9
	5. 감정 반영(집단원의 감정에 중점을 두어 집단원의 진술을 반복하거나 다시 바꾸어 말하기)			0 1 2 3 4 5 6 7 8 9
	6. 탐색을 위한 자기개방(자신의 개인사나 자격 또는 감정에 대한 개인적 정보 노출하기)			0 1 2 3 4 5 6 7 8 9
	7. 의도적 침묵(집단원이 자신의 사고나 감정을 만날 수 있도록 침묵 사용하기)			0 1 2 3 4 5 6 7 8 9
	8. 도전하기(불일치나 대립, 방어나 집단원이 자각하지 못하는 비합리적인 믿음, 또는 변하기를 주저하거나 하지 않으려 하는 것 지적하기)			0 1 2 3 4 5 6 7 8 9
	9. 해석(집단원이 지나치게 진술한 것에 대해 이야기하거나 집단원이 자신의 행동이나 사고, 감정을 새롭게 볼 수 있도록 함)			0 1 2 3 4 5 6 7 8 9
	10. 통찰을 위한 자기개방(개인적 통찰을 발견한 자신의 과거 경험에 대해 이야기함)			0 1 2 3 4 5 6 7 8 9

집단상담 개입 기술	11. 즉시성(집단원에게 느끼는 치료적 관계 또는 집단원과의 관계에 대한 즉각적 감정을 개방함)	0 1 2 3 4 5 6 7 8 9
	12. 정보 주기(집단원에게 자료나 의견, 사실, 자원 또는 질문에 대한 답을 집단원에게 제공하거나 가르치기)	0 1 2 3 4 5 6 7 8 9
	13. 직접적 안내(집단원에게 제안하거나 지시하기 또는 집단원이 행동에 옮길 수 있도록 조언하기)	0 1 2 3 4 5 6 7 8 9
	14. 역할극과 행동시연(집단원이 역할극을 할 수 있도록 돕기, 또는 회기 내에서 행동시연하기)	0 1 2 3 4 5 6 7 8 9
	15. 과제(회기 사이에 집단원이 시도할 수 있도록 치료적 과제를 개발하거나 제공하기)	0 1 2 3 4 5 6 7 8 9
기타		

제2장

대상관계이론 기반 사례개념화

1. 집단원의 심리내적 역동과 관계 패턴을 심층적으로 이해하기 위해 대상관계이론을 학습한다.

2. 대상표상의 전이, 분열, 투사적 동일시와 같은 주요 개념과 이에 대한 개입 방안을 습득한다.

3. 대상관계이론을 기반으로 사례개념화하고, 리더의 개입 방안을 논의한다.

들어가며

- 대상관계이론의 주요 개념을 숙지하고 있나요?

- 대상관계이론을 적용하여 사례개념화할 때 어떤 과정을 거치게 되나요?

- 대상관계이론을 활용한 개입 시, 리더는 어떤 질문을 하고 어떤 반응을 하나요?

- 대상관계이론을 활용한 개입을 위해 리더는 어떤 기법을 구체화해야 하나요?

권경인 등(2020)의 연구 결과에 따르면, 중급 집단상담자들은 교과과정 외의 집단상담 교육에서 경험한 아쉬운 부분의 하나로 다양한 이론적 학습 기회의 부족을 언급하였다. 참가자 59%가 실제 현장에서 활용할 수 있는 특정 이론에 근거한 집단상담의 필요성을 느꼈으며, 34.7%의 참가자들은 집단원에 대한 사전 이해 및 사례개념화를 교육내용으로 요구하였다. 이러한 이유로 이번 중급 집단상담자 훈련 프로그램에서는 대상관계이론을 활용한 사례개념화를 통해 집단원의 심층적인 이해를 높이고, 개입 방안을 학습하고자 한다.

💬 집단, 집단원의 대인관계 패턴이 재현되는 공간(Yalom, 1995)

집단상담은 내담자의 사회적 소우주가 펼쳐지는 곳이다. 집단원은 차츰 평소 자신의 모습을 보여 주기 시작하며 자신의 사회에서 다른 사람과 상호작용하는 것과 흡사하게 집단원들과 상호작용한다. 즉, 집단을 마치 자신이 사는 세상의 사람들과 관계하는 것과 같은 '사람과 사람 사이의 우주'로 구성된다. 또한, 이들이 집단상담에서 습득한 통합된 대인관계 표상과 관계기술은 집단원의 사회적 환경으로 옮겨진다.

💬 대상관계 체계로서의 집단(Bion, 1959)

집단의 원형은 엄마의 젖가슴에 대한 유아의 관계와 같아, 집단에 들어가는 것은 생애 초 몇 개월 동안 경험하는 무력감, 파편화, 압도적인 욕동 그리고 욕구를 재경험하는 것과 같다. 집단은 '모성적 실체', '투사적 동일시를 담아 주는 그릇'으로 집단원에게 부분 대상에서 대상항상성으로 발달하는 모성적 대상이다.

1. 대상관계 측면에서의 전이 다루기

대상관계이론은 개인의 관계 및 상호작용 패턴이 다른 상황으로 전이되거나 역전이
될 수 있음을 강조한다. 대상표상은 과거 사건을 기반으로 하는 심리 구조로서, 부호화
된 기억으로 사람들과의 상호작용에서 사용된다. 이러한 대상표상은 개인이 자신과 타
인을 인식하고 세상에서 행동하는 방식에 무의식적으로 영향을 미치며 전이, 역전이 반
응이 나타나는 내적 토대가 된다. 이는 대인관계의 핵심 문제가 되는 기제이다(권경인,
2023). 집단에서 리더가 집단원의 고정된 내면화된 틀인 대상관계 패턴을 이해하는 것은
중요하다. 즉, 집단원이 가지고 있는 내부 대상이 집단에서 외부 대상인 다른 집단원과
의 관계에서 재현되는 것을 이해하고, 이에 대한 적절한 개입을 통해 치료적 효과를 높
일 수 있다. 우선 집단원의 관계 재현을 이해하는 대상관계이론의 사례개념화 핵심 요소
와 내용을 제시하면 〈표 2-1〉과 같다.

표 2-1 대상관계이론의 사례개념화

사례개념화 요소	내용
1. 내적 대상관계	-집단원의 이야기를 통해 내적 대상관계 탐색, 대상표상과 자기표상 이해 -대상과의 관계에서 보여 주는 정서적 색채, 무의식적 갈등과 방어기제 확인
2. 사례공식화	-내적 대상관계의 형성 원인을 어린 시절 양육 환경과 연결하여 집단원이 관계를 맺고 있는 대상표상 이해
3. 전이와 역전이 예상 투사적 동일시	-상담관계에 일어날 전이와 역전이의 특징 예상 -투사적 동일시 패턴 이해 -상담 과정의 방해물과 대처 방법 모색
4. 상담 목표와 개입	-대상표상과 자기표상과 관련된 상담 목표 -전이 만족과 전이 통찰을 통한 상담 개입 방안 구성

내부 대상이 재현되는 측면을 정신분석의 전이로 설명할 수 있으며, 전이는 프로이트
가 저항이라는 장벽을 넘어 무의식을 의식화시키기 위해 고안한 방법이다. 상담자 앞에

서 보여 주는 태도, 어린 시절부터 발전시켜 온 내담자의 관계역동은 상담자와의 관계에서 드러나며, 이를 통해 무의식적 환상과 소원, 대상에 대한 무의식적 느낌을 파악할 수 있는 단서가 된다(장정은, 2021).

이 장에서는 집단원이 집단 안에서 재현하는 관계 패턴, 즉 전이를 중심으로 대상관계 측면에서의 전이 다루기 과정을 제시한다. 그 과정은, ① 내적 대상관계 분석, ② 내적 대상관계 재현 및 전이 확인, ③ 분열된 내부 대상 이해, 그리고 ④ 분열된 내적 대상관계 통합이다. 각 과정은 사례를 통해 구체적으로 설명된다.

1) 내적 대상관계 분석

다음의 사례를 읽고 대상관계이론을 이용하여 사례를 분석한다.

> **🔔 사례**
>
> 40대 주부인 집단원 휴식은 집단을 통해 자신을 이해하고 사랑하게 되었으면 좋겠다며 구체적인 목표로 "타인의 말이 저를 비난하는 것으로 들리지 않고 마음의 여유를 느끼고 싶다"라고 설정했다. 휴식은 남편의 눈치를 많이 보고 화가 나면 아이들에게 화풀이를 하며, 모임에서는 자신을 싫어할까 봐 솔직하게 표현하지 못하고 있다.
>
> #전 회기에 휴식의 실수를 [초록]이 웃으며 알려 주었는데 휴식은 이에 대해 언급하진 않았지만, 얼굴이 굳어지고 긴장하는 모습이 느껴졌다. 이번 회기에서는 며칠 전 행인과 부딪쳤을 때 화가 나서 다투고 경찰서까지 갔었다고 한다.
>
> 리더: 휴식이 일부러 행인이 자신을 건드렸다고 생각하는데, 이런 경험이 어렸을 때 휴식에게 일어났을까요? 어떤 대상이 떠오르세요?
>
> 휴식: 엄마 아빠요. 맨날 앞에서 때리는 걸 보고, 너무 힘들었어요. 거의 매일 싸우셨어요. 소리 지르고, 던지고 특히 아빠는 엄마를 잔인하게 때렸어요. 엄마가 피 흘리는 것을 본 적도 있어요. 그 속에 있는 내가 너무 싫었어요. 표현하지 못했고 언제부터인가 속에서 불이 나기 시작했어요. 두려움에 뒤틀린 느낌. 죽고 싶었어요.

리더: 두 분이 의자에 있다고 상상하시고 구체적으로 감정을 표현해 보실 수 있을까요?

휴식: 내가 너무 힘들다고. 밖에만 나갔다 오면 싸우고. 엄마 아빠 눈치 보는 거 때문에 내가 말을 못했어. 맨날 큰 소리 나면 싸울 거 같아서 내가 속이 너무 예민해졌어. 자주 놀래고. 내가 사회생활도 못하게 만들었어. 맨날 누가 뭐라고 하면 나한테 욕하나 불안하고. 기분 나쁜 거 표현도 못하게 돼. 내가 얘기하면 싸울까 봐.

바다: 휴식이 대인관계에서 긴장되고 불편해하는 것이 이해가 되네요.

리더: 집단에서 비슷한 경험을 했다면 그것을 저희에게 나눠 주시겠어요?

휴식: 저에 대해서 말하지 못한 마음…… 지난주에 어느 순간 느꼈는데, 초록에게. 내 자신이 괴로우니까 내 마음에 대해서 말을 안 한 건 '내가 도움이 될까?'라는 생각이 들다 보니까. 제가 점점 약해지고.

리더: _____

(1) 내적 대상관계 분석

집단원의 이야기를 통해 대상관계이론을 기반으로 개인내적 대상표상을 탐색하여 집단원이 가지고 있는 내적 내부 대상과 외부 대상을 이해한다. 개인 초기 대상관계 속에서 감당하기 어려운 감정을 소화하지 못하고 이를 해결하기 위해 초기 대상관계를 분열한다. 통합되지 못하고 무의식에 억압된 초기 대상표상은 현재 여러 대인관계에서 불안해지고 특정한 감정과 반응으로 나타난다.

(2) 사례 속 내적 대상관계 분석

집단원 휴식은 초기 대상관계인 부모들의 폭력적이고 무서운 싸움이 지속되는 환경 속에서 외부 대상은 무섭고 파괴하는 bad한 대상이라는 표상이, 자신은 힘없고 사랑받지 못할 존재라는 bad한 대상표상으로 분열되었다. 이렇듯 통합되지 못하고 무의식에 업압된 초기 대상표상은 현재 여러 대인관계에서 불안하고, 두려움과 분노 등 특정한 감정과 회피하거나 공격적인 행동 반응을 보이고 있다.

- 외부 대상: (무지막지하게 비난하고 파괴적인 대상)
- 내부 대상: (핍박받고 힘없는 대상, 아무것도 아닌 존재)
- 관계에서의 정서적 색채: (두려움과 분노가 섞임)
- 관계 행동: 사람들을 만나는 것을 회피하거나 공격적인 행동으로 반응

2) 대상관계 재현 및 전이 확인

집단원이 다른 집단원과의 관계에서 보여 주는 대상표상이 재현되고 전이되는 과정을 구체적인 질문을 통해 이해하고 해석적인 반응으로 이해를 돕는다.

(1) 전이를 보이는 집단원의 내부 대상 구체화 방법

- 구체화 질문: 외부 대상이 뭐라고 하는 거 같나요?
- 해석적 반영: 당신이 지금 경험하는 내부 대상은 '이런' 거군요.

※ **내부 대상을 제시하는 구체적 예시**

잔소리하는 시어머니 같은, 머리끝에 서 있는 상사, 도덕적인 초자아 같은, 궁예 같은 폭군, 피도 눈물도 없는 인간, 파렴치한 팥쥐 엄마 등

(2) 사례에 적용

※ **질문과 반응의 예**

질문: 휴식, 초록이 당신에게 뭐라고 하는 것같이 느껴져서 괴로우셨나요?

반응: 휴식은 초록이 (무지막지하게 비판했던) 부모님처럼 느껴지셨을 거 같아요.

3) 내부 대상과 관계 맺고 있는 자기표상

(1) 집단원의 자기표상 구체화 방법

• 구체화 질문: 그때 내부 대상과의 관계에서 당신은 어떤 모습인가요?
• 해석적 반응: 당신이 지금 경험하는 것은 그때 그 모습이 재현되는군요.

> ※ 자기표상을 제시하는 구체적 예시
>
> 구박받는 며느리, 비에 젖은 새, 상전 발밑의 하인, 궁지에 몰린 쥐, 아무것도 아닌, 핍박받는 콩쥐, 추운 겨울 성냥팔이 소녀 등

(2) 사례에 적용

> ※ 예시
>
> 질문: 휴식, 어릴 적 부모님과의 관계에서 당신은 어떤 모습이었나요?
> 반응: 휴식은 폭력적이고 비난하는 부모님 밑에서 (아무것도 아닌 존재)로 느껴지셨을 거 같아요.
> 그래서 이런 모습으로 사람들과 만나면 위축되고 좌절될 거 같아요.

4) 통합: 분열된 측면 다루기

(1) 분열된 자기표상 다루기

• 집단원이 가지고 있는 분열된 자기표상의 다른 측면을 발견한다.

> ※ 개입 예시
>
> 리더: 당신 안에 목소리가 작지만 다른 목소리가 있잖아요.
> 힘의 균형을 맞추려면 어떤 것이 필요할까요?

(2) 사례에 적용

개입: 휴식. 어렸을 때 아무것도 아닌 존재로 느껴지셨을 휴식에게 호기심을 가지고 물어봤으면
해요. 내면의 아주 작은 목소리지만 귀 기울여 보시겠어요.

5) 분열된 대상표상의 통합을 위한 기법

• 집단원의 부정적이고 분열된 내부 대상을 통합하기 위해 다양한 기법을 사용할 수
있다. 예를 들어, 초급 교육과정에서 학습한 빈 의자 기법이나 중급 과정에서 학습
할 역할극 기법을 활용할 수 있다.

사례에 '빈 의자 기법' 혹은 '역할극 기법'을 사용한다면 어떤 전개 과정이 펼쳐질지 생
각해 본다.

• 이러한 기법을 집단원에게 효과적으로 전달하려면 통합적 이해와 따뜻한 직면이 필
요하다. 또한, 집단리더의 사례분석 및 개입 기술 등 역량이 중요하다.
• 분열된 측면들이 통합되었을 때는 대상항상성을 획득하게 되며, 이는 집단원의 내
적 안정감과 균형 잡힌 자기표상을 형성하는 데 큰 도움이 된다.

※ 집단원의 분열된 측면을 다루고 통합을 촉진해야 하는 이유
완벽주의와 완전히 좋은 삶을 추구하며 성취 지향적인 집단원에게 개입한다. 이러한 집단원들은
조금의 결점이나 흠도 용납하지 않으며, 완전히 좋은 것(all good)을 추구한다. 그렇지 않으면 완
전히 나쁜 것(all bad)으로 여기고, 자신을 루저나 덜 떨어진 존재로 취급한다.

더 큰 성취와 높은 차원의 최상급은 나쁜 부분을 지닐 수 있고, 이를 수용하고 통합하는 것임을 깨닫도록 도와주어야 한다. 즉, 결점이나 흠을 인정하는 것을 어려워하고 이를 제거하려는 시도만 지속해 왔음을 다루어야 한다.

〈생각해 볼 사례〉
A씨는 아들을 S대학교에 보내기 위해 학구열이 높은 지역에서 아들을 키우며 물심양면으로 입시를 도왔다. 그 결과 아들은 Y대학교에 입학했다. 부모인 A씨는 어떻게 해야 했을까요? 통합적인 부모라면 약간의 좌절과 아쉬움을 감내하며 아들의 입학을 축하해 주었을 것이다. 그러나 이 사례에서 A씨는 결과를 부끄럽게 느끼고 다른 지역으로 이사하였다.

A씨와 아들과의 관계는 어떻게 되었을까?
A씨는 아들에게 자신의 흠이나 좌절이 아니라, 천박해진 모습을 들켜 용서받지 못하게 된다. 이는 경멸의 시기로 기억되어 아들과의 관계에서 배척당하게 됩니다. 따라서 나쁜 부분을 지니고 이를 통합하는 것이 중요하다.

2. 집단에서의 투사적 동일시

투사적 동일시는 개인이 자신의 의식이나 무의식적인 욕망을 다른 사람에게 투사하는 현상을 설명하는 데 사용된다. 투사적 동일시는, 첫 단계(투사), 자기의 일부를 분리하여 다른 사람에게 집어넣어 제거하려는 환상이 관여하는 심리내적 현상, 두 번째 수용자가 투사 받은 환상의 내용과 일치되게 느끼고 행동하도록 조종, 구체적인 개인 간 상호작용, 그리고 세 번째, 수용자 내면에서 투사 받은 것을 처리하는 심리 과정에 의해 변형된 투사물이 투사자에게 재내면화되는 과정으로 설명된다. 다시 말해, 자신의 욕망, 불안, 또는 부정적인 감정을 다른 사람에게 동일화하거나 조정하는 것이다. 투사적 동일시는 정신분석에서 내담자가 행사하는 무의식적 압력에 의해 상담자가 무의식적 영향을 받는 것을 관찰하고 분석 과정에서 중요시되는 개념이다(장정은, 2021). 따라서 투사적 동일시는 집단에서도 대인 간 상호작용 과정에서 한 집단원이 다른 집단원에게 주는 무의식적 영향력과 압력을 이해할 수 있는 개념이다.

1) 투사적 동일시 다루기의 필요성

- 투사적 동일시는 자신의 부정적인 측면을 외부로 투사하고 유도성을 가지고 있는 자아 방어기제이다. 이는 문제 해결을 방해하고 개인적인 성장을 저해할 수 있다. 또한, 자신의 감정과 타인의 감정을 구분하는 능력을 저해하여 정신적 건강과 성숙을 방해한다.
- 무의식적으로 투사적 동일시를 지속하며 관계를 유지하고 연결되고자 하지만 궁극적으로는 관계가 단절되는 경험을 하게 된다. 즉, 긍정적인 관계를 차단하므로 투사적 동일시를 인식하고 수정하는 것이 중요하다.
- 따라서 투사적 동일시를 다루는 것은 자기인식을 개선하고, 건강한 대인관계를 유지하며, 상호 존중과 이해를 증진하는 데 도움이 된다.

2) 주요 투사적 동일시

대표적인 투사적 동일시의 유형을 Cashdan(2005)은 다음과 같이 제시하고 있다.

투사적 동일시	관계 입장	메타커뮤니케이션	유발 반응
의존성	무기력	나는 너 없이 살 수 없다.	돌봄
힘	통제	너는 나 없이 살 수 없다.	무능력감
성	에로티시즘 (성애적 경향)	나는 너를 성적(=관계)으로 완전하게 만들어 줄 것이다.	각성
환심 사기	자기희생	너는 나에게 빚지고 있다.	인정

대상관계 재현 및 전이 다루기

※ 조별로 교육과정에 다루었던 휴식의 사례를 바탕으로 '대상관계 재현, 전이'에 대한 개입 방안을 연습해 봅시다.

🔔 사례

집단원 휴식은 집단을 통해 자신을 이해하고 사랑하게 되었으면 좋겠고 타인의 말이 저를 비난하는 것으로 들리지 않고 마음의 여유를 느끼고 싶다고 한다. 휴식은 남편의 눈치를 많이 보고 화가 나면 아이들에게 쏟아부으며, 모임에서 편하게 지내고 싶지만 자신을 싫어할까 봐 솔직히 표현하지 못한다. 어렸을 때 휴식의 부모는 자주 싸우고 아빠가 엄마를 때려 피가 나는 모습에 화와 두려움에 죽고 싶었다. 휴식의 실수를 집단원 초록이 웃으며 알려 주었는데 휴식은 이에 대해 언급하진 않았지만, 얼굴이 굳어지고 긴장하는 모습이 느껴졌다.

초록: (웃으며) 휴식, 제 별칭은 불닭이 아니라 초록이에요.
리더: (휴식의 비언어적 메시지 관찰) _____
휴식: 집단에서 쓸모없는 사람이 되는 거 같고 도움이 안 되는 거 같아 불편해요.
리더: _____

---

1. 사례를 읽고 대상관계 측면의 전이를 분석하고 개입 전략을 논의해 봅시다.

_____
_____
_____
_____
_____
_____

2. 리더, 코리더, 집단원(휴식), 관찰자로 역할을 나누어 실습해 봅시다.

_____
_____
_____
_____
_____
_____
_____

3. 리더, 코리더, 집단원(휴식), 관찰자로 느낀 점을 나누어 봅시다.

_____
_____
_____
_____
_____
_____
_____

4. 사례의 개입에서 보완하거나 추가할 내용에 대해서 논의해 봅시다.

_____
_____
_____
_____
_____
_____
_____

대상관계 재현 및 전이 다루기

※ 사례를 바탕으로 '대상관계 재현 및 전이 다루기 4단계'를 따라가 봅시다.

■ 내적 대상관계 이해

• 휴식이 가족, 집단원과의 상호작용에서 보여 준 정서적 반응에 대해 어떤 내부 대상과 외부 대상의 영향이 있었다고 보시나요?

_____

_____

_____

_____

• 휴식이 관계에서 보여 주는 정서적 색채는 어떠하며, 이것이 그녀의 부모님과의 관계 경험과 어떻게 연결될 수 있을까요?

_____

_____

_____

_____

■ 대상표상의 재현 및 전이 확인

• 휴식이 초록의 웃음에 긴장하고 얼굴이 굳어진 반응을 보인 것을 어떻게 해석할 수 있나요? 이는 어떤 내적 외부 대상의 전이를 나타내고 있나요?

_____

_____

_____

_____

■ 분열된 내부 대상 확인

• 휴식이 집단 내에서 느끼는 '쓸모없는 사람', '도움이 안 되는 사람'이라는 자기인식은 어떤 내적 내부 대상과 연결될 수 있나요?

_____

_____

_____

_____

■ 통합

• 휴식이 자신의 분열된 대상표상을 통합하기 위해 어떤 방식의 개입이 필요할까요?

_____

_____

_____

_____

자신이 사용하는 투사적 동일시 찾기

■ **활동 설명**

투사적 동일시는 개인이 대인관계에서 무의식적으로 자신의 욕망, 불안, 또는 부정적인 감정을 다른 사람에게 동일화하거나 조정하는 것이다. 지속적이고 일관되게 사용하는 투사적 동일시를 이해하는 것은 집단리더 자신의 성장에 도움이 될 것이다.

■ **기대 효과**

－자신이 사용하는 투사적 동일시와 더불어 다른 투사적 동일시를 구체화할 수 있다.

－활동을 통해 투사적 동일시를 탐색할 수 있는 질문들을 습득한다.

－다양한 투사적 동일시의 쌍을 인식하고 구체적인 역동을 파악할 수 있다.

■ **준비 사항**

－집단 운영: 중집단

－소요 시간: 30~50분

■ **진행**

－집단원에게 다음의 질문을 통해 자신의 투사적 동일시를 이해하도록 촉진한다.

> • 나에게 갈등, 단절, 좌절되었던 관계는 무엇인가?
> • 중대한 관계에서 어떠한 투사적 동일시를 쌓고, 헤어지고 복구할 때 사용하는가?
> • 부모와 연애 관계에서 비슷하게 사용하는 투사적 동일시는 무엇인가?
> • 가장 에너지를 많이 투여했던 관계는 무엇인가?
> • 지금 정서적 투여를 가장 많이 하는 대상은 누구인가?
> • 내가 힘들었던 연애에서는 어떤 투사적 동일시를 사용하였는가?
> • 가족 중 가장 정서적으로 엮여 있는(있었던) 대상은 누구인가?

※ 나의 투사적 동일시 패턴을 찾아가는 여정

사람은 종종 투사적 동일시를 두 종류 이상 사용하기도 한다.
예) 통제(힘)와 성을 쌍으로 사용 / 통제(힘)와 환심을 쌍으로 사용

1) 나에게 있는 투사적 동일시 조합(쌍)에 대해 말할 수 있다면?
2) 여기(집단)에는 없는데, 나만 사용하는 투사적 동일시 조합(쌍)이 있다면?

> ※ 리더는 집단원들의 이야기를 듣고 그들이 이야기한 keyword를 가지고 '나는 당신이 말한 것을 기억해'라고 돌려주는 과정을 통해 그들의 투사적 동일시을 알려 준다.

실습 2
투사적 동일시 분석

1. 스크립트를 읽고 집단원이 어떠한 투사적 동일시를 사용하는지 분석해 봅시다.
   [의존, 힘, 성, 환심 사기 중 하나를 골라 괄호(   )에 적어 봅시다.]

_____

_____

_____

2. 리더가 느끼는 역전이 등 집단운영에서 예상되는 어려움을 나누어 봅시다.

_____

_____

_____

3. 리더의 개입 방안을 모색해 봅시다.

_____

_____

_____

4. 개인 역동, 대인간 역동, 전체 역동에서 무엇을 중심으로 보고 싶은지 결정합니다.

_____

_____

_____

5. 이에 대한 사례개념화와 리더의 반응을 제시해 봅시다.

_____

_____

(1) 스크립트 #1: (   )의 투사적 동일시

집단원 **불곰**은 대학 졸업 후 집에서만 지내는 아들과의 갈등으로 힘들어하며 이 부분을 개선하고 싶어한다. 강한 인상에 거친 말투를 쓰는 불곰은 자신의 감정에 머무르기보다는 집단원들의 문제에 대해 직접적인 해결 방법을 제시하는 데 많은 에너지를 쏟거나 자신은 그러한 처지를 겪어 봐서 다 알고 있다는 투의 말을 자주 사용한다. 시간이 지날수록 집단원들은 불곰의 말에 집중하기보다는 딴짓을 하거나 불편한 내색을 한다.

〈불곰이 자신의 원가족과 아들에 대해 언급한 내용〉

어려운 환경에서도 아버지는 누구보다 자식들을 사랑했지만, 사랑하는 방법을 몰라서 항상 술을 드시면 폭력적이었고 바람도 피우며 가정을 돌보지 못했지. 하지만 잘생기고 정의로운 분이셨지. 어머니는 굉장히 지혜로우신 분이고 가정교육을 잘 받아 매우 똑똑했는데, 키가 작고 못생겼어. 동생은 머리도 좋고 키도 크고 허우대도 좋아서 처음부터 가만히 있어도 사랑을 받았지. 하지만 가난해서 아들만 가르치고 나와 언니는 공장에서 일해서 남동생 대학 등록금을 벌었고, 나는 잘나야 사랑을 받기 때문에 막 쟁취해야 했어. 그래서 어려서부터 미용 일을 해서 돈 벌어 집에 대주고, 대학교, 석사 다 할 거라고 했지. 이혼하고 혼자 아들을 키웠는데 엄마가 잠깐 도와주셨지만 나 혼자 억척같이 키웠어. 내가 퇴근해서 올 때까지 엄마가 아들을 어린이집에서 언니 식당으로 데려가 밥 먹이고, 집에 가서 자고 또 바래다 주고 했지. 그런데 지금 아들은 매일 다 못하겠대, 하긴 엄마가 너무 완벽하니까.

\# 불곰이 취준생인 20대 남성 집단원 블루에게 다음과 같이 피드백한다.

블루: 제가 원하는 직장을 가기 위해서는 자격증 공부를 해야 하는데, 집중이 안 되고 계속 누워만 있고 싶고 너무 지쳐요.

불곰: 블루, 무슨 생각이 그렇게 많아? 자격증 따야 한다면 그냥 공부하면 되지.

블루: 그렇죠, 근데 공황 증세로…… 저녁에 잠도 못 자겠고…….

불곰: 아침에 언제 일어나요? 잠을 못 잤다고 늦게 일어나면 저녁에 또 못 자지, 그건 의지의 문제야. 정신력 문제. 지금이 얼마나 중요한 시기인데 그러면 진짜 나중에 어려워져요. 마음을 단단하게 먹어야 해요. 구체적인 목표를 정하면 돼요. 지금 당장 할 수 있는 것 생각해 봐요, 뭘 할 수 있는지.

리더: _____

(2) 스크립트 #2: (   )의 투사적 동일시

> 30대의 남성 집단원 **달님**은 미소년 같은 하얀 얼굴에 헬스로 다져진 근육질의 몸을 가지고 있다. 달님은 이야기할 때 몸을 앞으로 내밀고 옆으로 비틀 거나 눈을 찡그리거나 눈웃음을 많이 친다. 이야기할 때 여자친구와의 만남, 그리고 성적 관계에 느끼는 만족감에 대해 자주 언급한다. 달님은 2개월 전에 다섯 번째 여자친구와 헤어졌다.
>
> 〈달님의 연인관계에 대해 언급한 내용〉
> 여자친구를 만나 빨리 결혼하는 것이 저에게는 중요한 데 정말 행복하려면 여자친구가 있어야 해요. 아버지와 함께 뭔가 한 경험이 정말 없어요. 왜 남자들은 여자들에게 폭력을 행하죠. 술만 마시는 아버지의 삶은 망했지요. 제가 여자들에게 집착하고 헤어질 수밖에 없는 건 어려서 제 환경이 태어나서 두 살까지는 어머니가 바빠 이모네 집에서 많이 보냈고, 두 살부터 네 살까지는 시골 할머니 집에서 자랐어요. 어머니가 나를 외면했던 거 같아요. 저의 첫 여친은 전남친과 헤어진 후 제가 위로해 주다 만나 차에서 함께 보내고 이후 3년을 사귀었어요. 여친이 저랑 함께할 때 좋아하는 모습이 중요해요. 그녀는 내게 굉장히 만족한다고 자주 이야기했어요. 저는 사실 여자들에게 매우 잘하는 게 있어요. 여자들은 저를 알게 되면 제가 상상보다 너무 남성스럽다고 그러기도 해요. 저는 최선을 다하거든요.
>
> **# 소라의 작업 중 달님이 피드백하면서 집단원들이 달님에게 집중하게 된다.**
>
> 소라: 제 남자친구를 못 믿겠어요. 매번 바쁘다는 핑계로 저와의 약속을 자주 바꾸고, 지난번에는 같이 영화 보자는 것도 잊어버리고 당일 직장 회식에 가서 저 혼자 영화를 봐야 했다고요. 헤어져야 할지…… 저를 너무 외롭게 해요.
> 달님: 소라님이 화가 나고 힘들었을 거 같아요. 저는 한 번도 약속을 까먹은 적도 없는데, 저는 스킨십을 가장 중요하게 생각하고 성관계도 여자친구가 만족하는 모습을 보는 것이 가장 행복해요. 전 여친은 제가 섹시하다고 먼저 전화번호를 물어보고 톡하다 만났어요. 저는 여자친구가 힘들어하면 술 한잔하며 풀어요.
> 바람: (고양된 목소리) 달님처럼 멋진 남자친구와 헤어지다니……. 전 여친이 바보네!
> 당근: (얼굴이 빨개지며) 맞아요. 저라면 안 헤어져요.
> 재치: 그런 남친이 있으면 좋겠다. 그런 남친이면 매일 술 마셔도 좋을 거 같아요.
> 소라: 그러게요.
> 리더: _____

(3) 스크립트 #3: (　　　)의 투사적 동일시

40대 여성 집단원 **열정**은 집단에서 챙기고 돌보는 역할을 마다하지 않아 조장이라고 집단원들이 부르기도 한다. 언제나 웃고 있고 다른 사람들이 필요한 것을 잘 챙겨 줘서 다수의 집단원들은 좋아하지만 매번 간식을 챙기거나 안부를 구체적으로 묻는 열정에 대해 집단원 몇 명은 불편한 기색을 보일 때가 종종 있다. 또한 리더를 돕고자 집단이 순조롭게 진행되도록 하는 말을 자주 하고 다른 집단원이 답변을 주저하면 빠른 속도로 나서서 답변한다.

〈열정의 과거력〉

열정은 4형제의 맏딸로 어머니는 언제나 약한 모습을 보여 엄마의 역할을 못했고 대신에 아버지가 모든 대소사를 챙기며 자녀들에게 가정일을 분담해 주고 관리하였다. 열정이 여섯 살 때, 막내 동생이 태어났고, 이후 2명의 동생들과 친할머니 집에서 중학교까지 보내게 되었다. 고모, 할머니로부터 어머니를 비난하는 말을 많이 들었고, 중간에서 열정이 눈치를 많이 보았고, 엄마 욕을 먹이지 말아야지 하며 할머니와 엄마 사이에 중재자 역할을 하고 동생들을 챙기는 등 아버지를 도와 집안일을 대부분 했다고 한다.

이번 회기에 열정은 집단원들에게 나눠 줄 맥반석 계란과 리더를 위해서는 각티슈를 챙겨 왔다.

　　리더: 열정, 오늘 집단에 휴지를 가져왔네요. 지난주 울컥이 울고 있을 때 일어났던 일과 관련이 있나요? 집단실에 휴지가 없었지요.

　　열정: 네, 티슈가 없었다는 사실에 조금 놀랐어요. 그래서 함께 사용할 수 있는 박스를 가져왔어요.

　　리더: 열정은 집단을 돌보고 부족한 것을 보충하고 있네요. 이것이 당신의 인생에서 다른 비슷한 상황과 연결될까요?

　　열정: 아…… 맞아요. 늘 그렇게 살아왔지요. 그래서 힘들다고 하지만 저는 그런 것들이 보여요. 그리고 제가 하지 않으면 안 될 것 같아 하고 지치고 병이 나고 그래요. 저는 다른 사람들을 돌보는 경향이 있다는 것을 알아요.

　　리더: 특히 책임자가 자신이 해야 할 일을 하지 않을 때요?

　　열정: 네, 저희 엄마는 우리를 위해 있지 못했어요. 그녀는 우울했거든요. 그래서 저는 동생들을 돌봐야만 했었고요. 때때로 힘들었고 외로웠어요.

　　리더: ＿＿＿＿＿＿＿＿＿＿＿＿＿＿＿＿＿＿＿＿＿＿＿＿＿＿＿＿＿＿＿＿＿＿＿

(4) 스크립트 #4: (   )의 투사적 동일시

30대 여성 **보라**는 변호사 사무소에서 사무직으로 근무하고 있으며, 심한 불안감과 공항장애로 병원 진료를 받는 중이다. 집단이 진행될수록 집단리더와 집단원들에게 해답을 달라고 하는 횟수가 잦아지고 마치 스스로 생활할 수 없는 듯 위태롭게 느껴져 집단원들은 조언이나 충고를 많이 하게 된다.

〈보라의 과거력〉
보라는 막내딸로 부모님의 사랑을 많이 받고 자랐다고 보고하고 나이 차이가 많이 나는 언니들이 어려서부터 학교 준비물이나 과제를 챙겨주고 공부도 많이 도와줬다고 한다. 현재 남편과의 결혼생활에서 남편과 뭔가 잘못된 거 같고 어려움을 겪고 있다고 한다. 보라는 집안의 모든 일을 남편에게 의존하고 있는 것으로 보여진다. 은행 업무, 물건을 사는 것, 집단 허드렛일 등 대부분을 남편이 하고 있다. 남편에게 옷을 살 때 골라 달라고 요구하는데 남편이 싫어해서 이 부분이 문제라고 한다. 이런 이유로 불같이 화를 내고 말을 안 하고 있는 남편이 눈치가 보이고 어떻게 해야 할지 모르겠다고 지난 회기에 집단원들에게 도움을 요청했다. 보라는 직장 내 평판도 좋고 동료들과도 무난하게 지내는데도 자신의 위치가 불안하고 동료들이 사사로운 일까지도 지시해 주기를 원한다.

 # 보라는 이번 회기에도 조용히 살피고만 있다.

　친구: [친구는 평소 집단에서 보라에게 많은 관심을 기울인다.] 보라님이 오늘 계속 아무 말도 하고 있지 않네요.
　보라: 아, 제가 좀 멍했어요. 죄송합니다.
　친구: 무슨 일이 있나요?
　보라: 글쎄요. 전…… 사실 고민이 있어서 그것 때문에 요새 우울하고 힘이 없어요. 뭘 해야 될지도 모르겠고요.
　친구: 집단에선 뭐든 말할 수 있지요? (둘러보며) 안 그런가요?
　풀밭: [풀밭도 자주 보라를 살핀다.] 보라의 고민을 듣고 싶어요.
　보라: 저번 집단에서 남편이랑 제가 직접 대화를 해 봐야 된다고 다들 이야기하셨잖아요. 그런데 어떻게 해야 할지 모르겠어요.
　친구: 먼저, 남편에게 문자를 보내서 둘만의 시간을 갖는 게 어때요?
　보라: 둘만의 시간을 갖는다고 생각하니 너무 긴장돼서 할 수가 없어요.
　친구: 너무 긴장되나 봐요. 너무 어렵겠어요.
　리더: _____

투사적 동일시

1. 각 사례의 집단원이 사용하는 투사적 동일시를 확인해 봅시다.

   - 1사례(불곰): 힘의 투사적 동일시
   - 2사례(달님): 성의 투사적 동일시
   - 3사례(열정): 환심 사기 투사적 동일시
   - 4사례(보라): 의존의 투사적 동일시

2. 어떤 투사적 동일시를 파악하기 힘들었나요? 그 이유는 무엇인지 생각해 봅시다.

3. 각 투사적 동일시를 사용하는 집단원이 일으키는 역동, 리더의 역전이, 집단원들의 반응을 파악해 봅시다.

4. 각 사례에 집단리더의 개입 방안을 모색해 봅시다.

부록 1
투사적 동일시 패턴 찾기 활동

■ 활동 설명

투사적 동일시는 개인이 대인관계에서 무의식적으로 자신의 욕망, 불안, 또는 부정적인 감정을 다른 사람에게 동일화하거나 조정하는 것이다. 이 활동은 집단리더가 이러한 지속적이고 일관적인 투사적 동일시를 이해하도록 활동을 구성하였다.

■ 기대 효과

 - 집단원들이 사용하는 다양한 투사적 동일시를 구체화할 수 있다.
 - 활동을 통해 투사적 동일시를 발견하기 위한 구체적 질문과 해석적 반응을 학습한다.
 - 다양한 투사적 동일시의 조합을 인식하고 그에 따른 구체적인 역동을 파악할 수 있다.

■ 준비 사항

 - 집단운영: 중집단
 - 소요 시간: 30~50분

■ 진행

 - 집단원에게 다음의 질문을 통해 자신의 투사적 동일시를 이해하도록 촉진한다.

> • 나에게 갈등, 단절, 좌절되었던 관계는 누구인가요?
> • 중대한 관계에서 어떠한 투사적 동일시를 쌓고, 헤어지고 복구할 때 사용하나요?
> • 부모와 연애 관계에서 비슷하게 사용하는 투사적 동일시는 무엇인가요?
> • 가장 에너지를 투여했던 관계는 무엇인가요?
> • 지금 정서적 투여를 가장 많이 하는 대상은 누구인가요?
> • 내가 힘들었던 연애에서는 어떤 투사적 동일시를 사용하였나요?

−집단리더는 집단원들의 이야기를 듣고 그들이 언급한 키워드를 사용하여 '나는 당신의 이야기를 기억합니다'라고 전달함으로써 그들의 투사적 동일시에 대한 이해를 촉진한다.

−사람들은 종종 투사적 동일시를 두 종류 이상 사용하기도 한다. 예를 들어, 힘과 성의 투사적 동일시를 쌍으로 사용하거나, 힘과 환심 사기 투사적 동일시를 쌍으로 사용할 수 있다. 집단원에게 다음의 질문을 통해 투사적 동일시의 조합을 파악할 수 있다.

- 내가 가진 투사적 동일시 조합에 대해 이야기할 수 있다면?
- 다른 집단원들이 사용하지 않는, 나만 사용하는 투사적 동일시 조합이 있다면?

기타 리더들이 살펴보면 좋은 사례들

사례 1-청년 대상 집단

초보 집단상담사 A는 청년들을 대상으로 관계 증진 집단상담 프로그램을 진행하며, 관계 도식(대상표상)에 대한 이해를 높이기 위해서 집단원들에게 부모와 비슷한 집단원을 지목하고 이에 대해 나누도록 유도한다.

> 리더 A: 집단원 중에 자신의 어머니 혹은 아버지랑 비슷한 그런 느낌을 주는 집단원이 있으면 지목해서 이야기해 주세요. 그리고 그런 감정을 느끼는 이유를 설명해 주세요.
>
> 카라: 소라님을 보면서 저는 제 어머니를 떠올렸어요. 제 어머니는 항상 바쁘시고 자신의 일에만 집중하셨어요. 그래서 자기중심적으로 보였어요. 이런 모습을 보면서 우리 어머니가 생각났어요. 소라님도 바쁘시고 분주한 느낌이 들어서 어머니와 비슷하다는 생각이 들었어요. 제 어머니처럼 그렇게 자기만 생각하는 것 같아서 좀 그렇다는 생각이 들었어요. 소라가 정말 그렇다는 것은 아니고…….
>
> 리더 A: 카라의 이야기를 듣고 소라님은 어떠세요?
>
> 소라: 카라가 소라님이 그렇다는 거 아니라고 했지만 자기만 생각하는 사람이라는 말에 뜨끔해지고 주변을 챙기지 않는 사람으로 그렇게 이기적으로 보이나 하고 신경이 많이 쓰이네요. 한편 슬프기도 해요. 나는 이곳에서 최선을 다해 참여하고 있는데 부정적으로 보여지다니…….요란스럽게 행동했나? 이제는 아무것도 하지 말아야지 하는 생각도 들어요.
>
> 리더 A: _____

리더의 개입에 대한 대안 반응을 생각해 봅니다. 즉, 카라의 작업이 소라의 작업으로 변해 가는 지점에 대한 개입 방안을 모색해 봅니다.

_____

_____

사례 2-리더에 대한 공격(평가절하)

구름: 그냥 엄마가 돌아가신 이후론 계속 이래요. 멍하고 의욕이 없어요. 그냥……

나무: (말을 끊고) 슬프겠지만 누구나 겪는 일이에요. 거기에 머물러 있지 마요. 슬픈 생각만 하면 계속 슬프게 되고, 일도 하기 어렵지요. 구름님한테 해 주고 싶은 말이 많아요.

리더: 나무님 잠시만요.

나무: 왜 자꾸 제 말만 끊지요? 아까 전부터 계속 제 말을 끊으시네요?

리더: 구름님의 이야기가 끝나지 않았어요.

나무: 아니 잠시만요. 이게 몇 번째인지 아세요? 세 번째에요.

치킨: 나무님. 구름님이 중요한 말을 하고 있었어요. 리더님는 구름님을 돕기 위해 한 말이잖아요.

나무: 나도 구름님을 도우려고 한 거예요. 그리고 리더님은 나한테 지금 도움이 되는 말을 하고 있는 건가요?

동전: 나무님. 집단상담은 이런 거예요.

나무: 뭐라고요? 집단상담은 이렇게 사람을 무시해도 되는 거예요?

바다: 사실 나도 리더님 때문에 기분 나쁜 적이 있어요.

나무: 봐요. 난 진짜 사람을 치유한다고 해서, 리더님이 자격도 있고, 경력도 화려하고 경험이 많은 상담 선생님이라고 해서 이렇게 돈을 많이 내고, 시간을 내고 여기까지 왔는데…… 내가 처음부터 그랬나요? 처음에 난 리더님 말할 때마다 기대하고, 얼마나 귀를 기울이고…… 나도 치유 받고 싶어서 온 사람이에요. 그런데 치유가 뭐예요? 무시만 당하고, 이게 무슨 상담이에요?

리더: _____

대상관계이론을 기반으로 사례를 분석하고 리더의 개입 방안을 모색해 봅니다.

_____
_____

사전 교육 자료 1
(대상관계이론 개관)

1. 패러다임의 변화: 한 사람 심리학에서 두 사람 심리학으로의 전환

- 한 사람 심리학—내적 갈등과 현실 적응 문제

  Freud 욕동이론, 자아심리학

- 두 사람 심리학—결핍의 문제, 관계 욕구, 관계 상실, 관계 왜곡

  대상관계이론, 애착이론, 대인관계 정신분석, 자기심리학

---

* Freud 욕동이론 vs 대상관계이론

　－두 이론 다 결정론과 무의식 인정

　－결정적 시기의 차이: 여섯 살 vs 세 살

　－오이디푸스 컴플렉스 시기 중요 vs 전 오이디푸스 컴플렉스 시기

　－핵심 추동(drive): libido, thanatos vs relation)

---

2. 관계 욕구

　－대상관계 및 애착 이론의 주요 전제이다.

　－인간은 본능적 추동(libido & thanatos)보다 관계 욕구(relation)를 중요시한다.

　－3세 이전 주요 양육자와의 관계 경험이 성격 형성과 정신병리에 미치는 영향이 크다.

　－유아기때 자신을 돌봐 주던 사람들과의 관계 경험을 바탕으로 자신과 타인 및 관계 방식에 대한 표상(대상관계 혹은 내적 작동 모델)을 형성하고, 이후 사람들과의 관계에서 이런 표상이나 내적 작동 모델을 반복해서 경험한다.

---

① 인간의 기본 요구: 관계 형성의 욕구

　"홀로 존재하는 아이는 없다(There's no such a thing as a baby)"

　"리비도는 대상을 추구하지 쾌락을 추구하지 않는다(Fairbain)"

---

② 인간의 기본적 두려움: 관계 상실 및 왜곡

   • 타인과의 관계 상실 및 왜곡—버려짐의 두려움, 먹힐 것에 대한 두려움

   • 자기와의 관계 상실 및 왜곡—비어 있음에 대한 두려움

3. 대상관계의 주요 개념

1) 대상표상(Object representation)

  ① 대상관계: 자기표상(self-representation)과 대상표상(object-representation) 및 이 둘을 연결하는 정서상태로 구성된다(Hamilton, 1996)

  ② 표상: 자신과 대상에 대해 갖는 어떤 정신적인 이미지, 객관적 상황을 있는 그대로 반영하기보다는 주요 타자와의 관계에서 개인이 주관적으로 지각하고 경험한 것이다.

    –생애 초기 유아는 어머니로 대표되는 주요 양육자와 상호작용하면서 그 대상과의 경험은 물론이고 그 경험에 수반되는 정서 상태까지 내면화하여 대상표상을 형성한다.

    –대상표상: 대상에 대한 지각과 사고만이 아니라 대상에 대한 기억, 감각, 대상의 태도나 행동에 대한 기대, 이와 관련된 정서와 상황에 대한 표상까지 포함한다.

    –자기표상: 유아의 내면세계에 대상에 반응하고 행동하는 자기에 대한 표상, 양육자와의 경험을 바탕으로 내면화된, 자신에 대한 지각, 정서이다.

〈예시 1〉

    30대 여성 A는 어려서 아버지로부터 지속적인 거부를 당했다. 성인이 된 A는 자신은 초라하고 사랑받을 자격이 없는 사람이라는 자기표상, 타인은 자기보다 나으며 자신을 거부하는 존재라는 타인표상과 관련된 대인표상을 발달시켰다. 이러한 대인표상은 A의 낮은 자존감, 이성과 관계 맺는 방식에 영향을 미칠 것이다. A는 항상 자신이 사랑스럽지 않다고 느끼거나 그녀가 관심을 갖고 있는 사람과 관계할 때만 사랑받는다고 느낄 수도 있다.

    –통합: 타인표상의 부정적 측면과 긍정적 측면을 통합하고 자기표상의 긍정적인 측면과 부정적인 측면을 통합하는 기능

    –내면화: 환경/타자의 특성을 내면으로 받아들여 자기의 특성으로 변형시키는 심리적 기제

- 함입: 가장 초보적인 수준의 내면화/대상 경계가 형성되기 전 대상의 특성이나 대상과의 경험이 자기 내면으로 받아들여져 미분화된 자기-대상표상으로 사라지는 기제
- 내사: 자기와 대상이 어느 정도 분화되어, 대상의 행동이나 태도, 기분 혹은 분위기 등이 자기 이미지로 융화되기보다는 대상 이미지로 보존되는 기제. 이때 내사된 대상은 실제 대상과 반드시 일치하지는 않으나 정서적인 힘을 행사할 수 있을 정도로 내면화된 대상을 의미
- 동일시: 내사된 대상의 특성들을 선별적으로 받아들여 자기표상으로 동화시키는 기제

2) 상담 과정
- 수용하기와 수용적 환경 제공: 절제와 중립성의 원리 강조
- 심리 발달의 필수 조건인 '양육적 환경' 제공-좌절했던 발달 과정의 재활성화
- 공감적 이해: 내담자를 따스하고 부드럽게 긍정/그대로 받아 주기
- 반영하기: 모성에 몰두하여 유아의 욕구와 몸짓을 정확하게 이해하는 어머니를 의미
- 존재하는 대상의 제공: 내담자 존중/받아들일 때까지 기다려 주기, 담아 주기, 견뎌 주기 등

3) 상담 목표
- 내담자의 역기능적인 개인 내적 역동에 대한 통찰을 얻고 온전한 대상관계를 형성
- 자아 기능 강화를 통한 자신과 타인에 대해 현실적이고 수용적인 태도를 갖게 하는 것

4) 상담 전략
- 새로운 부모 자녀의 관계 제공, 치료자-충분히 좋은 어머니의 역할 감당 안아 주기, 공감, 반영해 주고 버텨 주기

5) 분열 & 통합
분열(Splitting)은 대상이나 자기의 갈등하는 혹은 이질적 측면들, 즉 서로 다른 정서가 부여된 측면을 양분하여 한 번에 한 측면만을 의식적 차원에서 경험하고 다른 측면은 배제하는 방어기제이다. 분열기제가 작동하면 대상이나 자기 자신의 이질적이고 상충되는 측면들이 좋다(good), 혹은 나쁘다(bad)로 나뉘고 이런 측면이 서로에게 영향을 미치지 않는다.
① 분열-Klein의 편집-분열의 자리
② 통합-Mahler의 대상항상성 단계

③ 집단리더에 대한 이상화와 평가절하

전체 대상관계를 맺지 못하고 좋은 부분 대상 혹은 나쁜 부분 대상과 관계를 맺으며 생성

④ 상담 성과

왜곡된 자기표상과 대상표상(부분 대상관계)을 가진 집단원이 양극화된 대상표상에 대한 알아차림을 하고 '좋은 면과 나쁜 면'이 동일한 개인에게 공존한다는 것을 지각하는 통합된 시각을 발달시킬 수 있도록 돕는 것 ⇒ 통합된 시각을 채택할 수 있는 능력과 경향성, '온전한 대상관계(whole object relations)'을 발달시키는 것

〈분열 예시 1〉

30대 후반인 남자 J는 7세 때 부모가 이혼하여 이후 모에 의해 양육됨. 어린 시절 가족을 버린 아빠에 대한 분노의 대상(all bad), 모는 연약하고 애처로우며 자신을 돌봐 주는 대상(all good)한 대상표상을 갖고 있다. 집단에서 J는 50대 남자 집단원인 M에게 첫인상으로 '나를 비난할 거 같아 다가가기 힘들어요'라고 적었다.

〈분열 예시 2: 상담자에 대한 평가절하〉

K는 몇 번의 치료가 중단될 뻔했던 고비를 넘길 수 있었다. 그러나 상담 시작하고 8주가 지나 9회기 때 자신은 완전히 나아졌고 더 이상 상담이 필요 없다고 한다. 그리고 "상담은 나쁘지 않았지만 실제적인 도움은 못 되었어요. 저에게 진짜 도움을 준 것은 하느님의 '너의 죄를 사하여 주겠노라'라는 말씀이었어요. 이제 저는 아무런 죄책감도 없이 멋지게 살 수 있어요. 제 인생에 지침이 생긴 거죠. 선생님도 하느님께 기도하시면 많은 도움을 받을 거예요."라고 한다.

〈통합 예시〉

직장인 40대 중반의 E씨는 현재 이혼을 고민하고 있다. 남편의 폭력적인 행동에 부부 관계에서 남편의 냉혹함에 두려워서 견딜 수 없고 아들의 병을 악화시키는 무자비함에 대해 이야기하면 치를 떨 듯이 이야기한다. 자신과 아들이 함께하며 남편을 멀리하는 과정에서 겪을 심리적 거리감을 이야기하게 되고, 그러다 갑자기 '남편은 그래도 자신의 일하는 것에는 완벽하고 인간적으로 불쌍한 사람이다. 집안일도 많이 도와준다'라고 한다.

Maheler의 분리-개별화 과정

(1) 분화 전 단계(0~6개월)	
① 자폐 단계 (생후 0~2개월)	−자기와 대상이 구별되지 않은 상태로 폐쇄된 심리체계 −절대적인 일차적 자기애의 특징을 갖고 있는 시기 −자기와 대상에 대한 인식 없이 신체 감각만 인식 −내부로 향해 있는 에너지로 인해 '자폐'라고 이름을 붙임
② 공생 단계 (생후 2~6개월)	−모성 몰두 기간: 유아가 몸 전체를 통해 경험하는 접촉 −피부를 통한 접촉에 민감하게 반응하는 시기 −내적 감각들이 자기의 핵심을 형성. '자기감'의 중심을 이루고 '정체감'을 만듦 −엄마에 대한 애착을 통해 자기와 양육자가 하나인 것처럼 지각
(2) 분리-개별화 단계	
① 부화 단계 (생후 6~10개월)	−아이가 뒤집기 시작, 이동이 가능해지고 엄마와 신체적 분리를 시작 −신체를 자각하고 엄마와 다른 사람을 구별 −내부에서 외부로, 자신과 엄마에게서 다른 사람에게로 관심 확장
② 연습 단계 (생후 10~16개월)	−운동 기능의 발달로 엄마와 떨어져 걸어 다니며 행동 반경이 넓어짐 −전능감과 건강한 자기애가 절정에 이르게 됨. −엄마에 대한 관심이 과도기 대상에게 전달, 엄마에게 떨어짐과 되돌아옴이 반복 −까꿍 놀이나 잡기 놀이가 이루어짐. 대상의 사라짐을 놀이로 승화
③ 재접근 단계 (생후 17~24개월)	−혼자라는 인식이 커지며 분리불안 경험. 자기 능력의 한계를 인식. 전능감 붕괴 −엄마에 대한 의존 욕구가 늘어나고, 세상에 대한 탐색에 대한 갈등 −엄마와 자신이 분리된 존재라는 것을 깨달음 −엄마를 all bad, all good으로 번갈아 지각 엄마에 대한 정신적 이미지 통합 −독립과 의존의 주제를 동시에 다룸
(3) 대상항상성 발달 단계(생후 24~36개월)	
−엄마가 싫지만 좋다는 것을 함께 지니는 능력. 대상에 대한 사랑과 미움을 동시에 지님 −타인에 대해 부정적인 감정이 느껴지는 상황에서도 긍정적 정서를 기억하고 유지 −엄마에 대한 좋은 표상과 나쁜 표상을 통합, 자신에 대해서도 통합, 정체성을 형성	

6) 대상관계를 기반으로 한 사례개념화

대상관계이론을 통한 사례개념화는 집단원의 상호작용을 어린 시절의 경험을 반복하는 정상적인 행동으로 개념화하고 이론에 근거하여 집단원을 이해하는 과정이다. 적응과 심리적 갈등의 상호 의존, 내적 정신생활과 환경적 맥락의 계속적인 상호작용, 융합과 독립의 차원으로 이해, 공생적 궤도에서 개별화된 존재로 분화되어 가는 과정, 그리고 구조적인 역동으로서의 자아, 자기 등, 다양한 관점을 제공한다. 개인이 지닌 주요 타자와의 대상표상을 집단 안에서 집단원 간 대상표상 경향성으로 나타나기에 집단에서의 대인관계 패턴을 예측할 수 있다.

사전 교육 자료 2
(투사적 동일시)

1. 투사적 동일시(Projective identification)

Klein은 최초로 투사적 동일시의 개념을 설명하며 유아의 폭력적인 공격성과 환상을 처리하는 방식이며, 초기 단계의 대상관계의 의미를 갖는다고 하였다. Ogden은 투사적 동일시를 다음과 같은 3단계로 설명한다.

① 첫 단계(투사): 자기의 일부를 분리하여 다른 사람에게 집어넣어 제거하려는 환상이 관여하는 심리내적 현상

① 두 번째 단계: 수용자가 투사받은 환상의 내용과 일치되게 느끼고 행동하도록 조종하는 구체적인 개인 간 상호작용

① 세 번째 단계: 수용자 내면에서 투사받은 것을 처리하는 심리 과정에 의해 변형된 투사물이 투사자에게 재내면화되는 과정

Klein은 투사적 동일시에 긍정적인 감정 혹은 사랑의 감정이 포함될 수 있다는 것을 언급하였으며, Hamilton(1996)은 이를 긍정적 투사적 동일시(positive projective identification)라고 명명하였다.

Bion(1959)는 투사적 동일시는 유아가 어머니와 갖는 초기 상호작용에서 결정적으로 중요한 요소로 설명하며, 초기 유아기에 어머니가 담당하는 일차적인 역할은 어린 자아가 너무 연약해서 감당하지 못하는 좌절과 고통을 대신 '담아 주는 사람'이 되는 것이며, 담아 줄 뿐 아니라 감당할 수 있는 것으로 바꾸어 되돌려주는 것이라고 하였다. 즉, 소화가 안 된 날것 상태의 견디기 힘든 불쾌감이 우세한 감각, 감정, 인식 등 베타 요소(beta element)의 투사를 담아내고 동일시하고 변경시켜 견딜 수 있는 형태로 되돌려주는, 알파 기능(alpha function)이라 하였다.

Grinberg(1979)는 병리적인 투사적 동일시와 정상적인 투사적 동일시를 구분, 전능감에 가득 찬 '환상 속의 조절', '적응적인 혹은 현실적인 조절'의 차이로 설명하였다. 외부 대상과 비교적 현실적이고 적응적인 투사적 동일시가 가능하며 이때 투사적 동일시는 대상과 공감적 관계를 가능하게 해 준다고 한다.

2. Hamilton의 투사적 동일시의 5단계: 일반, 양육 및 분석 과정과의 비교

투사적 동일시	양육 과정에서의 투사적 동일시	분석 과정에서의 투사적 동일시
1. 투사 단계(projection)	투사	투사
2. 투사한 것과 연결을 느끼고 관계를 유지하는 단계(keep connection)	연결감 유지	연결감 유지
3. 투사한 내용대로 경험하도록 조종하는 단계 (controlling)	조종 ⇒ 담아내기	조종(유도, 압력, 담아내기)
4. 투사한 내용대로 반응하는 단계(projective counter-identification)	투사적 역-동일시 ⇒ 말로 열어 준다	투사적 역-동일시, 담아내기
5. 재내면화 단계(re-internalization)	재내면화 ⇒ 동화와 내재화	재내면화와 긍정적 순환, 동화와 내재화

대상관계 이해를 높이는 워밍업 활동

집단상담자는 집단원이 말하고 있는 좋았던 그리고 나빴던 대인관계 경험을 통해 그들이 가지고 있는 자기표상과 대상표상이 활성화되는 상황을 탐색하고 집단원의 이해를 높일 수 있다.

※ 워밍업 활동: GOOD & BAD(서울대학교 대인관계 향상 중급 집단 프로그램, 2006)

1. 개관

• 자기의 대인관계를 소개함으로써 자신의 긍정적인 측면과 부정적인 측면을 함께 소개하는 활동이다.

• 자신의 긍정적인 면뿐만 아니라 부정적인 측면에 대해 개방을 통해 변화의 여지를 발견할 수 있다.

2. 준비물

빈 의자 3개

3. 진행

• 집단을 반원으로 만들고 앞쪽 중앙에 3개의 의자를 둔다. 오른쪽 의자를 Good한 의자, 가운데 의자를 자신의 자리, 왼쪽 의자를 Bad한 의자로 지정한다.

• 자신이 지금까지 살아오면서 가장 좋은 관계를 유지한 사람과 가장 부정적인 관계였던 사람을 선정한다.

• 자신은 가운데 앉아 있다고 설정하고 Good한 의자에 앉아 가장 좋은 관계를 유지한 사람이 되어 자신을 집단에 소개한다. 소개가 끝나면 Bad한 의자에 앉아서 가정 부정적인 관계였던 사람이 되어 자신을 소개한다.

• 전체 집단원이 이러한 방식으로 자신을 소개한다.

4. 정리 및 기대 효과

- 보다 심화된 자기소개로 긍정적인 부분과 함께 어려움을 겪는 부분에 대해서도 탐색할 수 있다.
- 역할극을 통하여 타인이 보는 자신을 이해할 수 있다.
- 자기이해와 더불어 타인의 이해를 도모할 수 있다.

5. 유의 사항

- 너무 깊이 있는 내용을 처음부터 내놓아서 처리하기 힘들지 않도록 적절히 노출의 깊이를 조절하는 것이 필요하다.
- 진솔한 자기소개가 되도록 오리엔테이션을 한다.
- 부정적인 자기소개는 집단의 목표를 설정하는 사전작업이 되도록 한다.

※ 활동 이후 참가자 자신이 인식한 대상관계에 대해 나눈다.

대상관계 내부 대상에 대한 뇌과학적 해석: 거울뉴런

대상관계에서 말하는 내부 대상이 형성되는 과정을 신경과학에서의 거울뉴런의 개념으로 설명할 수 있다. 내부 대상은 생애 초기에 주 양육자 또는 특정 대상과의 상호작용의 결과, 시간과 공간을 초월하여 우리의 내면에 내재화된 대상이다. 내부 대상은 외부에 실제로 존재하는 특정 대상에 대해 개인 내부에 형성된 정신적인 표상, 심리적 이미지, 감정, 기억, 환상으로 개인 내부에 남겨진 관계 경험의 흔적이라 할 수 있다. 이러한 내부 대상은 한 사람의 성격 내부에 구조로 자리 잡은 심리 구조의 한 부분으로 개인의 일부가 된다. 즉, 과거의 주요한 외부 대상이 내면화되어서 내부 대상이 되고, 그 내부 대상이 현재 외부 대상과의 정서적 상호작용 방식과 인간관계에 지속적인 영향을 미친다고 본다.

거울뉴런은 개인의 뇌에 존재하는 신경세포인 뉴런들 중에서 자신이 특정한 행동을 수행할 때와 다른 개체가 동일한 행동을 하는 것을 관찰할 때 모두 활성화되는 신경세포이다. 거울뉴런은 다른 개체가 하는 행동을 이해하는 매개 역할을 한다. 거울뉴런의 활동으로 인간은 공감(empathy), 사회적 이해(social understanding), 모방(imitation)과 같이 다른 사람이 느끼는 감정이나 행동을 체감하고 이해할 수 있다. 즉, 타인이 스트레스를 받는 것을 보면, 그것을 보는 것만으로도 거울뉴런이 활성화되어 뇌는 마치 자신이 스트레스를 받는 것과 같은 상황에 있는 것처럼 작동하게 된다. 이를 통해서 인간은 타인의 감정을 거울처럼 똑같이 경험할 수 있게 된다는 것이다. 인간이 타인의 감정을 공감하는 것은 거울뉴런의 생물학적인 기전으로 설명이 가능하다.

아직 뇌가 완성되지 않고 구조를 형성해 가는 신생아부터 유아기에 양육자와의 반복되는 주된 상호작용은 아이의 뇌에 반복적인 자극이 되고, 이는 거울뉴런의 활성화를 통해 뇌 구조를 형성하는 데 영향을 준다. 반복되는 자극은 뉴런을 활성화시키고 이는 뉴런들 간의 연결을 강화하여 뇌에 강력한 네트워크가 형성되게 한다. 자주 반복되는 언어, 정서, 행동은 뇌에 더욱 강한 연결망을 형성하고 이는 물리적인 뇌의 구조 형성에 영향을 주게 된다. 즉, 외부에 대상과의 상호작용으로 내부에 형성되는 내부 대상이라는 심리적 개념은 반복되는 자극을 통해 뉴런이 활성화되고 그를 통해 강력한 연결망을 형성하는 생물학적인 기작과 연결되는 개념으로 거울뉴런은 내부 대상의 생물학적인 실체라 할 수 있다. 심리적인 구성개념인 내부 대상이 실제로 뇌에 존재하는 신경세포라니, 대상관계 학자들의 인간심리와 정신의 이치에 대한 깊은 통찰이 그저 놀라울 뿐이다.

참고문헌

Rizzolatti, G., Fadiga, L., Gallese, V., Fogassi, L., Premotor cortex and the recognition of motor actions. Brain Res Cogn Brain Res, 1996 Mar; 3(2): 131-141. doi: 10.1016/0926-6410(95)00038-0. PMID: 8713554.

Iacoboni, M., Imitation empathy and mirror neurons. Annu Rev Psychol, 2009;60: 653-670. doi: 10.1146/annurev.psych.60.110707.163604. PMID: 18793090.

제**3**장

집단 역동 다루기

학습목표

1. 집단상담의 대인 간 역동과 집단 전체 수준의 역동을 구분하여 이해할 수 있다.

2. 대인 간 역동과 집단 전체 역동을 집단에서 이해하고 리더로서 촉진하는 기술을 학습한다.

들어가며

−집단상담에서 대인 간 역동에는 어떤 것들이 있을까요?

−집단상담에서 집단 전체의 역동에는 어떤 것들이 있을까요?

−대인 간 역동을 촉진하는 방법에는 어떤 것들이 있을까요?

−집단 전체의 역동을 촉진하는 방법에 어떤 것들이 있을까요?

1948년 Lewin이 만든 용어인 집단 역동은 집단과 역동의 합성어로 단순한 개별 집단원의 합을 넘어 집단 내 복잡한 상호작용과 집단의 에너지를 의미한다. 이는 집단이 구성원 상호작용에서 비롯되는 독특하고 역동적인 힘을 활용한다는 개념을 구체적으로 보여 준다. 본질적으로 집단 역동은 집단원 간 상호작용의 영향력을 요약하고 집단의 성격, 방향, 과정 및 내용을 형성하여 전반적인 집단 분위기를 조성한다. 이러한 집단의 분위기는 집단 발전을 크게 촉진할 수 있지만, 도전을 초래할 수도 있다. 때문에 집단상담자는 이러한 역동을 건설적으로 인식하고 조정하는 데 능숙해야 할 필요가 있다.

1. 집단 역동-대인 간 역동

1) 3가지 수준의 집단 역동 중에서 개인 간 역동의 의미와 역할

집단 역동에는 세 가지 수준이 존재하는데, 그중에서 개인 간 역동은 매우 중요한 의미와 역할을 갖는다. Gladding(2007)에 따르면, 첫째로 심리내적 역동은 개인상담에서 상담자들이 주요하게 다루는 영역으로, 개인의 동기, 감정, 방어, 어린 시절의 기원 등이 포함된다. 이는 개인 내부의 심리적 과정에 초점을 맞추며, 개인의 내면적 변화를 촉진한다. 둘째로, 대인 간 역동은 집단원들 간의 상호작용으로 인해 일어나는 역동으로, 두 사람 혹은 그 이상의 사람들 사이의 관계에서 발생하며 정서적 반응, 친밀감, 주장, 경계 등이 포함된다. 이는 집단상담의 활력이 되는 반응과 전이를 자극하고, 실험과 치유 반응이 나올 수 있도록 하는 역할을 수행한다. 셋째로, 전체로서의 집단 역동은 하나의 단위로서 집단의 역동을 말하며, 발달 단계, 집단규범, 집단역할, 대표적 리더십 유형, 희생양 만들기, 집단 수준의 저항 등이 포함된다. 이는 다른 수준의 역동이 일어나도록 맥락을 제공하며, 집단의 성격과 흐름을 결정짓는 중요한 요소가 된다.

대인 간 상호작용은 집단 상황에서 가장 치유적인 역할을 하는 것으로 평가받는다. 이는 집단원들 간의 정서적 반응과 상호작용이 치료적 효과를 촉진하며, 개인의 변화와 성장을 도모하기 때문이다. 집단상담자는 이러한 대인 간 상호작용을 통해 집단원들이 자신의 감정과 생각을 표현하고, 다른 사람들과의 관계 속에서 새로운 인사이트와 변화를 경험하도록 돕는다. 또한, 전체로서의 집단 역동은 집단의 전반적인 운영에서 생기는 문제들을 예방하거나 해결하기 위해서 중요한 역할을 한다. 집단상담자는 집단의 발달 단계, 규범, 역할 등을 잘 살피고 조정함으로써 집단 내 갈등을 최소화하고 긍정적인 상호작용을 촉진해야 한다.

이러한 집단 역동의 세 가지 수준은 각각의 특성과 역할을 가지고 있으며, 집단상담자는 이를 이해하고 효과적으로 활용할 필요가 있다. 집단의 전반적인 분위기와 상호작용의 질은 집단 역동의 이해와 조절에 달려 있으며, 이를 통해 집단상담의 효과성을 극대화할 수 있다(Gladding, 2007).

2) 대인 간 역동의 대표적인 상호작용 유형의 이해

대인 간 역동의 대표적인 상호작용 유형은 다양한 방식으로 나타난다. Donigian과 Malnati(1997), 천성문 등(2017)의 연구에 따르면, 이러한 상호작용은 집단 내에서 중요한 역할을 한다.

(1) 전염
첫째 유형은 전염(contagion)이다. 이는 집단과정에서 한 집단원의 행동이 다른 집단원들의 상호작용을 유도하는 것을 의미한다. 예를 들어, 한 집단원이 자신의 슬픔에 대해 이야기하면 다른 집단원들이 울거나 더 집중해서 들으려고 몸을 앞으로 기울이는 등의 감정적이고 신체적인 반응을 이끌어 낼 수 있다. 이러한 전염 과정은 특정 감정에 대한 집단의 관심을 촉진하여 집단이 공통으로 그 문제를 탐색하게 하며, 한 사람이 작업하는 동안 다른 집단원들도 그 문제를 깊이 생각해 볼 수 있는 기회를 제공한다. 이를 통해 집단원들은 공감, 돌봄, 동일시를 통해 서로가 자신을 깊게 탐색하도록 도울 수 있다.

(2) 갈등

둘째 유형은 갈등(conflict)이다. 갈등과 관련된 문제들은 권위, 친밀감, 성장, 변호, 자율, 힘, 상실과 같은 인간 삶의 의미 있는 주제와 관련되어 있다. 모든 집단원과 집단상담자는 집단상담이 진행되는 동안 갈등을 경험하게 된다. 갈등이 파괴적으로 전개되지 않도록, 리더는 집단원들이 갈등 뒤에 숨은 문제를 탐색하도록 격려하여 집단원들이 스스로 문제를 해결할 수 있도록 도와야 한다.

(3) 불안

셋째 유형은 불안(anxiety)이다. 집단에서 불안과 이에 수반되는 불편한 감정은 보편적이다. 불안의 해결책은 집단원이 공개적으로 자신에게 존재하는 불안을 이야기하고 나누는 것이다. 집단원의 불안에 대해 공개적이고 솔직한 직면은 집단과정을 촉진하는 계기가 된다.

(4) 합의적 타당화

넷째 유형은 합의적 타당화(consensual validation)이다. 이는 한 사람의 행동을 집단의 다른 사람들과 함께 체크해 보는 것을 의미한다. 이러한 상호작용에서 질문을 받고 자신의 행동 패턴을 직면하는 기회를 갖게 된다. 서로의 감정과 생각에 대한 승인을 주고받으며, 궁극적으로 자신의 경험이 정상적인지 비정상적인지를 알게 되는 과정을 거친다.

(5) 가족의 재현

다섯째 유형은 가족의 재현(family reenactment)이다. 집단은 가족과 유사한 형태로 원가족의 문제를 재경험하게 된다. 예를 들어, 집단상담자는 부모, 다른 집단원은 형제자매 혹은 다른 가족 구성원으로 경험된다. 이 과정에서 집단원은 가족 내에서 경험하는 배척, 관심, 라이벌 의식, 질투 경쟁 등의 문제를 제기하게 된다. 원가족에게 외면당했던 집단원은 집단 안에서도 외면당할 것이라 예상하고, 관심을 끌기 위한 노력을 하거나 위축되어 눈에 띄지 않으려는 반응을 보인다.

(6) 희망의 주입

마지막으로, 희망의 주입(instillation of hope)은 자신의 문제가 바뀔 수 있다는 희망을 갖지 못해 좌절하는 집단원에게 다른 집단원들이 변화를 위한 의욕을 갖도록 돕는 과정이다. 다른 집단원이 무기력에서 벗어나 자신의 문제를 직면하고 해결하는 과정을 목격함으로써 자신의 어려움도 해결 가능하다는 것을 깨닫게 된다.

3) 대인 간 역동의 촉진 기술

대인 간 역동의 촉진 기술은 집단상담에서 매우 중요한 역할을 한다. 이러한 기술은 집단상담자가 집단 내 상호작용을 효과적으로 이끌어 내고, 집단원의 성장을 촉진하기 위해 사용된다.

(1) 구조화

첫째 기술은 구조화(structuring)이다. 구조화는 집단원들에게 집단상담 참여에 필요한 집단규범과 한계에 대해 설명하는 것을 의미한다. 이를 통해 집단원들은 새로운 행동을 학습하고 생산적인 집단 분위기를 위한 규범을 만들어 낼 수 있다. 필요한 경우 집단의 구조를 개선하여 집단원들의 인간적인 성장을 촉진하기 위한 틀을 제공하는 목적을 갖는다.

(2) 진단

둘째 기술은 진단(diagnosing)이다. 진단은 집단원의 행동, 사고, 감정 유형을 분류하고 증상 유무를 확인하는 일련의 사정(assessment)을 의미한다. 이는 단순히 어떤 진단적 범주에 속하는지를 파악하는 것을 넘어, 지속적으로 이루어지는 과정이다. 집단상담자는 이를 통해 집단원들의 문제를 더 깊이 이해하고 적절한 개입을 계획할 수 있다.

(3) 연결

셋째 기술은 연결(linking)이다. 연결은 특정 집단원의 말 또는 행동을 다른 집단원의 것과 이어 주는 데 사용되는 집단상담자의 통찰력 표현의 한 방법이다. 이는 주로 집단원들의 사고와 행동에서의 유사점과 차이점을 지목하는 것으로, 개인상담에서는 사용되지 않는 기술이다. 집단원의 진술 내용과 감정을 연결함으로써 감추어진 의미를 발견하기도 한다. 집단원들의 행동을 관찰하여 감정과 사고를 함께 묶어 주거나 연결하는 방식으로 사용된다.

(4) 차단

넷째 기술은 차단(blocking)이다. 차단은 집단과정에 부정적인 영향을 주거나, 집단원의 성장을 저해하는 의사소통에 집단상담자가 직접 개입하여 집단원의 역기능적인 진술 또는 행동을 중지시키는 것을 의미한다. 이는 집단의 긍정적인 분위기를 유지하고 집단원들이 더 나은 상호작용을 할 수 있도록 돕는다.

(5) 피드백

다섯째 기술은 피드백(feedback)이다. 피드백은 집단원들이 두려움, 기대, 갈등과 대립을 공개적으로 표현하도록 지지하고 격려하는 것을 포함한다. 이를 위해 집단상담자는 집단원들의 신뢰를 바탕으로 안심하고 생산적인 피드백을 교환할 수 있도록 안전하고 수용적인 분위기를 조성해야 하며, 피드백 주고받는 방식에 대한 모델링을 제공할 필요가 있다.

(6) 보편화

여섯째 기술은 보편화(universalization)이다. 보편화는 집단원들이 다른 집단원들과 상호작용하면서 자신과 유사한 감정과 욕구가 있음을 깨닫도록 돕는 기술이다. 이는 집단원들이 자신의 경험을 보편적인 것으로 인식하게 하여 고립감을 줄이고 연대감을 형성하도록 한다.

(7) 지금-여기 상호작용 촉진

일곱째 기술은 지금-여기 상호작용 촉진(facilitating here-and-now interactions)이다.

이는 집단의 흐름을 지금-여기의 경험에 초점을 맞추도록 이끄는 것으로, 집단 내용이 흘러가도록 두는 것이 아니라 멈추고 현재의 상황과 주제를 바라보도록 하는 것을 의미한다. 이를 통해 집단원들은 현재의 감정과 생각에 집중하게 되며, 집단의 진정한 역동을 경험할 수 있다.

(8) 지지 격려

마지막 기술은 지지 격려(support and encouragement)이다. 지지 격려는 집단원들에게 용기와 의욕을 유발하는 말과 행동을 전달하는 것을 포함한다. 이는 집단원들이 집단상황이라는 새로운 환경에 적응하면서 생기는 불안과 두려움에 대처하고, 다른 집단원들과 감정을 나누도록 돕는 역할을 한다.

2. 집단 역동-하나의 유기체로서의 집단 역동

하나의 유기체로서 집단 전체의 특성을 이해하기 위해 생리적 유기체와 집단 사이의 유사성을 비유적으로 살펴볼 수 있다. 유기체란 하나의 생물체나 개체를 나타내며, 하나의 유기체로서의 집단은 다수의 집단원으로 구성된 하나의 단위라 할 수 있다. 이러한 비유는 집단의 역동성과 기능을 이해하는 데 도움이 된다.

1) 하나의 단위로서의 집단 역동

(1) 구성원

첫째로, 구성원(Members) 측면에서 유기체는 하나의 생물체로 이루어져 있으며, 집단은 다수의 개체로 구성된 유기체이다. 유기체는 세포와 조직들이 모여 하나의 개체를 형성하며, 집단은 다양한 개인들로 구성되어 유기체로서의 집단을 형성한다. 이와 같이, 집단의 개별 구성원들은 각각의 역할과 기능을 수행하며, 전체 집단의 일원으로서 유기체적 특성을 나타낸다.

(2) 상호작용

둘째로, 상호작용(interaction) 측면에서 유기체 내에서는 다양한 세포, 조직 및 기관이 상호작용하여 유기체를 유지하고 기능하게 한다. 마찬가지로, 집단 내에서는 구성원들 간의 상호작용이 집단의 역동을 형성하고 유지하며 기능하게 한다. 이러한 상호작용에는 의사소통, 협력, 경쟁 등이 포함되며, 이는 집단의 활력과 효율성을 결정짓는 중요한 요소이다.

(3) 목표와 기능

셋째로, 목표와 기능(goals and functions) 측면에서 유기체는 목표와 기능을 가지고 있으며, 이를 위해 다양한 세포 및 조직이 협력하여 생존 및 번식의 목표를 달성한다. 집단 역시 목표와 기능을 가지고 있으며, 구성원들은 이를 달성하기 위해 상호 협력하거나 특정 임무를 수행하게 된다. 집단의 목표는 집단의 종류에 따라 다를 수 있지만, 기본적으로 집단의 존재 이유와 방향성을 제시한다.

(4) 상호 의존성

넷째로, 상호 의존성(Interdependence) 측면에서 집단 구성원들은 상호 의존적인 관계를 형성하며, 이는 집단의 안정성과 발전을 이룬다. 유기체 내에서 각 세포와 조직이 서로 의존하며 기능을 유지하듯이, 집단 내에서도 구성원들은 서로에게 의존하며 공동의 목표를 향해 나아간다.

(5) 발전과 변화

다섯째로, 발전과 변화(development and adaptation) 측면에서 유기체는 성장하고 발전하며 환경 변화에 적응한다. 이와 마찬가지로, 집단도 발전하고 변화하며 새로운 상황과 도전에 대응하고 진화하는 과정을 이행한다. 이러한 발전과 변화 과정은 집단이 지속적으로 성장하고 적응할 수 있도록 돕는다.

(6) 특화된 역할

마지막으로, 특화된 역할(specialized roles) 측면에서 유기체 내 각 세포 및 조직은 특화된 역할을 수행하여 전체 유기체에서 특정 기능을 수행한다. 집단 내에서도 구성원들은 각자 특화된 역할을 가질 수 있으며, 이 역할들은 집단의 목표 달성에 기여한다. 각 구성원의 특화된 역할은 집단의 효율성과 효과성을 높이는 데 중요한 역할을 한다.

이와 같이, 집단은 하나의 유기체처럼 작동하며, 각 구성원들의 상호작용과 역할이 집단의 역동성을 형성하고 유지한다. 집단상담자는 이러한 집단 역동을 이해하고 관리함으로써 집단의 성과와 발전을 촉진할 수 있다.

3. 전체로서의 집단 이해

1) 집단발달 단계

(1) 초기 단계

① 특성

초기 단계에서는 집단이 아직 형성 초기 상태에 있는 특징을 보인다. 이 시기의 집단원들은 불확실성을 경험하며, 불분명한 기대와 모호한 목표, 집단의 방향성, 규범 및 목적에 대해 혼란스러워한다. 또한, 집단에 대한 신뢰 수준이 낮아 거부에 대한 두려움과 수치심, 소외감으로 인한 내적인 갈등을 경험한다. 이러한 상황에서 집단원들은 수동적인 참여를 보이며, 자기 공개를 회피하는 경향이 있다.

② 집단 발달과제

초기 단계에서의 집단 발달과제는 집단의 방향, 목표, 내용 및 행동 규범을 명확하게 정의하여 상담 과정을 구조화하는 것이다. 명확한 목표 설정은 집단원들이 자신의 역할과 효과적인 참여 방법을 이해하는 데 도움을 준다. 집단상담자는 집단원들이 자유롭게 생각과 감정을 표현할 수 있도록 일체감을 형성하고, 적극적으로 참여하는 분위기를 조성해야 한다.

③ 초기 촉진 전략

초기 촉진 전략으로는 정서적 표현과 적절한 반응을 보여 주기 위한 집단상담자의 모델링이 중요하다. 집단상담자는 집단원들 사이에 집단 결과에 대한 책임 분배와 자발성, 신뢰를 촉진하는 활동을 활용해야 한다. 초기 활동은 집단원들이 집단에 쉽게 참여할 수 있도록 구성되어야 한다. 이를 통해 집단원들은 집단 내에서의 상호작용을 통해 더 깊이 있는 이해와 신뢰를 형성할 수 있다.

이 단계에서의 성공적인 개입은 집단원들이 불확실성을 극복하고 집단에 대한 신뢰를 구축하는 데 중요한 역할을 한다. 이는 집단의 궁극적인 목표 달성에 필수적이며, 집단의 발달과 성장을 촉진하는 기초가 된다.

(2) 과도기 단계

① 특징

과도기 단계에서는 집단원들이 예상되는 상처에 대해 자신을 방어하고 저항을 표현하면서 부담, 불안, 두려움을 나타내는 경우가 많다. 이 단계에서는 집단원들이 부정적인 감정, 경쟁심, 대립적인 행동을 보이며 갈등이 표면화된다. 실망감을 표현하고, 상담사의 전문성을 비판하며, 집단의 목적에 의문을 제기하기도 한다. 이러한 특징 때문에 이 단계는 집단상담사에게 도전적인 시기가 될 가능성이 높다. 갈등은 이 단계에서 중요한 측면으로, 심각한 갈등을 해결하기 전에 서로를 수용하는 상호작용이 성숙해지도록 분위기를 조성하는 것이 필요하다. 초기에는 다른 집단원들이 자신의 의견과 생각이 일치한다고 생각할 수 있지만, 이 단계에서는 그러한 환상을 없애고 차이점을 탐구하게 된다. 집단원들은 다른 집단원이나 집단상담자에 대한 부정적인 감정을 포함하여 자신의 감정을 표현하고 갈등을 헤쳐 나가는 방법을 배우며, 이를 통해 집단의 응집력을 강화하게 된다. 이 단계는 집단 내 개인의 정체성이 더욱 뚜렷해지는 차별화 단계이다.

② 집단 발달과제

과도기 단계에서의 집단 발달과제는 집단원들이 자신의 문제를 직면하고 처리하도록 장려하는 것이다. 이를 위해서는 열린 분위기를 조성하고, 자연스러운 갈등이 표면화되도록 허용하며, 적절한 관리로 집단 발달 과정을 촉진하는 것이 필요하다. 또한, 집단의 문제해결 능력에 대한 신뢰를 구축하고, 취약점을 공개해도 안전하다고 느낄 수 있는 분위기를 형성하는 것이 중요하다. 이와 함께, 초기에 확립된 집단상담의 기능적 구조를 유지하는 것도 필요하다. 이러한 발달과제를 통해 집단원들은 갈등을 해결하고 집단의 응집력을 강화할 수 있다.

③ 과도기 촉진 전략

과도기 단계에서 효과적인 촉진 전략으로는 집단원들이 위험을 감수하고 새로운 행동을 시도하도록 장려하는 것이 있다. 집단의 목표에 초점을 맞춘 토론을 유지하도록 촉진하는 것도 중요하다. 각 집단원의 감정을 인정하고 공통점을 찾아 갈등을 중재하는 것이 촉진 전략에 포함된다. 이러한 전략을 통해 집단원들은 갈등을 극복하고 집단 내에서의 역할과 정체성을 확립하며, 집단의 응집력과 효과성을 증진시킬 수 있다.

(3) 작업 단계

① 특징

작업 단계에서는 집단원들이 강화된 응집력과 생산성을 경험하게 된다. 이 단계에서 집단원들은 문제행동을 해결하고 변화시키려는 상호 신뢰와 집단적 추진력을 형성한다. 집단의 목표 달성을 위해 책임을 공유하고 적극적으로 참여하는 것이 특징이다. 집단원들은 중요한 통찰력과 행동 변화를 시도하며, 상호작용에 자율적으로 참여하고, 작업을 보다 쉽게 시작하며, 기꺼이 피드백을 제공하는 방법을 학습한다. 모든 집단원이 작업 단계에 도달할 수는 없지만, 집단 내 학습 잠재력은 변함없이 유지된다. 또한, 집단이 전체적으로 작업 단계로 발달하더라도 개별 집단원들의 내부 발달 단계는 다를 수 있다. 이 단계에서는 집단원 간의 긴밀한 관계가 형성되고, 집단 전체와 깊은 연대감으로 연결되는 것을 경험하며, 상당한 깊이의 연결과 이해를 경험하게 된다.

② 발달과제

작업 단계에서의 발달과제는 자기 공개와 정서적 카타르시스를 포함한다. 이를 통해 집단원들은 더 깊은 자기인식을 얻고 해방감을 경험하게 된다. 집단원들은 집단 내 건설적인 피드백이나 대립을 통해 촉진되는 역기능적 행동 패턴을 식별하고 수용하는 데 참여한다. 또한, 집단에 의해 지지받고 강화되는 기능적인 대안 행동을 선택하고 실행하는 것이 중요한 발달과제이다. 이러한 과정을 통해 집단원들은 자신의 행동 패턴을 개선하고, 보다 긍정적이고 효과적인 방법으로 상호작용할 수 있게 된다.

③ 촉진 전략

작업 단계에서 효과적인 촉진 전략으로는 상호작용이 비판적이지 않은 방식으로 특정 행동에 초점을 맞추는 피드백을 활성화하는 것이 있다. 집단원들이 문제행동에 직면할 수 있도록 돕고, 자신의 말과 행동 사이의 불일치를 인식하도록 돕는 것도 중요한 전략이다. 경험에 대한 인지적 해석과 유머의 사용은 문제에 대한 새로운 관점을 제공하기 위해 활용될 수 있다. 이러한 촉진 전략들은 집단원들이 자신의 문제를 더 잘 이해하고 해결할 수 있도록 돕는 데 중요한 역할을 한다.

(4) 종결 단계

① 특징

종결 단계에서 집단원들은 분리, 상실, 버림, 이별이라는 주제를 탐색하게 되며, 집단 상담의 임박한 종결로 인해 복잡한 감정을 경험하게 된다. 집단의 종결을 예상하면서 새로운 문제를 제기하는 것을 주저하여 소극적으로 참여하는 경향이 나타난다.

② 발달과제

종결 단계의 발달과제는 집단의 발달 여정을 요약하고, 집단원들이 경험한 성장과 변화를 평가하는 것이다. 또한, 집단 종결과 해결되지 않은 문제에 관련된 감정을 다루는 것이 중요하다. 집단원들이 언어적 및 비언어적 작별 인사를 통해 종결감을 촉진하는 것도 중요한 과제이다. 이를 통해 집단원들은 집단의 끝을 명확히 인식하고, 새로운 시작을 준비할 수 있다.

③ 촉진 전략

종결 단계에서 효과적인 촉진 전략으로는 집단원들이 원하는 대로 행동하기 위한 특정 기술을 습득할 수 있는 행동 변화를 유도하는 것이 있다. 긍정적인 성과에 초점을 맞춰 피드백을 주고받는 것은 집단성과를 강화하는 데 도움이 된다. 집단원들은 집단과정에서 배운 내용을 실제 상황에 적용하여 문제 해결을 위한 새로운 지침을 얻도록 격려와 지지를 받는다. 또한, 미래에 대한 약속이나 목표 설정을 통해 집단 활동 후의 방향 감각을 가질 수 있도록 하는 전략이 필요하다. 집단상담에서 얻은 통찰력과 기술을 일상생활에 적용하기 위한 지침을 제공하면, 집단의 성과가 집단원들의 일상의 삶으로 확장되어 독립적으로 성장과 발전을 지속할 수 있도록 돕는다.

종결 단계는 집단원들이 집단에서의 경험을 통해 얻은 교훈과 기술을 일상생활에 통합하고, 독립적으로 활용할 수 있는 능력을 배양하는 데 중점을 둔다. 이를 통해 집단원들은 집단의 종결 이후에도 지속적으로 성장하고 발전할 수 있는 기반을 마련하게 된다.

4. 집단의 규범

1) 치료적인 집단규범

(1) 연약함 드러내기

연약함을 드러내는 일의 가치는 집단상담에서 매우 중요하다. 변화의 과정과 접근을 위한 필수 조건으로, 연약함을 드러내는 것은 수치심이나 두려움, 또는 상처가 될 위험이 있을 때에도 자신의 감정을 개방하고 다른 사람과의 유대를 위해 마음을 여는 능력을 의미한다. 내담자가 자신이 연약한 존재임을 드러낸 위험을 감수한 결과로 집단원으로부터 보살핌을 받을 때, 연약함 드러내기는 촉진된다. 이는 공감, 동일시, 애정, 수용, 감사, 이해 등을 포함한 집단원을 돌보는 태도를 통해 집단의 치료 효과가 상승하는 결과를 가져온다.

(2) 보살피기

보살피기는 내담자가 자신의 연약함을 드러낸 위험을 감수한 결과로, 집단원들로부터 보살핌을 받을 때 더욱 촉진된다. 이는 공감, 동일시, 애정, 수용, 감사, 이해 등을 포함한 집단원을 돌보는 태도를 통해 집단의 치료효과를 상승시킨다. 이러한 보살피기는 집단원들이 서로를 깊이 이해하고 지지하는 환경을 조성하여 집단상담의 효과를 극대화한다.

(3) 연약함 드러내는 것을 격려

집단상담에서 연약함을 드러내는 것을 격려하는 것은 중요한 촉진 기술이다. 집단원과 작업할 때, 연약함을 드러내고 고통에 머물러 보도록 명확하게 격려하는 것이 필요하다. 또한, 연약함을 드러낸 집단원에게 감사를 표시하여 이를 촉진할 수 있다. 이는 집단원들이 자신의 감정을 솔직하게 표현하고, 이를 통해 서로의 신뢰를 쌓는 데 도움을 준다.

(4) 집단응집력

집단응집력은 집단에서의 친밀감 정도와 집단원이 서로와 집단에 가치를 두는 정도를 의미한다. 이는 집단의 긍정적인 성과와 상관이 있으며, 건강한 가족에서 볼 수 있는 친밀감과 동경하는 공동체에서의 긍정적인 느낌과 유사하다. 집단에 대한 긍정적인 느낌을 표현할 때 집단응집력은 촉진된다. 흥미롭게도 집단에 대한 분노, 실망, 불만족과 같은 부정적인 감정도 응집력 형성에 도움이 된다. 이러한 부정적인 감정들을 탐색하고 작업하면 집단에 강한 유대감을 느끼고 헌신하게 된다. 시간제한이 있는 집단은 빠른 응집력을 발전시킬 필요가 있으며, 동질집단이 더 빨리 신뢰와 응집력을 형성한다.

(5) 집단원의 개별성과 다양성

집단상담에서는 집단 내 개인의 개별성과 다양성을 지지하는 것이 중요하다. 다양성에 대한 개방적 태도를 가지는 것은 인구학적 특성(인종, 종교, 계층, 성, 나이)과 성격, 의사소통 스타일, 호소문제와 증상, 어린 시절의 경험, 방어 등 다양한 배경을 가진 집단원들을 포함한다. 개인의 독특한 배경과 존재 방식을 수용하고 긍정적으로 평가하는 것이 필요하다. 집단상담자는 각 개인에 대한 진실한 관심을 모델링하여 집단의 규범이 형성되도록 촉진해야 한다. 다른 사람을 평가하기보다 부정적인 정서적 반응을 표현하도록 격려하는 것도 중요하다. 예를 들어, "너는 정말 나서기를 좋아하는 인간이다"라는 표현보다는 "당신이 나에게 말할 기회를 주지 않았을 때, 나는 좌절되고 화가 났다"라는 표현을 사용하도록 한다.

(6) 응집성과 개별성의 통합

집단상담에서 표면적으로 갈등 관계에 있는 두 가치를 통합하는 것은 중요한 과정이다. 친밀한 공동체에 속하는 것(유대감)과 있는 그대로 수용되는 것(자율성)이 통합되어 집단원들은 서로의 차이점을 존중하면서도 깊은 유대감을 형성하게 된다. 이러한 통합 경험은 집단 내에서의 긍정적인 상호작용을 촉진하고, 집단원들이 자신을 있는 그대로 수용받는 느낌을 갖게 한다. 이는 집단의 응집력과 개별성을 동시에 증진시키는 중요한 요소이다(Earley, 2004).

2) 집단에서 허용되지 않는 행동을 기술한 금지규범

집단상담에서는 특정 행동이나 주제가 금지되는 경우가 있다. 이러한 금지규범은 집단의 건강한 발전을 저해할 수 있으므로, 집단상담자는 이러한 금지 사항을 자각하고 이를 적절히 다룰 수 있어야 한다.

(1) 금지된 주제

집단상담에서 자주 금지되는 주제 중 하나는 성욕과 성적인 매력에 관한 이야기이다. 성욕에 대해 이야기하거나 성적인 매력에 대해 언급하는 것은 종종 금지되며, 이는 집단원들 간의 불편함을 초래할 수 있다. 질투, 돈, 권력과 같은 주제도 금지되는 경우가 많다. 이러한 주제들이 집단에서 논의되지 않는다는 점을 상담자가 자각하고 이를 끌어내는 역할을 해야 한다.

상담자는 집단 내에서 이러한 주제들이 금기시되고 있음을 인식하고, 이를 적절히 다룰 수 있어야 한다. 예를 들어, 집단원 간에 성적인 에너지가 오가는 것이 보일 때, 상담자는 이를 주의 깊게 관찰하고 언급할 필요가 있다. 집단의 누군가가 자문이나 자신의 장에서 성적인 매력에 대해 이야기하는 경우, 상담자는 그 집단원이 그 문제를 집단 내에서 다룰 수 있도록 격려하고, 그렇게 할 때 경험하는 두려움을 다룰 수 있도록 조력해

※ 금지된 주제를 자각하고 끌어내는 방법

▶ 성욕에 대해 이야기하는 것, 성적인 매력에 대해 이야기하는 것

▶ 질투, 돈, 권력에 대해 이야기하는 것을 금지하는 것
- 이 주제가 집단에서 말해지지 않고 있다는 점에 대해 집단의 주의 환기
- 집단원 간에 성적인 에너지가 오가는 것이 보일 때 그것을 주의 깊게 보고 이를 언급
- 집단의 누군가가 자문이나 자신의 장에서 성적인 매력에 대해서 이야기하는 것은 가능
- 상담자는 그 집단원으로 하여금 집단에서 그 문제를 다룰 수 있도록 격려하고, 그렇게 할 때 경험하는 두려움을 다룰 수 있도록 조력함

야 한다. 이러한 접근은 집단 내에서 금기시되는 주제를 탐색하고, 이를 건강하게 논의할 수 있는 분위기를 조성하는 데 기여한다.

(2) 금지된 느낌

금지규범이 형성되는 것처럼 보이면, 상담자는 이를 집단과 함께 탐색해야 한다. 집단 내에서 특정 느낌이 금지되는 증거를 살피고, 집단원들이 이러한 느낌을 드러내도록 격려하는 것이 필요하다. 예를 들어, 분노나 갈등에 대한 금지규범이 있는 경우, 상담자는 집단원들이 이러한 감정을 표현할 수 있도록 지원해야 한다. 이러한 느낌이 자연스럽고 수용 가능하다는 집단규범을 형성하는 것은 중요하다. 집단리더가 이러한 격려와 기능을 수행하면, 집단원들도 차차 이를 수행하게 된다.

(3) 드러난 연약함을 보호하기 위한 금지 사항들

집단상담에서는 집단원들이 연약함을 드러냈을 때 이를 보호하기 위한 금지 사항들이 존재할 수 있다. 예를 들어, 연약함을 드러냈을 때 공격하기, 다수에 의한 직면, 결석한 사람에 대해 이야기하기 등이 금지된다. 이러한 금지 사항은 집단원들이 자신의 연약함을 안전하게 드러내고, 이를 통해 집단 내에서의 성장과 발전을 도모할 수 있도록 한다.

금지된 느낌의 예로는 분노와 갈등에 대한 금지규범, 연약함을 드러내는 것에 대한 금기, 의존적인 것을 부끄러워하는 것, 집단 전체에 대한 실망감이나 친밀감을 표현하는 것을 금지하는 경우 등이 있다. 이러한 금지규범은 집단의 건강한 발달을 저해할 수 있으므로, 상담자는 이를 인식하고 적절히 다룰 수 있어야 한다.

집단상담에서 금지규범을 인식하고 이를 다루는 것은 집단의 건강한 발전과 긍정적인

> ※ **금지된 느낌의 예**
> - 이 분노, 갈등에 대한 금지규범
> - 연약함을 드러내는 것, 의존적인 것을 부끄러워하는 것
> - 집단 전체에 대한 실망감이나 친밀감을 표현하는 것을 금지

상호작용을 촉진하는 데 중요하다. 상담자는 금지된 주제와 감정을 적절히 탐색하고 이를 표현할 수 있도록 지원함으로써, 집단원들이 자신을 더 깊이 이해하고 성장할 수 있도록 도울 수 있다.

5. 집단원이 집단 전체를 경험하는 방식

1) 치료적 작업을 위한 장

(1) 큰 그릇으로서의 집단

집단상담에서 집단은 내담자의 일상생활과 분리되어 있으며, 대부분의 사회적 및 가족 상호작용과는 다른 규범과 경계를 갖는 특별하고 제한된 공간으로 기능한다(Ettin, 1994). 이 공간에서 집단원들은 다른 어떤 곳에서도 불가능한, 순수한 방식으로 자신 그대로일 수 있는 경험을 한다. 잘 기능하는 집단은 집단원들이 정직하도록, 숨겨져 있을 감정을 표현하도록, 다른 곳에서는 위험할지 모르는 것을 감수하도록 격려하는 장소가 된다. 이는 집단이 친밀함과 돌봄의 장소이자 사랑받으며 인정받는다는 것을 알게 되는 장소로서의 역할을 수행하기 때문이다. 또한, 집단은 변화를 위한 장소로 경험된다. 집단원들은 이 공간에서 자신의 역동을 이해하고, 고통을 치유하며, 건강하게 관계 맺는 방식을 학습할 수 있다. 이러한 경험은 집단원들이 자신의 문제를 더 깊이 이해하고, 이를 통해 성장과 변화를 이끌어 내는 데 중요한 역할을 한다.

(2) 어머니로서의 집단

집단은 때로 집단원과 관련된 대상이나 사람으로 경험되기도 한다. 특히, 집단을 어머니로 경험하는 것은 흔한 일이다(Durkin, 1964; Scheidlinger, 1974). 어머니가 그러하듯, 집단은 집단원들이 성장하도록 공간을 제공한다. 집단을 어머니로 경험할 때, 집단원들은 집단을 따뜻하고 사랑스러운 존재로 경험할 수도 있고, 자신을 삼켜버릴 듯한 위협으로 경험할 수도 있다. 집단을 좋은 어머니로 경험할 때, 초기의 원시적인 감정과 욕구로의 퇴행을 일으키며, 접근을 촉진하고 희망적인 전이의 활성화를 가능하게 한다. 이는 집단이 안전하고 수용적인 환경을 제공할 때 집단원들이 자신의 감정과 욕구를 자유롭게 표현하고, 이를 통해 치유와 성장을 경험할 수 있음을 의미한다.

반면, 집단을 압도적인 어머니로 경험할 때, 집단원들은 자신의 존재가 삼켜지거나, 집단에서 짓밟힐 것 같은 두려움을 느낄 가능성이 있다. 이러한 두려움은 집단원들이 집단 내에서 자신의 감정을 표현하고 상호작용하는 데 어려움을 겪게 만들 수 있다. 또한, 집단을 박탈적이고 거절하는 어머니로 경험할 경우, 집단원들은 자신을 매달리고 애원하게 하거나, 멀리 떨어지고 방어적인 양식에 의존하게 되는 경향을 보일 수 있다. 이는 집단 내에서의 상호작용이 부정적인 방향으로 흐를 수 있음을 나타내며, 집단상담자는 이러한 상황을 인식하고 적절히 개입해야 한다.

이와 같이, 집단은 집단원들이 치료적 작업을 위한 장으로서 경험할 수 있는 다양한 방식들을 제공한다. 큰 그릇으로서의 집단은 집단원들이 자신을 솔직하게 드러내고, 감정을 표현하며, 변화를 추구할 수 있는 공간을 제공한다. 어머니로서의 집단은 집단원들이 성장과 퇴행을 경험할 수 있는 안전한 환경을 제공하며, 이를 통해 집단원들은 자신의 감정과 욕구를 이해하고, 이를 바탕으로 성장을 이룰 수 있다. 이러한 경험들은 집단원들이 집단 내에서 자신을 깊이 이해하고, 긍정적인 변화를 이끌어 내는 데 중요한 역할을 한다.

2) 가족으로서의 집단

집단상담에서 집단은 종종 집단원들에게 가족으로 경험된다. 집단 내에서 다양한 핵가족 문제들이 제기될 수 있는데, 이는 배척, 관심, 힘, 형제 라이벌 의식, 질투, 경쟁 등과 같은 문제들을 포함한다. 이러한 문제들은 집단 내에서 자연스럽게 나타나며, 집단원들이 자신의 원가족과 관련된 감정과 경험을 투사하게 된다.

집단상담자는 대개 부모로 경험된다. 집단상담자는 집단원들에게 안정감과 지지를 제공하며, 이 과정에서 집단원들은 상담자를 부모와 같은 권위적이거나 보호적인 인물로 인식하게 된다. 전체로서의 집단은 내담자의 원가족과 유사하게 경험될 수 있다. 이는 차갑고 멀리 있는 장소, 혼란스러운 장면, 위험한 배신 상황 등과 같은 원가족의 부정적인 경험들이 집단 내에서 재현될 수 있음을 의미한다.

이러한 가족 전이는 집단상담자에 의해 명료화되고, 집단원들에 의해 탐색될 필요가 있다. 집단상담자는 집단원들이 이러한 전이를 인식하고 이를 다룰 수 있도록 돕기 위해 질문을 시작하고 필요하면 해석을 제공해야 한다. 예를 들어, "당신이 지금 느끼는 이 감정이 과거의 어떤 경험과 관련이 있나요?"와 같은 질문을 통해 집단원들이 자신의 감정을 탐색하도록 유도할 수 있다. 가족 문제가 다루어지고 성장할 때, 집단은 건강한 가족처럼 응집력을 형성하고 변화를 경험하게 된다.

집단상담자가 이러한 전이를 탐색하고 다루는 과정에서 집단원들은 자신의 가족 문제를 명료하게 인식하고, 이를 통해 성장할 수 있다. 예를 들어, 집단 내에서의 경쟁이나 질투가 형제 라이벌 의식에서 비롯된 것임을 인식하게 되면, 집단원들은 이러한 감정을 더 건강한 방식으로 다루게 될 수 있다. 이러한 경험은 집단원들이 자신의 감정과 행동 패턴을 이해하고, 이를 통해 개인적인 변화를 이루는 데 중요한 역할을 한다.

집단상담에서 가족으로서의 집단 경험은 집단원들에게 깊은 심리적 통찰과 치유의 기회를 제공한다. 집단상담자는 이러한 과정을 통해 집단원들이 자신의 감정과 경험을 탐색하고, 이를 통해 성장을 이끌어 낼 수 있도록 도와야 한다. 이는 집단상담의 중요한 목표 중 하나로, 집단원들이 자신의 삶에서 긍정적인 변화를 경험하고, 더 건강한 대인관계를 형성하는 데 기여할 수 있다.

3) 집단원이 집단 전체를 경험할 때 겪는 심리 과정

집단상담에서 집단원들은 다양한 심리적 과정을 경험하게 된다. 이러한 과정은 집단 내에서의 상호작용과 개인적인 내면의 갈등을 포함하며, 이를 통해 집단원들은 성장과 변화를 이끌어 낼 수 있다.

(1) 이질감

내담자들은 집단에 소속되어 있지 않고 배제되어 있다는 느낌을 경험할 수 있다. 다른 집단원들과 다르다는 이질감은 집단 초기에 자주 나타나는 현상이다. 집단원들은 자신이 집단 내에서 환영받지 못하거나, 다른 사람들과 어울리지 못한다는 느낌을 받을 수 있다. 이러한 이질감은 집단원들이 자신의 자리를 찾고, 집단 내에서의 역할을 확립하는 데 어려움을 초래할 수 있다. 집단상담자는 이러한 이질감을 인식하고, 집단원들이 서로를 이해하고 받아들일 수 있도록 돕는 역할을 해야 한다.

(2) 자기노출에 대한 수치심

집단상담에서 집단원들은 다양한 자기노출을 통해 수치심을 느끼게 될 수 있다. 자신의 감정, 생각, 경험을 공유하는 과정에서 집단원들은 자신을 솔직하게 드러내야 하기 때문에, 이는 큰 부담으로 다가올 수 있다. 특히, 자신의 약점이나 부정적인 경험을 공개할 때, 집단원들은 수치심을 느끼고 이를 애써 다루려고 노력하게 된다. 집단상담자는 집단원들이 이러한 감정을 표현하고, 수치심을 극복할 수 있도록 지원해야 한다. 이를 통해 집단원들은 자기노출을 통해 치유와 성장을 경험할 수 있다.

(3) 집단원을 신뢰하려고 노력 혹은 신뢰에 대한 두려움

집단상담에서는 다른 사람들을 신뢰하려고 노력하는 과정과 신뢰에 대한 두려움이 공존한다. 집단원들은 다른 사람을 수용하고 돌보기 위해, 다른 집단원들을 신뢰하려고 하지만, 동시에 신뢰하면서 두려움을 경험하기도 한다. 이는 과거의 부정적인 경험이나 배신에 대한 두려움에서 기인할 수 있다. 집단상담자는 집단원들이 서로를 신뢰하고, 안전한 환경에서 상호작용할 수 있도록 지지하는 역할을 한다. 신뢰는 집단의 응집력을 강화하고, 집단원들이 더 깊이 있는 상호작용을 할 수 있도록 돕는다.

(4) 판단받는 두려움

집단 내에서 집단원들은 판단받거나 조롱받는 두려움을 극복하기 위해 노력한다. 자신의 생각이나 감정을 표현할 때, 다른 집단원들로부터 부정적인 평가를 받을까 봐 두려

위하는 것은 자연스러운 일이다. 이러한 두려움은 집단원들이 자신을 표현하는 데 장애물이 될 수 있다. 집단상담자는 집단 내에서 수용적이고 비판적이지 않은 분위기를 조성하여, 집단원들이 판단받는 두려움을 극복하고 자신을 자유롭게 표현할 수 있도록 도와야 한다.

이러한 심리적 과정을 통해 집단원들은 집단 내에서 자신을 이해하고 성장할 수 있는 기회를 얻는다. 집단상담자는 이러한 과정에서 집단원들을 지지하고, 안전한 환경을 제공함으로써 집단의 긍정적인 변화를 이끌어 낼 수 있다.

4) 개별 집단원과 집단 전체의 상호작용 이해

집단 전체 수준에서 일어나는 상호작용은 집단 자체의 역동적인 특성을 형성하며, 이는 집단상담의 중요한 측면 중 하나이다. 이 수준의 상호작용은 집단 내의 관계, 목표 달성, 의사결정, 리더십 구조, 문화, 규칙, 그리고 집단의 학습 및 성장과 관련되어 있다. 이러한 요소들은 집단의 효율적 운영과 긍정적인 변화를 촉진하는 데 중요한 역할을 한다.

(1) 목표 설정과 합의(Goal Setting and Consensus)

집단상담은 보통 특정 목표나 목적을 가지고 시작된다. 목표를 설정하고 구성원들 간에 합의를 이루는 과정은 집단 전체 수준에서 중요한 상호작용 과정이다. 구성원들은 자신들의 목표와 기대를 공유하고, 집단이 공동으로 추구할 목표를 형성하기 위해 협력하게 된다. 예를 들어, 집단의 목표가 스트레스 관리라면, 각 구성원이 자신이 원하는 결과와 기대를 공유하고, 이를 바탕으로 집단 전체의 목표를 설정하게 된다. 이 과정에서 구성원들은 서로의 기대를 조정하고, 공통의 목표를 형성하여 집단의 방향성을 명확히 한다.

(2) 리더십 구조(Leadership Structure)

집단 내에서 리더십 구조의 형성은 집단의 방향과 진행에 큰 영향을 끼친다. 주로 상담자나 집단상담자가 리더십을 주도하지만, 때로는 집단 구성원 중에서 누가 주도할지에 대한 동적인 결정이 이루어질 수도 있다. 예를 들어, 특정 주제에 대한 전문 지식을 가진 집단원이 일시적으로 리더십을 발휘할 수 있다. 이러한 리더십 구조는 집단의 목표 달성과 효과적인 상호작용을 촉진하는 데 중요한 역할을 한다.

(3) 규칙과 규칙 준수(Rules and Rule Adherence)

집단은 효율적인 운영을 위해 규칙을 설정하고 준수하는 과정을 진행한다. 이는 집단의 안전성과 질서를 유지하는 데 중요하며, 규칙은 구성원들 간의 상호작용을 조절하고 집단 목표 달성을 지원하는 역할을 한다. 예를 들어, 집단 내에서 발언할 때 다른 사람의 말을 끊지 않는 규칙이 있을 수 있다. 이러한 규칙은 집단 내에서의 질서를 유지하고, 모든 구성원이 자신의 의견을 자유롭게 표현할 수 있는 환경을 조성한다.

(4) 문화와 미덕(Culture and Norms)

집단은 자체적인 문화와 미덕을 형성한다. 이는 집단의 가치, 믿음, 행동 패턴, 언어 사용 등을 포함한다. 구성원들은 집단의 문화를 받아들이고 적응하며, 이것은 집단 내의 상호작용에 큰 영향을 미친다. 예를 들어, 집단 내에서 솔직한 피드백을 주고받는 문화가 형성되면, 구성원들은 더 개방적이고 신뢰하는 관계를 구축할 수 있다. 이러한 문화는 집단의 응집력을 강화하고, 긍정적인 상호작용을 촉진한다.

(5) 의사결정(Decision-Making)

집단 내에서 의사결정이 진행되는 과정은 공동 목표와 집단 활동을 조정하기 위해 필요하다. 의사결정 과정은 집단 구성원들의 의견을 수렴하고, 공동으로 결정을 내릴 때 발생하는 상호작용을 의미한다. 예를 들어, 집단이 새로운 활동을 계획할 때, 모든 구성원이 의견을 제시하고, 이를 바탕으로 최선의 결정을 내리는 과정이 포함된다. 이러한 의사결정 과정은 집단 내에서의 협력과 참여를 촉진하고, 집단의 목표 달성을 돕는다.

(6) 집단의 학습과 성장(Group Learning and Growth)

집단은 함께 상호작용하면서 서로에게 배우고 성장한다. 구성원들은 집단 내에서 새로운 관점을 얻고, 문제해결 능력을 향상시키며, 상호 지원을 통해 개인적인 변화와 성장을 경험하게 된다. 예를 들어, 집단 내에서 특정 문제를 논의하고 해결하는 과정을 통해 구성원들은 자신의 문제해결 능력을 향상시키고, 다른 사람들과의 상호작용에서 새로운 통찰을 얻는다. 이러한 학습과 성장은 집단원들이 개인적으로 성장하고 발전하는 데 중요한 역할을 한다.

6. 전체로서의 집단 역동 이해

1) 집단저항

집단 저항과 방어는 집단 상담에서 자주 나타나는 현상으로, 이는 개인의 내적인 정신 역동과 치료 과정에 대한 반응에 따라 다르게 나타난다(Earley, 2000). 방어는 핵심 문제가 활성화되거나 경험되는 것을 회피하려고 시도하는 내적인 과정이나 행동을 의미한다. 반면, 저항은 치료 과정이나 치료자에게 협조하지 않는 어떠한 행동을 뜻한다.

집단원들이 저항을 보이는 이유는 다양하다. 주로 개인에게 초점이 맞춰지는 상황을 불안하게 느끼고 방어적으로 되기 쉽기 때문이다. 이는 자기를 보호하고자 하는 노력의 일환으로 나타난다. 집단원의 방어적 대인관계 방식은 갈등, 거리 두기, 불신, 또는 주의 전환 등과 같은 다양한 형태로 나타날 수 있다. 그러나 이러한 방어적인 태도 뒤에는 친밀해지는 것에 대한 두려움과, 이로 인해 상처받을 가능성에 대한 두려움이 감춰져 있을 수 있다(Corey et al., 2012).

집단상담자는 집단원의 저항을 인정하고 존중하며, 일어나는 생각과 느낌을 자유롭게 표현할 수 있도록 돕는 것이 중요하다. 이를 통해 집단원들이 적극적으로 참여할 수 있는 분위기를 조성하면, 저항을 줄이고 보다 긍정적인 상호작용을 촉진할 수 있다.

2) 비난의 순환

집단 내에서 문제 소유에 대해 자신을 방어하는 흔한 방법 중 하나는 자신이 어려움을 느끼는 다른 사람을 비난하는 것이다. 집단 안에서의 상호작용이 잘못되어 가는 것은 내 잘못이 아니라 다른 사람들의 잘못이라고 비난하는 경향이 나타난다. 이러한 비난의 순환은 집단 내에서 문제가 다른 사람들의 잘못이라고 믿고 논쟁하면서 주고받는 비난의 형태로 나타나기 쉽다.

일단 비난의 순환이 시작되면 멈추기 어렵다. 개입의 첫 단계는 비난 순환에 관련된 사람들에게 그들이 서로 경쟁적으로 비난하고 있다는 것을 지적하는 것이다. 이를 통해 집단원들이 자신의 행동을 인식하고, 더 나아가 다른 사람에 의해 촉발되는 각 집단원의 내면 감정을 탐색할 수 있도록 돕는다. 상처, 두려움, 공격적인 느낌 뒤에 숨어 있는 수치심과 같은 취약한 감정에 접근하도록 노력하는 것이 중요하다.

가능하다면 집단상담자는 집단원들의 반응 뒤에 전이를 이해하도록 도와야 한다. 비난 순환 상황에서 나머지 집단원들이 누군가의 편을 들지 않고 중립을 유지하는 것도 중요하다. 이는 문제를 더욱 복잡하게 만들지 않고, 집단원들이 자신을 탐색할 수 있는 기회를 제공한다.

집단원들이 성공적으로 자신들을 탐색할 수 있게 되면, 그들은 자신의 어려움에 대해 더 쉽게 작업할 수 있게 된다. 만약 지속적인 긴장이 집단원들 간에 계속된다면, 더 이상의 대화가 진전되지 않도록 하는 것이 최선일 수 있다. 이는 갈등을 최소화하고, 집단의 안전과 안정성을 유지하는 데 도움이 된다.

가능하다면 모든 집단원이 탐색할 기회를 갖도록 하고, 집단으로부터 지지적인 피드백을 받을 수 있도록 하는 것이 중요하다. 극단적인 경우에는 개인 자문 시간에 이를 다루는 것이 효과적일 수 있다. 이러한 접근은 집단 내에서 긍정적인 변화를 촉진하고, 집단원들이 자신의 문제를 더 깊이 이해하고 해결할 수 있도록 돕는다.

전체 사례 나누기 & 사례 개입 모델링

1. 각 조별로 실습 사례에 대해 좋았던 점에 대해서 나누어 봅시다.

_____

_____

_____

_____

2. 실습 과정에서 개입에서 어려웠던 점에 대해서 나누어 봅시다.

_____

_____

_____

3. 전문가의 사례 개입 모델링을 보고 느낀 점을 나누어 봅시다.

_____

_____

_____

_____

_____

4. 모델링을 보고 질문이 있다면 정리해 봅시다.

_____

_____

_____

_____

1) 집단저항 역동 다루기-중학생 집단

※ 조별로 제시된 시나리오를 바탕으로 '집단저항 역동'에 대한 개입을 연습해 봅시다.

〈집단구조화〉

1. **집단 구성원**: 인터넷 중독 위험군인 중학생 5명 + 집단리더 1명
2. **집단 구조**: 5회기 집단(주 1회 3시간) 중 1회기
3. **상황**: 집단원들은 인터넷 중독문제를 가지고 있는 위험군 학생들로 학교에서 의무적으로 중독치료의 일환으로 수업시간에 집단상담에 참여할 것을 지시받은 학생들이다. 각기 다른 학교 소속이며 집단원들은 서로 잘 모르는 상황이다. 학교 밖의 장소에서 집단상담을 위해서 모였고 대중교통으로 혼자 왔거나 부모님이 데려다준 경우도 있다.

🔔 사례

집단에 대한 소개, 시간, 전체 회기 수 등에 대한 구조화

리더: (따뜻한 어조로) 자, 그럼 오늘 이 자리에 모인 기분이 어떤지 한번 이야기해 볼까요? 지금 기분이 어떤지 말하고 싶은 사람 있나요?

(다섯 학생 모두 바닥에 시선을 고정하고 침묵을 지킵니다.)

똘이: (대답 대신 리더에게 질문) 뭐 하나 물어봐도 돼요? 우리 언제 집에 갈 수 있나요?

리더: (참을성 있게) 오늘 정해진 회기가 끝나면 끝낼게요. 자, 지금 기분이 어떤지, 자신의 감정을 말해 보고 싶은 사람 있나요?

묵찌빠: (다른 질문) 다음 주는 건너뛰어도 될까요? 따라잡아야 할 숙제가 많아서요.

조약돌: (역시 질문) 오늘은 언제 끝나요? 다음에 일정이 있습니다.

파랑새: (다른 질문) 저, 화장실에 가도 되나요?

투덜이: 저 휴대전화는 언제 돌려받을 수 있나요? 몇 가지 메시지를 확인해야 하는데요.

---

1. 집단에서 어떤 역동이 일어나고 있는지 정의해 봅시다.

_____

_____

_____

_____

_____

_____

2. 이 역동을 집단 전체의 역동 수준에서 분석해 봅시다.

_____

_____

_____

_____

_____

_____

_____

3. 개입 전략을 논의해 봅시다.

_____

_____

_____

_____

_____

_____

4. 개입 시 주의해야 할 점은 무엇일까요?

_____

_____

_____

_____

_____

5. 개입과 집단과정에서 발생 가능한 어려움을 예상하고 대처 전략을 세워 봅시다.

_____

_____

_____

_____

_____

6. 개입 시 주의해야 할 점은 무엇일까요?

_____

_____

_____

_____

_____

7. 개입과 집단과정에서 발생 가능한 어려움을 예상하고 대처 전략을 세워 봅시다.

_____

_____

_____

_____

_____

2) 실습하기

1. 리더, 코리더, 집단원들로 역할을 나누어 실습해 봅시다.

_____

_____

2. 리더, 코리더로 느낀 점을 나누어 봅시다.

_____

_____

3. 집단원으로서 느낀 점을 나누어 봅시다.

_____

_____

4. 모델링을 보고 질문이 있다면 정리해 봅시다.

_____

_____

5. 본 사례에서의 치료적인 요인을 찾아봅시다.

_____

_____

6. 사례의 개입에서 보완하거나 추가할 내용에 대해서 논의해 봅시다.

_____

_____

_____

3) 전체 사례 나누기 & 사례 개입 모델링

1. 각 조별로 실습 사례에 대해 좋았던 점에 대해서 나누어 봅시다.

_____

_____

_____

_____

2. 실습 과정에서 개입에서 어려웠던 점에 대해서 나누어 봅시다.

_____

_____

_____

_____

3. 전문가의 사례 개입 모델링을 보고 느낀 점을 나누어 봅시다.

_____

_____

_____

_____

4. 모델링을 보고 질문이 있다면 정리해 봅시다.

_____

_____

_____

_____

1) 집단저항 역동 다루기:
부정적인 면은 피하고 긍정적인 면에만 집중하려는 집단의 저항

※ 조별로 제시된 시나리오를 바탕으로 '집단저항 역동'에 대한 개입을 연습해 봅시다.

〈집단구조화〉

1. 집단 구성원: 대학생 집단원 6명 + 집단리더 1명
2. 집단 구조: 5회기 집단(주 1회 3시간) 중 1회기
3. 상황: 대학상담센터에서 방학 중 자아탐색 집단상담 운영
4. 집단원: 참가 신청자들 중에서 선정, 자발적 집단원

🔦 사례

민재는 눈물을 흘리면서도 굳건한 태도를 유지하며 어린 시절 가정폭력에 대한 이야기를 마무리한다. 그녀의 말에 방은 조용해진다.

이광진: (따뜻하게) 민재야, 네 이야기는 가슴 아픈 이야기지만, 여기 힘과 성취의 화신이라
　　　　고 할 수 있는 사람이 있네요. 그동안의 성장과 성취가 정말 놀랍네요.

은진: 맞아요. 민재 씨. 아픔을 용기로 바꾸고 우아하게 앞으로 나아가고 있네요. 정말 존경
　　　스럽습니다.

현주: 민재 씨, 그 힘과 여정이 우리 모두에게 귀감이 되고 있어요.

민재: (겸손하게) 좋은 말씀 감사합니다. 과거를 뛰어넘기 위해 최선을 다해 노력했습니다.

리더: (부드러우면서도 단호한 어조로) 민재 씨의 뛰어난 회복력과 내면적인 강인함은 참
　　　놀라워요. 하지만 지금 우리 집단은 민재의 성과에만 집중하고 아픔에 대한 이야기는
　　　하고 있지 않아요. 마치 각자 상처를 공개적으로 인정하는 것을 두려워하는 것 같기
　　　도 하고 타인의 고통에 대해서는 말하지 않기로 무언의 규칙이 작동하는 것 같네요.
　　　다른 사람들은 어떤가요? 이에 대해 어떻게 생각하시나요?

광진: (팔짱을 끼며) 민재가 강하고, 과거를 잘 극복하고 훌륭하게 성장한 건 우리 모두 알고 있잖아요. 아픈 기억에 연연하지 말고 긍정적인 면에 집중해야 하지 않을까요?

현주: (고개를 끄덕이며 민재를 위로하는 표정으로) 맞아요. 과거보다 발전하는 과정과 지금 이 순간을 강조하는 게 더 중요해요.

은진: 고통스러운 사건을 이야기하면 앞으로 나아가는 게 더 어려워질 수 있잖아요?

　　　 (방안에 팽팽한 긴장감이 감돈다. 상수가 자리에서 안절부절못하며 대화에 참여한 얼굴들 사이를 불안하게 훑어본다.)

리더: (관찰한 후 부드럽게) 상수 씨가 자리에서 움직임이 반복되는 게 보이네요. 표정으로도 많은 것들이 느껴지는데. 어떤 생각이 드세요?

상수: (작고 떨리는 목소리로) 음…… 저는…… 다른 분들의 말도 다 맞다고 생각해요. 그래도 그냥…… 가끔은 아픔을 인정해 줘야 할 때가 있는 것 같아요. 그렇죠? 상처를 계속 무시하거나 없는 척하면 상처는 치유되지 않는 것 같아요.

창민: 상수 씨. 민재 씨 이야기를 들으니……. 제 자신의 고민이 떠오르네요. 성과도 중요하지만, 아픔을 정면으로 마주하기 전에는 진정으로 앞으로 나아갈 수 없다고 늘 생각해 왔거든요. 치유는 업적뿐만 아니라 그러한 감정을 다루는 데서 비롯된다고 생각합니다.

　　　 (방은 사려 깊은 침묵에 잠겼습니다. 민재의 눈에는 상수에 대한 고마움과 아픔이 뒤섞인, 흘리지 못한 눈물이 반짝인다.)

리더: 그런 관점을 나눠 줘서 고마워요, 상수 씨. 이 자리는 아무리 어둡고 고통스러운 감정이 있더라도 서로의 감정을 나누고 바라보고 기억하는 것이 중요합니다.

1. 집단에서 어떤 역동이 일어나고 있는지 정의해 봅시다.

_____

_____

_____

_____

_____

2. 이 역동을 집단 전체의 역동 수준에서 분석해 봅시다.

_____

_____

_____

_____

_____

_____

3. 개입 전략을 논의해 봅시다.

_____

_____

_____

_____

_____

_____

4. 개입 시 주의해야 할 점은 무엇일까요?

_____

_____

_____

_____

5. 개입과 집단과정에서 발생 가능한 어려움을 예상하고 대처 전략을 세워 봅시다.

_____

_____

_____

_____

6. 개입 시 주의해야 할 점은 무엇일까요?

_____

_____

_____

_____

7. 개입과 집단과정에서 발생 가능한 어려움을 예상하고 대처 전략을 세워 봅시다.

_____

_____

_____

_____

2) 실습하기

1. 리더, 코리더, 집단원들로 역할을 나누어 실습해 봅시다.

_____

_____

_____

2. 리더, 코리더로 느낀 점을 나누어 봅시다.

_____

_____

3. 집단원으로서 느낀 점을 나누어 봅시다.

_____

_____

4. 개입하는 리더의 개입에 대해서 느낀 점을 나누어 봅시다.

_____

_____

5. 본 사례에서의 치료적인 요인을 찾아봅시다.

_____

_____

6. 사례의 개입에서 보완하거나 추가할 내용에 대해서 논의해 봅시다.

_____

_____

3) 전체 사례 나누기 & 사례 개입 모델링

1. 각 조별로 실습 사례에 대해 좋았던 점에 대해서 나누어 봅시다.

_____

_____

_____

_____

2. 실습 과정에서 개입에서 어려웠던 점에 대해서 나누어 봅시다.

_____

_____

_____

_____

3. 전문가의 사례 개입 모델링을 보고 느낀 점을 나누어 봅시다.

_____

_____

_____

_____

4. 모델링을 보고 질문이 있다면 정리해 봅시다.

_____

_____

_____

_____

1) 비난순환 다루기

※ 조별로 제시된 시나리오를 바탕으로 '집단저항 역동'에 대한 개입을 연습해 봅니다.

〈집단구조화〉

1. **집단 구성원**: 직장인 6명 + 집단리더 1명
2. **집단 구조**: 10회기 집단(주 1회 4시간) 중 5회기
3. **상황**: 비난순환에 대한 상황

체구가 작고 몸이 약한 미나(여)는 집단원 장원이(여)에게 지지를 받기를 원했다. 두 사람 다 같은 지역 출신이기 때문에 미나는 장원이를 의지하고 싶어 했다. 장원이는 차분하고 믿음직한 느낌을 주는 사람으로 미나뿐만이 아니라 다른 집단원들도 도움이 필요할 때 제일 먼저 장원이에게 요청했다. 그러나 장원이는 자신의 문제에 깊이 몰두하고 있어 지지적인 방식으로 반응하지 못했다. 집단이 진행되면서 미나의 말에 장원이가 담담한 어조로 객관적인 반응했다. 그러자 미나는 장원이에 대해서 서운함과 불만에 대해서 표현했다. 그러자 장원이도 화가 났고 방어적이 되었다. 장원이는 미나가 자신뿐 아니라 집단원에게 많은 것을 기대하고 바라는 점에 대해서 언급하면서 이런 것이 장원이를 사실은 불편하게 만들었다고 했다. 그러자 미나는 장원이는 지나치게 객관적이고 차갑고 정서가 메말랐으며 자신에게만 집중되어 있고 다른 사람을 배려하지 않는 것이라고 비난했다.

미나: (떨리는 목소리로) 장원 씨, 같은 지역 출신이라는 공통점이 있어서 그런지, 내 고충을 조금 더 잘 이해해 줄 줄 알았어요. 저는 제 입장에 대한 따뜻한 공감이 필요했는데 지금 장원 씨가 하는 말은 되게 건조하고 객관적이네요.

장원: (담담하게) 미나 씨, 당신 마음은 이해하지만 항상 따뜻한 반응을 기대하는 것은 좀 음...... 지나친 것 같아요.

미나: 제 문제를 해결해 달라는 것도 아니고 음...... 저는 그냥 친구, 특히 서로를 지지해 줘야 하는 이 공간에서 이해한다고 말해 줄 사람이 필요했어요.

장원: (방어적으로) 아, 또 똑같은 일. 이 그룹에 있는 사람들은, 그리고 회사에서도 사람들도 제가 따뜻할 거라고 자기들이 추측하고서는 저한테서 따뜻한 말을 기대해요. 저는 사실 그렇게 따뜻하고 사려 깊은 사람이 아니에요. 사람들이 원하는 대로 그렇게 반응하고 싶지도 않아요. 저는 침착한 태도로 대처하는 편이에요. 내가 항상 다른 사람들이 원하는 방식으로 반응해야 되는 것은 아니잖아요?

미나: 저는 그렇게 말한 적 없어요. 장원 씨가 항상 따뜻해야 한다거나, 다른 사람에게 맞추라고 말한 뜻은 아니었어요. 하지만 이렇게 스스로 원하는 방식을 고집하면서 스스로를 차단하는 건 자신을 보호하는 게 아니라 자신을 진정으로 아끼는 사람들로부터 자신을 고립시키는 일이에요.

장원: (침착함을 유지하지만 단호하게) 미나, 그렇게 보일 수도 있지만 객관적이고 침착한 태도는 내가 내 안의 혼란스럽고 불편한 감정을 다스리는 방법이에요. 어려움이 있을 때 스스로 조절하고 달래는 것이 성숙한 자세 아닐까요? 항상 조력자나 지지자들로부터 따뜻한 위로를 받으려고만 하면 너무 의존적인 사람이 되지 않을까요? 그리고 다른 사람들에게 그건 부담을 주는 거예요. 각자 자신만의 삶의 숙제나 어려움이 있는데 다른 사람들을 더 힘들게 하는 거잖아요.

1. 집단에서 어떤 역동이 일어나고 있는지 정의해 봅시다.

2. 이 역동을 집단 전체의 역동 수준에서 분석해 봅시다.

3. 개입 전략을 논의해 봅시다.

4. 개입 시 주의해야 할 점은 무엇일까요?

_____

_____

_____

_____

5. 개입과 집단과정에서 발생 가능한 어려움을 예상하고 대처 전략을 세워 봅시다.

_____

_____

_____

_____

6. 개입 시 주의해야 할 점은 무엇일까요?

_____

_____

_____

_____

7. 개입과 집단과정에서 발생 가능한 어려움을 예상하고 대처 전략을 세워 봅시다.

_____

_____

_____

_____

2) 실습하기

1. 리더, 코리더, 집단원들로 역할을 나누어 실습해 봅시다.

_____

_____

2. 리더, 코리더로 느낀 점을 나누어 봅시다.

_____

_____

_____

3. 집단원으로서 느낀 점을 나누어 봅시다.

_____

_____

_____

4. 개입하는 리더의 개입에 대해서 느낀 점을 나누어 봅시다.

_____

_____

_____

5. 본 사례에서의 치료적인 요인을 찾아봅시다.

_____

_____

_____

6. 사례의 개입에서 보완하거나 추가할 내용에 대해서 논의해 봅시다.

_____

_____

3) 전체 사례 나누기 & 사례 개입 모델링

1. 각 조별로 실습 사례에 대해 좋았던 점에 대해서 나누어 봅시다.

_____

_____

_____

_____

2. 실습 과정에서 개입에서 어려웠던 점에 대해서 나누어 봅시다.

_____

_____

_____

_____

3. 전문가의 사례 개입 모델링을 보고 느낀 점을 나누어 봅시다.

_____

_____

_____

_____

4. 모델링을 보고 질문이 있다면 정리해 봅시다.

_____

_____

_____

_____

집단 역동의 치유적 효과에 대한 뇌과학적 해석

집단에서 우리는 정서적인 교류를 하고 수용받고 위로받는 치유적인 경험을 하게 된다. 뿐만 아니라 내가 다른 사람을 돌볼 수 있고 내가 다른 사람들을 돌보고 도움을 줄 수 있음을 경험한다. 나의 행동이 다른 사람들에게 위로와 도움을 줄 수 있다는 것을 자각하는 경험은 스스로에게 만족감과 자신감을 준다. 이때 뇌에서 일어나는 반응은 매우 강렬하다. 옥시토신은 종종 '사랑 호르몬'으로 불리며, 신뢰, 친밀감, 사회적 유대감을 강화하는 역할을 한다. 사람 간의 유대감 형성이나 친밀한 관계에서 중요한 역할을 하며, 이타적인 행동과 타인을 돕는 행위를 할때 분비된다. 누군가를 돕거나 배려하는 행동을 할 때 신체는 이러한 사회적 상호작용을 긍정적으로 인식하여 옥시토신을 분비한다. 이 호르몬은 타인과의 유대감을 강화하고 친밀감을 높이며, 더 많은 이타적 행동을 하도록 동기를 부여하는 역할을 한다.

도파민은 동기 부여와 보상 시스템에 관여하는 호르몬이다. 특히, 목표 달성이나 긍정적인 행동의 결과로 분비되며, 도파민의 증가로 인해 기쁨과 만족감을 느끼게 된다. 집단 내에서 타인을 돌보는 이타적인 행동은 다른 집단원들로부터 긍정적인 감정을 유발하게 된다. 이로 인해 사회적으로 다양한 긍정적인 보상, 즉 비언어적인 호감의 표현, 감사의 표현, 존중과 지지와 같은 다양한 정서적인 경험을 하게 된다. 이런 경험은 도파민의 증가로 이어지며 기쁨과 만족감을 경험하는 기회를 제공한다.

이렇게 이 두 호르몬의 결합은 타인을 돕는 행위에서 나타나는 보람과 행복감을 설명한다. 타인을 돕는 행동은 옥시토신 분비를 촉진하여 신뢰와 유대감을 강화하고, 도파민은 그 행동으로 인해 보상받았을 때 기쁨을 느끼게 하여 이러한 행동을 지속하게 하는 강력한 동기를 부여하게 된다.

타인에게 도움을 줄 수 있는 사람이라는 경험은 자신에 대한 긍정적인 평가와 행동의 변화를 가져오고 이는 자신감과 자기만족, 자존감의 향상으로 이어지는 선순환을 만들어 낸다. 이것이 집단 내에서 다양한 상호작용이 갖는 강력하고 치유적인 힘이다. 즉, 개인이 집단에서 이타적인 행동을 통해 얻는 긍정적 감정은 그 집단 내에서의 유대와 협력을 강화하고, 개인과 집단 모두에게 긍정적인 영향을 미치는 중요한 요소로 작용하게 된다. 이것이 집단이 갖는 치유적 역동의 의미이며 옥시토신과 도파민의 상호작용으로 더욱 강렬하고 지속적인 동기 부여가 된다. 어쩌면 인류는 이 두 호르몬의 결합으로 지금까지 생존한 것인지도 모른다.

참고문헌

Vuorisalmi, E. (2025). *The healing power of hormones: Harness dopamine, serotonin, and oxytocin to unlock your best life*. Vermilion.

제**4**장

어려운 집단원

1. 어려운 내담자의 역동 중에서 독점자, 구원자, 주지화에 대해서 이해하고 개입하는 방법에 대해 탐색한다.
2. 실습을 통해서 독점자, 구원자, 주지화 역동을 경험하고 학습한 개입 방법을 적용해 볼 수 있다.
3. 개입 시 발생할 수 있는 어려움을 예측하고 대처 방법에 대해 이해할 수 있다.

– 집단에서 경험하게 되는 어려운 내담자로 인한 역동에는 어떤 것들이 있을까요?
– 어려운 집단원은 어떤 면에서 개입하기 힘들었나요?
– 어려운 집단원에게 어떤 개입 전략으로 대처하였나요?
– 어려운 집단원으로 인해 집단 역동에는 어떤 변화가 생겼나요?

집단상담의 효과는 개별 집단원들이 현재 경험에 참여하고 삶의 도전에 직면하고 이해하며 집단 내 상호작용을 통해 발전하는 정도에 따라 달라진다. 집단의 발달 과정에서 특정 집단원은 집단상담자가 개입하기 어렵거나 도전이 되는 행동을 한다. 이런 행동은 직간접적으로 집단의 발달 과정과 역동에 부정적인 영향을 미치는 경우가 많다. 집단의 응집력이 저하되거나 생산적인 집단의 발달을 방해하기도 한다. 그러나 상담자는 이런 집단원을 범주화하거나 낙인찍지 않도록 주의할 필요가 있다. 또한, 집단상담자는 이런 문제행동을 비난하거나 비판하는 대신 치료적 개입의 기회로 활용하여 진술하고 건설적인 방식으로 다룰 수 있어야 한다. 특히, 이런 행동은 집단의 역동성, 상담자의 접근 방식, 집단원 간의 상호작용 등 다양한 요인에 의해 형성되기 때문에 이를 해결하는 것은 간단하지 않다. 때문에 집단상담자는 이런 행동이 집단 역동에 미치는 영향과 대처 방법에 대해 잘 알고 있어야 한다.

1. 어려운 내담자의 역동에 대한 이해

1) 어려운 집단원이 보이는 (문제)행동 패턴과 역할

어려운 집단원의 행동 패턴과 역할은 그들의 일상생활에서의 역할 및 대인관계 패턴과 매우 밀접하게 연관되어 있다. 이러한 행동 패턴에 대한 이해는 집단원에 대한 깊은 통찰을 제공하며, 이들이 가진 문제를 해결하는 데 중요한 단서를 제공한다. 이를 통해 집단상담자는 집단원의 인간적 성장을 돕는 자료로 활용할 수 있다. 예를 들어, 집단에서 끊임없이 말을 많이 하는 '독점자' 유형의 집단원이 있다면, 이는 그들의 일상생활에서도 주도적인 역할을 하려는 경향이 반영된 것일 수 있다. 이러한 행동 패턴을 이해함으로써 상담자는 이들이 왜 이러한 행동을 보이는지, 그리고 이를 어떻게 다루어야 할지를 더 잘 파악할 수 있다(강진령, 2019a).

2) 집단과정에서 야기되는 갈등과 문제 상황

어려운 집단원들은 직간접적으로 집단에 부정적인 영향을 미칠 수 있다. 집단상담자는 집단에서 발생할 수 있는 집단원의 문제행동의 종류, 이것이 집단에 미치는 영향, 그리고 이에 대한 대처 방안을 알고 있어야 한다. 예를 들어, 집단 내에서 빈번하게 비판을 하거나 빈정대는 '공격자' 유형의 집단원은 다른 구성원들에게 스트레스를 줄 수 있으며, 이는 집단의 응집력과 신뢰를 저하시킬 수 있다. 이러한 갈등과 문제 상황에 초점을 맞추고 이를 확인하고 탐색하는 것이 중요하다. 집단상담자는 이러한 문제행동이 나타날 때 이를 인식하고 적절히 개입하여 집단의 건강한 상호작용을 촉진해야 한다.

3) 어려운 내담자 유형

어려운 내담자의 유형은 다양하며, 각 유형에 따라 다르게 접근할 필요가 있다. Earley(2004)와 Corey 등(2012)은 여러 유형의 어려운 내담자를 설명하고 있다.

(1) 공격자
공격자는 다른 집단원들의 생각과 행동에 대부분 반대하며, 가시 있는 농담, 비판, 빈정댐 등을 통해 부정적인 에너지를 발산한다. 이들은 종종 집단 내에서 적대적인 분위기를 조성하며, 다른 집단원들이 자신의 의견을 자유롭게 표현하는 것을 어렵게 만든다. 공격자는 자신의 불안이나 분노를 다른 집단원들에게 투사함으로써 갈등을 유발한다. 이로 인해 집단의 응집력과 신뢰가 저하될 수 있으며, 집단상담자는 이러한 행동을 중재하고 긍정적인 상호작용을 촉진해야 한다.

(2) 독점자
독점자는 집단에서 끊임없이 이야기하며, 주제가 집단과 관련이 없더라도 말을 계속 이어나간다. 이들은 집단 내에서 주도권을 잡으려는 경향이 있으며, 다른 집단원들이 발언할 기회를 제한한다. 독점자는 종종 자신의 불안이나 중요성에 대한 욕구를 충족시키기 위해 이러한 행동을 보인다. 집단상담자는 독점자의 발언을 적절히 조절하고, 다른 집단원들에게도 발언 기회를 제공함으로써 집단 내의 균형을 유지해야 한다.

(3) 희생양

희생양은 집단 내에서 배척당하고 매도당하는 집단원으로, 다른 집단원들의 공격과 판단의 대상이 된다. 이들은 종종 집단 내에서 부정적인 감정의 표출 대상이 되며, 이러한 역할로 인해 더욱 고립감을 느낄 수 있다. 희생양은 자신의 낮은 자존감이나 불안으로 인해 이러한 위치에 놓이게 되는 경우가 많다. 집단상담자는 희생양의 위치를 인식하고, 집단원들이 서로를 이해하고 지원할 수 있도록 도와야 한다.

(4) 우월한 태도

우월한 태도를 가진 집단원은 자신이 마치 성인이나 도덕군자인 것처럼 높은 위치에서 다른 집단원을 판단하거나 비판한다. 이들은 자신의 우월성을 나타내기 위해 다른 사람들을 비난하거나 무시하는 경향이 있다. 이러한 태도는 집단 내의 갈등을 유발하고, 다른 집단원들이 불편함을 느끼게 할 수 있다. 집단상담자는 이러한 집단원이 자신의 태도가 집단에 미치는 영향을 인식하도록 도와야 한다.

(5) 방해자

방해자는 집단에서 논의되어야 할 주제에 매우 엄격하고, 집단 전체의 소망에 저항하며 그 과정을 방해하는 경향이 있다. 이들은 주로 자신의 불안이나 두려움을 감추기 위해 이러한 행동을 보인다. 방해자는 집단의 진행을 지연시키고, 다른 집단원들이 논의에 집중하지 못하게 만든다. 집단상담자는 방해자의 행동을 이해하고, 이들이 더 건설적인 방식으로 참여할 수 있도록 유도해야 한다.

(6) 인정 추구자

인정 추구자는 자신이 가진 것들을 자랑하는 데 에너지를 쓰며, 자신에게로 주의를 향하게 하려고 노력한다. 이들은 자신의 업적이나 소유물에 대해 과도하게 강조하며, 다른 집단원들의 인정을 받으려 한다. 이러한 행동은 집단 내에서 질투나 경쟁을 유발할 수 있다. 집단상담자는 인정 추구자가 자신의 가치를 다른 방식으로 발견하고, 집단 내에서의 상호작용을 통해 진정한 자존감을 형성할 수 있도록 도와야 한다.

(7) 플레이보이/걸

플레이보이/걸은 집단 활동에 무관심하거나 냉소적인 태도를 보이며, 수용적인 집단 분위기 형성을 방해한다. 이들은 종종 집단 내에서 주의를 분산시키고, 집단원들의 참여를 저해한다. 이러한 태도는 집단의 집중력과 생산성을 떨어뜨릴 수 있다. 집단상담자는 플레이보이/걸이 집단 활동에 의미를 부여하고, 더 적극적으로 참여할 수 있도록 동기부여를 해야 한다.

(8) 좋은 사람 되기-정보 제공자

좋은 사람 되기-정보 제공자는 다른 사람들에게 도움이 되는 일을 하여 자신의 이미지를 향상시키려 노력한다. 이들은 종종 과도하게 정보를 제공하거나, 다른 사람들을 도우려는 태도를 보인다. 이러한 행동은 때로는 집단 내에서 불균형을 초래하고, 다른 집단원들이 자신의 감정을 표현하는 것을 어렵게 만들 수 있다. 집단상담자는 이러한 집단원이 자신의 동기를 이해하고, 더 균형 잡힌 방식으로 참여할 수 있도록 도와야 한다.

(9) 상처 싸매기-일시적 구원자

상처 싸매기-일시적 구원자는 타인을 위로하고 지지하는 반응을 보이지만, 이는 타인의 고통을 지켜보는 것이 어려워 나타나는 피상적인 지지 행위로 나타난다. 이들은 다른 집단원의 부정적인 감정 표현을 가로막으며, 진정한 감정 표현을 방해한다. 집단상담자는 상처 싸매기-일시적 구원자가 자신의 행동이 집단에 미치는 영향을 이해하고, 더 진정성 있는 지지와 공감을 제공할 수 있도록 도와야 한다.

이러한 다양한 유형의 어려운 내담자들은 집단상담에서 독특한 도전과제를 제시한다. 집단상담자는 각 유형의 집단원이 보이는 행동 패턴을 이해하고, 이를 효과적으로 다루기 위한 전략을 개발해야 한다. 이를 통해 집단 내의 긍정적인 상호작용을 촉진하고, 모든 집단원들이 성장과 변화를 경험할 수 있도록 도울 수 있다(Earley, 2004; Corey et al., 2012).

2. 어려운 내담자 역동 1-독점자

1) 문제행동 패턴

독점자는 집단 상담에서 쉴 새 없이 말하려고 하는 행동 패턴을 보인다. 이들은 침묵을 불안하게 느끼며, 다른 사람이 말을 하면 다양한 방식으로 다시 끼어들려 한다. 독점자는 "나도 그래요"라고 집단의 거의 모든 언급에 반응하며, 침묵의 순간에 분별없이 뛰어들기도 한다. 또한, 이들은 다른 사람과의 대화나 상황에 대해서 자세하고 끈질기게 묘사하거나 설명하면서 다른 집단원들을 지루하게 만들기도 한다.

2) 집단원의 성장과 변화 평가

독점자의 행동 변화와 성장을 평가하기 위해서는 집단의 초기 상태와 현재의 차이를

※ 독점자가 하는 문제행동의 기능 파악을 위한 개입 방법

- 나는 당신이 내 이야기에 귀 기울여 주기를 원합니다. 왜냐하면 _____
- 나는 여기서 말하고 싶은 것이 많은데, 그 이유는 _____
- 내가 말을 많이 하는 이유는 _____
- 다른 사람들이 내 이야기에 귀 기울이지 않으면, 나는 _____한 느낌이 듭니다.
- 만일 내가 _____을 이야기하지 않는다면 _____
- 만일 내가 다른 집단원들에게 _____을 이야기 한다면, _____

독점자를 '나'로 놓고 문장을 완성해 보면 독점자의 심리를 이해하는 데 도움이 됨.

비교하여 집단원이 무엇을 학습하였는지 평가하는 것이 중요하다. 집단원의 변화에 대한 격려와 지지를 통해 이러한 변화를 강화하고, 집단 밖에서 새롭게 시도할 행동에 대해 희망을 갖도록 지지하는 것이 필요하다.

3) 독점적 문제행동의 원인 탐색

독점자의 문제행동은 여러 가지 원인에 기인할 수 있다. 첫째, 집단참여에 대한 불안감으로 인해 이러한 역기능적 표현이 나타날 수 있다. 둘째, 다른 집단원들의 주목을 받고 싶은 강렬한 욕구가 이러한 행동을 유발할 수 있다. 독점자는 사회적 감각체계에 문제가 있는 것처럼 보이며, 자신의 행동이 대인관계에 어떤 영향을 주고 있는지, 다른 사람들이 자신에게 보이는 반응에 대해서도 의식하지 못하는 경향이 있다. 셋째, 일상에서 다른 사람들에게 무시당하며 살아온 경험이 이러한 방어적 표현으로 나타날 수 있다. 넷째, 집단에 대한 통제를 유지하려는 시도에서 비롯된 행동일 수 있다. 마지막으로, 독점자는 일상에서 관심을 받았지만, 그 관심이 자신의 수행이나 성취, 부모의 기대에 부응했을 때 받았던 칭찬의 형태로 이루어졌기 때문에 이러한 속성을 반복하려는 경향이 있다.

4) 집단에 영향을 미치는 단계별 과정

독점자의 존재는 집단의 초기 단계에서 침묵에 대한 부담감과 의무감을 덜어 주는 존재로 환영받거나, 독점하도록 부추김을 받는다. 그러나 곧 좌절과 분노로 발전하게 된다. 소극적인 집단원들은 묵묵히 숨 막혀 하거나 간접적으로 적대적 공격을 가하게 된다. 이러한 과정은 집단 내에 긴장과 경계, 불만의 분위기를 형성한다. 강박적인 독점은 불안을 다루려는 시도이기 때문에, 간접적으로 공격하는 분위기는 독점자의 불안을 고조시키고, 말하려는 경향도 강박적으로 증가하게 된다. 이는 집단의 응집력에 치명적인 영향을 미치며, 간접적이고 핵심에서 벗어난 싸움, 냉소적이거나 철회, 하위 집단 형성과 같은 집단 붕괴의 징조로 표현될 수 있다. 집단이 적극적으로 독점자를 직면할 때, 이는 흔히 강하고 공격적인 양상을 띠게 되며, 집단의 대변자는 모두의 지지를 받게 된다.

이에 독점자는 뾰루퉁해지며, 완전 침묵을 지키거나 철회자가 될 수 있다.

5) 개입 방법: 개인적 수준

개인적 수준에서의 개입 원칙은 독점자를 조용히 시키려 해서는 안 된다는 것이다. 독점자가 강박적으로 말하는 이유는 자기를 은폐하는 방식임을 고려해야 한다. 독점자는 관심을 끌기 위해 혹은 자신의 위치를 정당화하기 위해, 불평하기 위해 이러한 방식을 선택한 것이지, 독점자 자신의 문제가 반영된 것이 아님을 인식해야 한다. 독점자는 관심 받고 싶고 통제하고 싶은 욕구를 충족시키기 위해 치료적 기회를 희생하고 있는 것이다. 따라서 상담자는 독점자가 강박적인 독점으로 집단으로부터 거리를 두고 있으며, 다른 사람들이 의미 있는 관계를 맺지 못하도록 막고 있다는 것을 전달할 필요가 있다. 독점자가 자기 반추할 수 있도록 개입하고, 독점자가 집단에서 원했던 반응과 현재의 반응을 비교하게 하며, 대인관계에서 갖는 어려움과 집단에 참여하게 된 이유들을 고려하고 토론하도록 돕는다. 이러한 개입은 반복적이고 부드럽게 이루어져야 하며, 독점자가 받아들일 수 있는 시기에 맞춰 진행되어야 한다.

6) 개입 방법: 집단적 수준

집단적 수준에서의 개입은 독점적 내담자가 집단의 역동과 함께 존재함을 인식하는 것이다. 상담자는 집단원들이 독점자가 역할을 수행하도록 어떤 기여를 했는지 질문함으로써 수동적인 희생자로 생각했던 집단원들을 경각시키게 한다. 독점적인 내담자로 인해 집단의 침묵에 책임지지 않아도 된다는 편안함을 느꼈고, 독점자가 혼자 전부를 개방하도록 하여 자신의 문제를 개방하지 않아도 된다는 안도감을 느끼게 한다. 특정 집단원이나 치료자가 공격을 할 지 모른다는 두려움으로 회피하는 경향이 있으며, 이는 집단 전체의 역동에 부정적인 영향을 미칠 수 있다. 희생당하고 배척당하는 소수가 아닌 대다수의 일원임으로 소속감을 느끼도록 돕는 것이 중요하다.

7) 상담적 고려 사항

상담적 고려 사항으로는 독점자의 관심 욕구를 다루는 것이 중요하다. 독점자는 집단의 많은 시간을 차지한 것에 대해 비난받는 것을 특히 부끄럽게 여긴다. 독점자들은 대개 상처받기 쉬운 패턴을 가지고 있으며, 자신에 대한 피드백을 건설적으로 받아들이기 어려워한다. 독점에 대한 직면이나 피드백에 대해 부끄러워하여 무너지거나 위축되거나, 자신을 방어하려는 경향이 있다. 집단상담자는 독점자가 자신의 문제에 대해 수치심을 가질 필요가 없다는 것을 알려 주고, 집단의 주의를 돌려 집단 초기이거나 독점자가 받아들일 준비가 되어 있지 않을 경우에 이를 고려해야 한다. 상담자는 다른 집단원들이 독점자에게 어느 수준 이상의 직면을 주지 않도록 주의하고, 집단독점의 문제는 다른 사람들이 가진 문제들과 다를 바 없다는 것을 강조해야 한다.

8) 상담자가 경험하게 되는 역동 및 해야 될 역할

상담자는 독점자를 중단시키고 싶은 유혹을 느낄 수 있지만, 권위나 명령으로 중단시키는 방식은 일시적인 감정정화 외에 집단에 가치를 주지 않는다. 상담자가 독점자에 대한 강압적 방법을 쓰면 다른 집단원들도 위협을 느끼고 침묵하게 되며, 독점자 같은 대상이 될 수 있다는 불안을 경험하면서 집단의 분위기를 저해할 위험이 있다. 상담자는 집단원이 다루기 어려운 역동임을 인지하고, 문제를 제기하며 집단에 역기능적인 규준이 생기는 것을 막아야 한다. 독점자가 사회적인 자살을 하는 것을 막기 위한 개입을 해야 하며, 독점자와 독점하도록 허용하는 집단 모두를 고려한 개입이 필요하다. 이는 독점자의 위험을 감소시키고, 각 집단원이 현재 상황에 기여했다는 것을 설명하는 방식으로 진행되어야 한다.

3. 어려운 내담자 역동 2-일시적 구원자

1) 문제행동 패턴

일시적 구원자는 다른 집단원의 상처를 어루만지고, 고통을 덜어 주며, 기분을 좋게 해 주려고 노력하는 행동 패턴을 보인다. 이러한 행동은 표면적으로는 다른 집단원을 보살피는 것처럼 보이지만, 실제로는 상처를 호소하는 집단원이 자신의 느낌과 고통스러운 경험을 탐색할 수 있는 기회를 박탈하는 결과를 초래한다. 이로 인해 진정한 의미의 돌봄, 관심, 또는 공감을 받을 수 있는 기회가 사라지게 된다. 이러한 행동은 다른 집단원의 상처와 고통을 지켜보는 것이 어려워 사전에 이를 봉쇄하려는 시도의 일환으로 해석될 수 있다.

※ **상처 싸매기(일시적 구원자)가 하는 문제행동의 기능 파악을 위한 개입 방법**

- 구원자가 ○○의 고통에 대해서 들었을 때 어떤 생각/느낌이 들었는지 궁금합니다.
- 만일 ○○가 이곳 집단에서 자신의 고통에 대해서 이야기하지 않는다면, 어떻게 될 것 같나요?
- 만일 구원자가 다른 집단원들에게 나의 고통과 상처를 이야기한다면 무슨 일이 일어날 것 같나요?
- 만일 내가 다른 집단원들에게 _____을 이야기한다면, _____
- ○○가 자신의 고통을 드러내어 집단원들에게 이야기하고, 피드백을 받는 것을 보니 구원자는 어떠했나요?
- ○○가 자신의 고통을 집단과 나누는 것이 어떤 의미가 있을까요?
- 구원자가 ○○에게 했던 피드백은 ○○의 고통을 지켜보기 어려워서였나요, ○○가 경험하는 고통에 대한 공감을 전달하고 싶어서였나요?

2) 문제행동의 원인 탐색

일시적 구원자가 보이는 문제행동은 자신의 고통과 직면하는 것을 피하기 위해서 문제를 호소하는 집단원을 돕는 가식적인 지지 행위에서 비롯된다. 이는 상처를 치료하지 않고 일회용 밴드를 붙여 가리려는 행동과 유사하다. 일시적 구원자는 다른 집단원의 고통을 줄여 주면서 자신도 마음의 안정을 취하려는 무의식적인 욕구를 표현하는 것으로 볼 수 있다. 이들은 고통스러운 경험을 드러내고 다른 집단원들과 함께 나누는 것이 가진 치료적 효과를 인식하지 못하고 있으며, 고통을 표현하려는 집단원의 주의를 다른 곳으로 돌리려는 시도이기도 하다.

3) 집단에 영향을 미치는 단계별 과정

일시적 구원자의 행동은 집단 초기 단계에서 집단원이 자신의 고통과 부정적인 감정을 표출할 수 있는 기회를 놓치게 하며, 집단이 피상적이고 얕은 수준에서 서로에게 위로를 건네고 상처를 덮게 만드는 결과를 초래한다. 이는 깊이 있는 탐색을 지연시키거나 방해하게 된다. 안전한 분위기 속에서 신뢰할 수 있는 사람들에게 자신의 고통스러운 경험을 드러내는 것이 문제 해결과 변화의 시작으로 집단에서 필수적인 과정인데, 일시적 구원자의 상처 싸매기는 내담자가 자신의 고통을 드러내기 위해 심리적 저항을 이기고 용기를 내는 시도를 가로막게 된다.

4) 개입 방법: 개인적 수준

개인적 수준에서의 개입 원칙은 일시적 구원자의 지지나 위로에 대해 즉각적으로 반응하지 않는 것이다. 구원자가 상처를 싸매는 이유는 자신이 상처를 경험하는 것을 피하기 위한 방식임을 고려해야 한다. 구원자의 방식은 고통을 덮고 괴로움을 피하기 위한 위로이지, 집단원의 고통에 대한 이해나 공감이 반영된 것이 아니다. 중요한 점은 일시적 지지가 집단원이 자신의 고통을 드러내고 표현하는 과정을 통해 집단에서 공감받고 이해받으면서 치유될 수 있는 기회를 빼앗고 있다는 것을 전달하는 것이다. 구원자가 집단원이 드러낸 고통에 대해 어떻게 느끼고 생각하는지 스스로 반추할 수 있도록 개입하고, 이 과정에서 무엇을 인식하고 느끼고 경험하고 있는지 질문을 통해 표현하도록 독려해야 한다. 구원자가 자신의 상처 싸매기 행동을 인식하고, 과거의 경험과 연결할 수 있도록 촉진해야 한다.

5) 개입 방법: 집단적 수준

집단적 수준에서의 개입 원칙은 집단의 안전한 분위기 속에서 집단원이 자신이 억압하거나 회피해 왔던 미해결된 감정을 표현하고 재해석 및 재경험하도록 돕는 것이다. 집단원이 스스로를 회피해 오면서 억눌렀던 감정을 집단에서 드러내면서 집단원들의 지지와 피드백을 받고, 자신의 고정된 반응 양식에 대해 인식할 수 있도록 해야 한다. 부정적인 정서를 표출함으로써 얻는 치료적 경험은 치유에 대한 희망을 고취시키고, 집단원들이 함께 경험을 공유하면서 치료적인 분위기를 형성한다. 이는 자신의 감정을 드러내는 위험을 감수할 동기를 부여한다.

6) 상담적 고려 사항

일시적 구원자 역동이 잘못된 참여나 변화되어야 할 미숙한 모습으로 개념화되지 않도록 집단적 압력이 행사되는지 상담자가 인식하고 있어야 한다. 일시적 구원자가 자신의 상태에서 생각과 느낌에 대해 말할 수 있도록 촉진해야 하며, 고통을 드러내는 것에 대한 두려움을 치유의 기회로 전환시킬 수 있도록 도와야 한다. 이는 자신에게 공감하고 이해받는 시간이 가지는 가치를 강조하는 방향으로 진행되어야 한다.

이러한 개입 방법과 고려 사항들은 집단상담에서 일시적 구원자가 보이는 문제행동을 효과적으로 다루고, 이들이 집단 내에서 더 건강한 방식으로 상호작용할 수 있도록 돕는다. 이는 집단 전체의 치료적 효과를 극대화하고, 모든 집단원이 자신의 경험을 충분히 탐색하고 치유할 수 있는 환경을 조성하는 데 기여할 것이다.

4. 어려운 내담자 역동 3-주지화

1) 문제행동 패턴

주지화는 집단 내에서 감정을 노출하는 대신 인지적인 부분만을 언급하며 지적으로 접근하려는 태도를 의미한다. 이는 감정에 저항하는 일종의 자아 방어 형태로, 일상생활 뿐만 아니라 집단 내에서도 흔히 나타나는 현상이다. 주지화를 사용하는 집단원은 차갑고 냉정한 사람, 평가하고 분석하는 사람으로 느껴진다. 이들은 매사에 감정 표현을 억제하고 이성적으로 대하는 특성을 보인다.

2) 문제행동의 원인 탐색

인간은 일상생활에서 많은 부분 지적 능력을 사용해 사고하고 분석하지만, 주지화를 감정을 경험하지 않기 위한 방어 수단으로 사용할 때 개인의 삶에서 기능적인 문제를 일으킬 수 있다. 집단원은 불안, 자아에 대한 위협, 불편한 감정과 충동 같은 부정적인 정서를 억누르기 위해 관련된 감정을 직접 경험하는 대신에 궤변 또는 분석적 사고 같은 인지 과정을 통해 해소하려고 노력한다. 이는 개인이 자신을 보호하고자 하는 적응기제로 이해될 수 있다.

3) 집단에 영향을 미치는 단계별 과정

주지화는 집단 내에서 정서적인 영향을 받을 만한 주제를 지적인 관심만 가진 것처럼 설명하고 해석하게 되어, 다른 집단원들에게 지루한 경험을 하게 만든다. 주지화에 대한 집단원들의 비언어적 반응이 시작되며, 표정과 몸짓, 하품을 하거나 피드백을 주지 않고 침묵하는 등의 반응이 일어난다. 다른 집단원들은 주지화하는 집단원의 눈치를 보고 의식하게 되어 집단 분위기가 경직된다. 주지화하는 집단원은 자신이 용납하기 어려운 감정을 표현하기 두려워 인지적으로 감정을 다루려는 경향이 있으며, 그로 인해 다른 집단원들은 주지화하는 집단원이 무엇인가 숨기고 있다는 인상을 받게 된다. 이러한 특성은 집단 내에서 주지화하는 집단원이 자신을 관찰하고 있거나 감시하는 듯한 인상을 주어, 전체 집단의 분위기가 경직되게 만든다. 이는 집단원들 간의 감정 표현을 억제하고 지적인 측면에만 초점을 맞추게 하여, 집단이 자신의 감정을 자유롭게 표현할 수 없고 자기개방을 가로막는 분위기를 형성하게 된다. 이로 인해 집단원 간의 라포와 신뢰감 형성이 어려워질 수 있다.

4) 개입 방법: 개인적 수준

개인적 수준에서의 개입 원칙은 주지화가 바람직하지 않다는 것을 공개적으로 강조하지 않는 것이다. 인지 작업과 정서 작업을 통합하도록 촉진하고, 대인관계에서 인지 능력을 활용하면서도 정서 차원의 소통 능력을 기르는 것이 어떤 도움이 되는지 인식할 수 있도록 돕는다. 역할 연습이나 모델링을 통해 특정 사건을 재경험하게 함으로써 자신이 말하는 내용과 관련된 감정을 인식하고 직접 경험하며 정리해서 표현할 수 있도록 돕는다. 이러한 과정을 통해 집단원은 내면의 신호와 감정을 인식하기 시작하며, 자기이해와 자기수용이 비로소 시작된다.

5) 개입 방법: 집단적 수준

집단적 수준에서의 개입은 주지화를 사용하는 집단의 분위기가 확대되면서 인지적인 측면에 집중하는 집단의 역동에 주목하고, 이에 대해 질문을 던지며 인식하게 하는 것이다. 집단의 소통 방식이 정서적인 부분에 초점을 맞추도록 개입하며, 주지화하는 집단원이 자신의 감정을 표현할 수 있도록 촉진해야 한다.

6) 상담적 고려 사항

주지화가 부정적인 감정을 통제하지 못하는 두려움으로 인한 방어기제라는 점을 이해해야 한다. 낙인 효과를 주의해야 하며, 인지적인 부분만을 언급한다고 해서 주지화하는 내담자가 정서적인 부분을 느끼지 않는 것은 아니다. 내담자가 사고와 감정이 단절된 상태라거나 감정으로부터 분리된 상태라는 낙인을 찍지 않도록 주의해야 한다. 주지화하는 방식에 대해 비난하지 않도록 주의가 필요하다.

7) 상담자가 경험하게 되는 역동 및 대처 방법

상담자는 주지화하는 내담자가 정서를 인식하고 표현하도록 촉진하는 압력을 느낄 수 있다. 이는 내담자의 대처 방식을 부정적으로 평가하고, 대처 방식을 개선시켜 정서와 인지를 통합시키고자 하는 방향성으로 내담자를 이끌고 싶은 유혹이 포함될 수 있다. 상담자는 내담자의 주지화가 자신을 보호하고 적응시키기 위한 방어 및 적응기제임을 존중해야 한다. 낙인 효과가 생기지 않도록 집단 분위기를 관찰하고 개입하며, 주지화와 함께 정서를 통합할 수 있도록 촉진해야 한다.

어려운 내담자 역동에 대한 경험 나누기

1. 내가 경험한 어려운 내담자 역동은 어떤 상황에서 일어났는지 정리해 봅시다.

_____

_____

_____

_____

2. 그 내담자의 유형을 분류하고 문제행동의 원인에 대해 분석해 봅시다.

_____

_____

_____

3. 대처 방안에 대해 정리해 봅시다.

_____

_____

_____

_____

_____

4. 상담자로서 어려웠던 점과 예상되는 어려움에 대해 정리해 봅시다.

_____

_____

_____

_____

_____

※ 조별로 제시된 시나리오를 바탕으로 '독점에 대한 역동'에 대한 개입을 연습해 봅니다.

 사례

집단 초기부터 집단원 A는 부모와의 관계에서 받은 상처에 대해 적극적으로 이야기한다. 심각한 내용이지만 적절한 유머를 사용하고 사람을 집중시킬 수 있는 전달력으로 집단원들에게 관심을 받는다. 집단원 A가 자신의 이야기를 꺼내면 대부분의 집단원들이 경청하고 관심을 갖고 질문하는 상호작용이 이루어진다. 하지만 다른 집단원들의 장에서도 공감 후 경험을 나누면서 자신에 이야기로 자연스럽게 끌어오는 부분이 자주 목격되었다. 6회기가 진행되는 중 다른 집단원(B)의 이야기가 끝나고 침묵이 흐르자, '이제 제 얘기를 해도 될까요?'라는 말과 함께 자신의 이야기를 꺼내기 시작했다. A가 이야기를 시작하자 집단원들은 불편한 표정을 보이거나 고개를 바닥으로 떨구는 집단원도 있다.

1. 사례에서의 집단 역동을 개인-대인-집단의 수준별로 분석해 봅시다.

_____

_____

_____

_____

_____

_____

_____

_____

_____

_____

2. B가 A에게 어떻게 반응할지, 혹은 B에게 일어났을 내면적인 역동 예상해 봅시다.

_____
_____
_____

3. A에게 다시 B는 어떻게 반응할지 예상해 봅시다.

_____
_____
_____

4. 독점자 역동 개입 전략을 논의해 봅시다.

_____
_____
_____

5. 개입 시 주의해야 할 점은 무엇일까요?

_____
_____
_____

6. 개입과 집단과정에서 발생 가능한 어려움을 예상하고 대처 전략을 세워 봅시다.

_____
_____
_____

2) 실습하기

1. 리더, 코리더, 집단원들로 역할을 나누어 실습해 봅시다.

_____

_____

2. 리더, 코리더로 느낀 점을 나누어 봅시다.

_____

_____

3. 집단원으로서 느낀 점을 나누어 봅시다.

_____

_____

4. 개입하는 리더의 개입에 대해서 느낀 점을 나누어 봅시다.

_____

_____

5. 본 사례에서의 치료적인 요인을 찾아봅시다.

_____

_____

6. 사례의 개입에서 보완하거나 추가할 내용에 대해서 논의해 봅시다.

_____

_____

_____

3) 전체 사례 나누기 & 사례 개입 모델링

1. 각 조별로 실습 사례에 대해 좋았던 점에 대해서 나누어 봅시다.

2. 실습 과정에서 개입에서 어려웠던 점에 대해서 나누어 봅시다.

3. 전문가의 사례 개입 모델링을 보고 느낀 점을 나누어 봅시다.

4. 모델링을 보고 질문이 있다면 정리해 봅시다.

참고 자료

◆ **개입 예시-개인적 수준**

■ **초점을 다시 B에게 돌리기**

1) B의 이야기를 다루고 있는 가운데 연결 맥락은 있지만 A의 이야기로 넘어가는 부분에서 저는 B가 충분히 이야기했는지가 신경이 쓰입니다.

2) A님, B님의 이야기를 조금 더 마무리한 후 다시 한번 말씀해 주시면 좋을 것 같은데, 그래도 괜찮을까요?('네'라고 동의를 구했다고 가정하면) 우리가 방금 전 B님의 말씀을 듣고 잠시 침묵이 흘렀는데요. 여러분들은 어떤 생각을 하고 계셨는지 궁금합니다."

■ **독점하는 집단원 A 개인을 다루기**

1) 집단이 도움이 되는 방식에는 집단에서 내 이야기를 해 보고 어떤 느낌이 드는지, 다른 사람들은 그 문제에 대해서 어떻게 생각하는지 알게 되는 것도 있지만, 다른 사람들을 보면서 내 마음에 어떤 마음이 드는지 알아차려 보는 것, 또 나의 말이나 행동이 상대방에게 어떻게 받아들여지는지 피드백을 들어보는 것도 매우 유용합니다. 조금 전 B님이 자기 이야기를 하고 한동안 집단에 침묵이 흐르다가, A님이 자기 이야기를 해도 되는지 물었는데요. 침묵하는 동안 A님 마음에 어떤 생각과 느낌이 일어났는지 궁금합니다.

2) (다른 사람의 말에서 공감을 그치지 않고 자신의 이야기로 또 연결하면) A님의 경험도 비슷한 부분이 있으셨나 봐요. 그런데 지금은 우리가 B님의 이야기를 중심으로 조금 더 이야기를 해 보면 좋을 것 같은데요. 자신의 경험을 비추어 B에게 피드백을 하거나, 그때 나는 이런 걸 느낀다고 표현해 주시는 것은 위로도 되고, 저라면 '나만 그런 것은 아니구나' 하고 안심도 될 것 같아요. 다만 어떤 일이 있었는지를 상세하게 말씀하시게 되니 A님의 이야기를 들으면서도 B님을 신경 쓰게 되고요. 이런 게 A님의 이야기를 집중해서 안 듣게 되는 것 같아 속상하지는 않을까 하는 생각도 드는 것 같아요.

3) (B에 대한 이야기 진행 후) A님은 아까 제가 말을 끊고, B의 이야기로 돌아간 것에 대해 어떠셨나요? ('괜찮았다'로 넘어가려 한다면) 그래요? 아까 제가 말을 끊었을 때 표정이 순간적이지만 당황스러워한다고 느껴졌어요. 저는 A님이 집단에서 말했던 여러 가지 이야기들 속에서 진짜 많은 경험을 했고, 그것을 사람에게 이해받고 싶은 마음이 크다는 생각이 들었어요.

그런 마음이 클 수밖에 없는 A님만의 이유도 있을 것이라 생각이 들구요. 저의 이야기가 A님에게 어떻게 전달되고 있는지에 대해 궁금해집니다.

4) 제 생각에 A님이 말하는 것을 지금 잠시 멈추는 것이 좋을 것 같습니다. A님이 알면 대단히 도움이 될 만한, 당신에 대한 어떤 중요한 느낌이 집단 안에 존재하고 있음을 나는 느낍니다.

5) A님은 여러 가지에 대해 말씀해 주셨습니다. 다른 집단원들과 제가 당신이 하는 말을 듣고 알아줬으면 하는 내용을 한 문장으로 말해 본다면, 무엇일까요?

6) A님은 집단에서 하고 싶은 말이 많은 것 같아요. 다른 분들에게도 말할 기회를 드려 볼까요?

7) 지금 B님의 이야기에 이어서 A님이 _____에 대해서 여러 가지 이야기를 했는데, B님에 대해서 어떤 마음을 전달하고 싶었던 건지 잘 이해가 되지 않아서 좀 당황스러워요. 전달하고 싶었던 내용을 한 문장으로 말하면 뭘까요?

◆ 개입 예시-집단적 수준
■ 초점을 집단원들에게 돌리기

1) 여러분들 지금 어떤 마음인지 함께 이야기해 볼까요? 모두 독점님의 말씀을 잘 들었다고 하셨는데, 독점님이 말하는 동안에 여러분에게서 뭔가 이해하기 어렵다는 표정을 느꼈는데, 제 느낌이 어떤가요?

2) 집단에서 독점님의 이야기를 들을 때마다 반응들을 점점 하지 않는 집단 전체를 자주 목격합니다. 어떤 마음들이었는지 나누어 줄 수 있나요?

1) 어려운 역동 다루기-일시적 구원자

※ 조별로 시나리오를 바탕으로 '일시적 구원자 역동'에 대한 개입을 연습해 봅시다.

 사례

> 집단 초기부터 집단원 A는 다른 집단원들의 이야기에 즉각적으로 반응하며 상처를 어루만지고, 고통을 덜어 주고, 기분을 좋게 해 주려고 노력하면서 집단원 B를 보살피고 지지하는 표현을 자주 한다. 또한, 다른 집단원이 어려움을 호소하면 집단원들의 장점이나 강점에 대해서 말하고, 대단하다는 표현으로 집단원들을 격려하고 있다. 집단원 B는 A의 지지와 격려에 감사하는 반응을 하게 되고 그러면 이어서 또 다른 집단원 C, D도 긍정적인 피드백을 주는 반응이 이어서 한다. 그러면서 어려운 상황에 대해서 하던 B의 이야기는 중단되거나 맥이 끊어지는 상황이 되었다. 이런 역동이 집단에서 종종 반복되고 있다.

1. 사례에서의 집단 역동을 개인-대인-집단의 수준별로 분석해 봅시다.

_____

_____

_____

_____

_____

_____

_____

_____

_____

_____

2. B가 A에게 어떻게 반응할지, 혹은 B에게 일어났을 내면적인 역동을 예상해 봅시다.

_____

_____

_____

_____

3. A에게 다시 B는 어떻게 반응할지 예상해 봅시다.

_____

_____

_____

4. 일시적 구원자 역동 개입 전략을 논의해 보세요.

_____

_____

_____

5. 개입 시 주의해야 할 점은 무엇일까요?

_____

_____

_____

6. 개입과 집단과정에서 발생 가능한 어려움을 예상하고 대처 전략을 세워 봅시다.

_____

_____

_____

2) 실습하기

1. 리더, 코리더, 집단원들로 역할을 나누어 실습해 봅시다.

_____

_____

2. 리더, 코리더로 느낀 점을 나누어 봅시다.

_____

_____

3. 집단원으로서 느낀 점을 나누어 봅시다.

_____

_____

4. 개입하는 리더의 개입에 대해서 느낀 점을 나누어 봅시다.

_____

_____

5. 본 사례에서의 치료적인 요인을 찾아봅시다.

_____

_____

6. 사례의 개입에서 보완하거나 추가할 내용에 대해서 논의해 봅시다.

_____

_____

_____

3) 전체 사례 나누기 & 사례 개입 모델링

1. 각 조별로 실습 사례에 대해 좋았던 점에 대해서 나누어 봅시다.

_____

_____

_____

_____

2. 실습 과정에서 개입에서 어려웠던 점에 대해서 나누어 봅시다.

_____

_____

_____

_____

3. 전문가의 사례 개입 모델링을 보고 느낀 점을 나누어 봅시다.

_____

_____

_____

_____

4. 모델링을 보고 질문이 있다면 정리해 봅시다.

_____

_____

_____

_____

참고 자료

◆ 일시적 구원자 개입 예시-개인적 수준

■ 초점을 다시 B에게 돌리기

1) B의 이야기를 듣고 A가 B에 대해서 지지하고 격려하면서 초점이 B의 강점과 힘으로 넘어가는 현재 상황에서 저는 B가 자신의 어려움과 불편함에 대해서 충분히 이야기했는지가 신경이 쓰입니다.

2) A님, B님이 이전에 하던 _____에 대한 이야기를 조금 더 마무리한 후 다시 한번 말씀해 주시면 좋을 것 같은데, 그래도 괜찮을까요?(네, 라고 동의를 구했다고 가정하면) 방금 전 B님은 _____에 대해서 이야기하면서 어떠했는지 궁금합니다."

■ 구원자 역할을 하는 집단원 A 개인을 다루기

1) 구원자 A님은 B의 고통에 대해서 들었을 때 어떤 생각/느낌이 들었는지 궁금합니다.

2) 만일 B가 이곳 집단에서 자신의 고통에 대해서 이야기 하지 않는다면, 어떻게 될 것 같나요?

3) 만일 구원자 A가 다른 집단원들에게 나의 고통과 상처를 이야기한다면 무슨 일이 일어날 것 같나요?

4) B가 자신의 고통을 드러내어 집단원들에게 이야기하고, 피드백을 받는 것을 보니 구원자 A는 어떠했나요?

5) B가 자신의 고통을 집단과 나누는 것이 어떤 의미가 있을까요?

6) 구원자 A가 B에게 했던 피드백은 B의 고통을 지켜보기 어려워서였나요, B가 경험하는 고통에 대한 공감을 전달하고 싶어서였나요?

7) 저는 구원자 A가 집단에서 했던 여러 가지 이야기들 속에서 진짜 다른 집단원들을 위하고 지지하고자 하는 것을 종종 경험했습니다. 그렇게 다른 사람들을 지지하는 당신만의 이유도 있을 것이라 생각이 들구요. 그것이 무엇일까요?

8) 당신은 집단원 B에 대해서 여러 가지를 말씀해 주셨습니다. 다른 집단원들과 제가 당신이 하는 말을 듣고 알아줬으면 하는 내용을 한 문장으로 말해 본다면, 무엇일까요?

◆ **개입 예시-집단적 수준**

1) 여러분들 지금 어떤 마음 인지 함께 이야기해 볼까요? 구원자 A님이 한 B님에 대한 지지적인 반응에 대해서 모두들 잘 들었다고 하셨는데, 저는 A님이 말하는 동안에 여러분들에게서 뭔가 아쉬워한다는 느낌을 받았어요. 제 느낌이 어떤가요?

2) 집단에서 구원자님이 반응을 하고 나면 이어서 반응하는 집단 전체를 자주 목격합니다. 어떤 마음들이었는지 나누어 줄 수 있나요?

3) 집단에서 구원자님과 조금 다른 방향의 생각이 들었던 적이 있을까요?

1) 어려운 역동 다루기-주지화

※ 조별로 시나리오를 바탕으로 '주지화 역동'에 대한 개입을 연습해 봅시다.

 사례

집단원 A는 자신의 삶은 쓰레기 같았다고 집단 초기부터 말하였다. 그리고 깊은 역사에 대해서 집단에서 자주 설명을 하고 자신의 심리 상태에 대해 심리학적 용어를 사용하여 분석하듯 말한다. A의 이야기를 듣다 보면 강의를 듣는 느낌이 들고, 지루해져서 시계를 자주 보게 된다. 중간중간 집단원들이 상황보다 A, 당신이 그 상황을 어떻게 경험했는지가 궁금하다고 물으면 순간적으로 당황하는 것처럼 보이나 빠르게 표정이 차분해지고 이미 자신은 왜 힘든지 분석이 다 끝났고 설명할 수 있다고 한다. 다른 집단원들이 A의 고통에 대해 공감하려고 하면, A는 먼저 특정 이론의 용어로, 집단원의 공감에 대해서 설명하는 반응을 시작한다. 이런 반응들이 반복적으로 이어지다 보니 답답해하면서 점점 A의 이야기에 반응하지 않는 집단원들이 생긴다. 또 다른 집단원 B는 다른 이론의 입장을 소개하고 A에 대해서 분석한 자신의 견해를 설명하면서 A와 논쟁이 벌어진다. 그러자 C도 자신의 이론적인 입장을 밝히면서 A와 B의 논쟁에 참여하게 된다. 집단원 D와 E는 어려운 이론적인 용어가 오가는 집단 분위기에 위축된 듯 뒤로 물러나 앉는 모습도 보인다.

1. 사례에서의 집단 역동을 개인-대인-집단의 수준별로 분석해 봅시다.

_____

_____

_____

_____

_____

_____

2. B가 A에게 반응할 때 B에게 일어났을 내면적인 역동을 예상해 봅시다.

_____

_____

_____

_____

_____

_____

3. C가 A, B에게 반응할 때 C에게 일어났을 내면적인 역동을 예상해 봅시다.

_____

_____

_____

_____

_____

_____

4. D와 E가 느끼는 역동은 어떠할지 예상해 봅시다.

_____

_____

_____

_____

_____

_____

_____

5. A는 현재 상황을 어떻게 경험했을지 예상해 봅시다.

_____

_____

_____

_____

6. 주지화 역동에 개입할 전략을 세워 봅시다.

_____

_____

_____

_____

7. 개입 시 주의해야 할 점은 무엇일까요?

_____

_____

_____

_____

8. 개입과 집단과정에서 발생 가능한 어려움을 예상하고 대처 전략을 세워 봅시다.

_____

_____

_____

_____

_____

2) 실습하기

1. 리더, 코리더, 집단원들로 역할을 나누어 실습해 봅시다.

_____

_____

2. 리더, 코리더로 느낀 점을 나누어 봅시다.

_____

_____

3. 집단원으로서 느낀 점을 나누어 봅시다.

_____

_____

4. 개입하는 리더의 개입에 대해서 느낀 점을 나누어 봅시다.

_____

_____

5. 본 사례에서의 치료적인 요인을 찾아봅시다.

_____

_____

6. 사례의 개입에서 보완하거나 추가할 내용에 대해서 논의해 봅시다.

_____

_____

_____

3) 전체 사례 나누기 & 사례 개입 모델링

1. 각 조별로 실습 사례에 대해 좋았던 점에 대해서 나누어 봅시다.

_____

_____

_____

_____

2. 실습 과정에서 개입에서 어려웠던 점에 대해서 나누어 봅시다.

_____

_____

_____

_____

3. 전문가의 사례 개입 모델링을 보고 느낀 점을 나누어 봅시다.

_____

_____

_____

_____

4. 모델링을 보고 질문이 있다면 정리해 봅시다.

_____

_____

_____

_____

참고 자료

◆ 주지화 개입 예시-개인적 수준
■ 주지화하는 집단원 A 개인을 다루기

1) 삶이 쓰레기였다고 표현하는 당신이 참 담담하게 다른 사람의 이야기를 하듯 말하게 되는데 그만한 이유가 있겠지요? 당신이 느끼지 못한 정서가 저에게는 전해집니다. 많이 쉽지 않았고 당신이 마음을 다해 뭔가를 느끼기에는 감정이 컸을 것 같아요.

2) 삶이 쓰레기 같다는 당신의 경험이 궁금해요. 쓰레기 같다는 건 어떤 느낌인가요?

3) 당신의 삶에서 있었던 것들은 온전히 느끼고 경험하였다면 여기까지 오기 쉽지 않았을 것 같습니다. 그래서 아주 빠르게 C님이 느끼는 것을 정리하고 분석하여 이해하려고 애써 온 삶이 느껴집니다. 그것을 갑자기 '제대로 표현해 봐라. 감정을 느껴 봐'라고 말하고 싶지 않습니다. 다만 밖에서 이미 많이 하고 계신 방법이니 여기서 만큼은 보다 정돈되지 않은 당신의 상태에 대해 더 들어보고 싶어요. 그 상태에 대해 말하다가 내가 감당하지 못할 부분으로 넘어가게 될까 봐 두려울 수도 있을 것 같아요. 그럴 땐 우리가 함께 하겠습니다. 집단에서 그 부분을 한 번 노력해 볼 수 있을까요? 만일 구원자 A가 다른 집단원들에게 나의 고통과 상처를 이야기한다면 무슨 일이 일어날 것 같나요?

4) 집단에서 이러한 행동(주지화)을 통해서 당신이 원하는 것을 얻고 있나요? 당신이 변화를 주고 싶은 부분은 무엇인가요?

◆ 주지화 개입 예시-집단적 수준
■ 초점을 집단에게 돌리기

1) 저는 지금 집단이 이전과는 조금 다른 양상으로 진행되어 가고 있다고 느끼는데, 여러분들 생각은 어떠세요?

2) 집단에서 주지화 A님이 집중하는 인지적인 부분에 대해서 집단원 B도 함께 인지적인 방식으로 토론하고 때로는 논쟁하면서 상호작용하는 것을 보았습니다. 그리고 이어서 집단원 C도 함께 동조하였구요. 이런 집단의 진행에 대해서 지금 어떤 마음들이었는지 나누어 줄 수 있나요?

3) 저는 집단이 현재 진행되는 방향과 조금 다른 방향으로 진행된다면 좋겠다는 생각이 들었어요. 제 생각에 대해서 여러분은 어떠세요?

4) D와 E 님은 이전의 회기와 조금 다른 모습을 보이셨는데, 어떤 마음이셨을까요?

■ 개입 반응 예

달관: 제 삶은 실존적으로나 철학적으로나, 뭐 세속적인 관점에서 봐도 한마디로 쓰레기 같아요. 뭐 생애 초기에 주 양육자, 그러니까 저는 조모겠죠. 조모와의 관계부터 현재까지 관계를 맺었던 대인관계에서까지 안정애착을 맺을 수 있었던 경우는 거의 없었죠. 그러니까 뭐 인간이 어떻겠어요? 불안하고 불안정하고, 자기비하가 심하고, 의지박약이고, 다른 사람 탓하고, 그러니 뭐 되는 일도 없고, 능력도 없고. 사회에 별로 도움도 안 되고. 아시다시피 Freud에 따르면 생애 초기의 관계에 의해서 성격 구조가 일단 정해지면 바꾸기 어렵잖아요. 저도 심리이론 이것저것 다 찾아서 분석해 보고, 거기서 말하는 대로 시도해 봤는데, 프로이트가 맞더라구요. 그래서 결론을 내렸죠. 아, 그냥 이번 생은 이렇게 살아야 되는구나. 한마디로 말해서 쓰레기 중에 쓰레기 같은 삶은 산다고 할 수 있죠.

리더: 삶이 쓰레기였다고 표현하는 당신이 참 담담하게 다른 사람의 이야기를 하듯 말하게 되는데 그만한 이유가 있겠지요? 당신이 느끼지 못한 정서가 저에게는 전해집니다. 많이 쉽지 않았고 당신이 마음을 다해 뭔가를 느끼기에는 감정이 컸을 것 같아요.

달관: 뭐 인생은 고행이잖아요. 세상 사람들 중에서 안정적인 애착을 맺고 행복한 대인관계를 맺는 사람들이 얼마나 되겠어요? 세상은 대부분 이렇고, 저는 좀 그 정도가 센 거죠.

리더: 세상 사람들의 삶이 다 그렇지 않냐는 당신 말에 어렴풋이 무슨 말인지는 알겠어요. 하지만 나는 삶이 쓰레기 같다는 당신의 경험이 궁금해요.

참고 자료

◆ **문제행동별 개입 방법에 대한 상담자 고려 요인 목록**

유형	목록	가설
독점자	1. 독점자가 다른 집단원들의 분노를 유발하는 이유는 무엇일까?	
	2. 독점자는 침묵에 어떻게 반응하는가?	
	3. 독점자가 어떤 방식으로 집단의 시간을 독점하는가?	
	4. 독점자가 독점하는 것 이외의 다른 방식으로 행동하는 것을 방해하는 집단원의 행동이 있는가?	
	5. 독점자가 하는 행동이 원하는 반응을 끌어내지 못하는 이유가 무엇인가?	
구원자	1. 구원자가 집단원의 아픔을 위로하는 이유는 무엇일까?	
	2. 집단원의 아픔이 구원자에게 어떤 사고와 정서를 유발시키는가?	
	3. 구원자는 고통스런 경험을 드러내는 것이 가지고 있는 치료효과에 대해서 인식하고 있는가?	
	4. 구원자가 집단원의 고통을 위로하는 방식이 집단원의 주위를 다른 곳으로 돌리는가?	
주지화 (정서 접촉 회피)	1. 현재 집단원이 하고 있는 이야기에 들으면 그를 이해하는 데 도움이 되는가?	
	2. 현재 집단원의 이야기가 감정탐색보다는 생각에 의존하는 반응을 유발하는가?	
	3. 집단원의 이야기를 들으면 어떤 느낌이 드는가?	
	4. 집단원에 대해 다른 집단원들은 어떤 반응을 보이는가?	

참고 자료

◆ 문제행동별 개입 방법에 대한 상담자 고려 요인 목록

유형	기술	의도	초점
독점자/ 구원자/ 주지화/	□ 1. 공감하기	□ 1. 인정하기	대상
	□ 2. 재진술하기	□ 2. 탐색하기	□ 1. 개인
	□ 3. 피드백주기	□ 3. 도전하기	□ 2. 대인
	□ 4. 질문하기		□ 3. 집단
	□ 5. 명료화하기		
	□ 6. 지시하기		내용 VS 과정
	□ 7. 주의집중하기		□ 1. 내용
	□ 8. 주제에 주목하기		□ 2. 과정
	□ 9. 불일치에 주목하기		
	□ 10. 연계성에 주목하기		
	□ 11. 재구조화		
	□ 12. 침묵 허용		과정 기술
	□ 13. 자기개방		□ 1. 구조화
			□ 2. 긍정적 분위기 조성
			□ 3. 참여유도
			□ 4. 초점 맞추기
			□ 5. 지금-여기 상호작용 촉진
			□ 6. 주제/연관성 분석
			□ 7. 즉시성
			□ 8. 연결
			□ 9. 차단
			□ 10. 피드백
			□ 11. 재구성
			□ 12. 지지/격려

제**5**장

집단상담 기술: 집단 역동 촉진을 위한 피드백 기술

1. 집단 상호작용 촉진을 위한 질문 및 피드백 기술을 학습한다.
2. 집단 역동을 촉진하는 피드백 기술을 활용하여 모의집단 운영 경험을 한다.

－집단 역동을 촉진하기 위한 기술에는 어떤 것들이 있나요?

－집단 역동 촉진을 위한 기술을 사용할 때 유의해야 할 점은 무엇일까요?

－집단 역동을 촉진하기 위해 피드백 기술을 어떻게 활용할 것인가?

집단상담의 성과를 높이고 집단의 효율적인 진행을 위해 집단상담자는 집단 역동을 잘 이해하고 활용할 수 있어야 하며, 집단에서 집단 역동을 최대한 활용하는 방법은 집단과정에 집중하면서 집단에서의 상호작용을 활성화하는 것이다(권경인, 2011). 상호작용 등 집단의 상담적 효과를 높이는 매우 중요한 기술은 피드백이다. 이 장에서는 집단상담 안에서 치유적 요인이 되고 집단 역동을 촉진하는 질문 및 피드백 기술의 활용 방안에 대해 학습하여 집단상담자가 집단원들의 상호작용을 활발히 촉진하도록 돕고자 한다.

1. 집단 역동이 가지는 치료적 의미

1) 집단 역동

집단 역동은 집단에 작용하는 힘으로, 집단 전체, 집단상담자, 집단원, 집단과업, 집단발달, 집단구조, 집단과정, 집단내용 등 집단의 성격과 방향에 미치는 영향을 의미한다. 대인관계에 초점을 둔 집단상담자들도 집단 역동의 중요성을 인정하는데 이들은 '집단과정'이라는 용어로 대치해서 사용했다(권경인, 2011). Yalom(1995)은 상담 및 치료 집단에서 집단과정을 중시하여 과정 언급과 과정 조명을 강조했다.

※ **집단 역동의 개념**
- 집단, 리더, 집단원의 상호작용 방식으로 집단과업, 집단발달, 집단구조에 미치는 영향으로 집단을 움직이는 힘
- 집단상담자의 지도력, 집단응집력, 그리고 집단원의 특징에 영향을 받음
- 집단과정(group process)과 같은 개념
- 말해지거나 행해지는 '내용(what)'이 아니라 '방식(how)'을 의미하는 것

> ※ **집단 역동의 3가지 수준(Earley, 2004)**
>
> 1. 심리내적 역동: 집단원 각 개인의 심리적 역동이다. 동기, 감정, 방어, 어린 시절의 기원 등이 포함된다.
> 2. 대인 간 역동: 집단 속 두 사람 혹은 그 이상의 사람들 사이의 관계에서 일어나는 역동으로 정서적 반응, 친밀감, 주장, 경계 등이 포함된다.
> 3. 전체로서의 집단 역동: 하나의 단위로서 집단의 역동을 말하며, 발달 단계, 집단규범, 집단역할, 대표적 리더십 유형, 희생양 만들기, 집단 수준의 저항 등이 포함된다.

2) 집단 역동에 대한 치료적 요인의 영향

(1) 집단상담의 치료적 요인

집단에서 집단원의 치료적 변화 경험은 다양하고 복잡한 상호작용적 특징에 의해 일어나며 이러한 특징을 치료적 요인(therapeutic factor)으로 정의하고 있다(Yalom, 2005). 치료적 요인은 집단원의 조건 개선에 기여하는 요소로, 집단상담자, 집단원, 다른 집단원, 집단 활동의 상호작용을 통해 집단원의 개선, 변화, 그리고 성장을 촉진하는 기제라고 할 수 있다(권경인, 2011). 대표적인 학자들이 제시한 치료적 요인을 유사한 개념끼리 묶어서 제시하면 〈표 5-1〉과 같다.

(2) 상호작용을 촉진하는 요인으로서의 피드백

치료적 요인 중 피드백은 상호작용을 촉진하는 요인이며 기본 집단상담 기술이다. 특히, 집단원들은 집단에서 피드백을 통해 대인관계 기술을 학습할 수 있고, 솔직하고 구체적인 피드백은 집단원의 행동이 다른 구성원들에게 어떠한 영향을 주었는가를 알게 하며, 대인관계에서 어떤 변화가 필요한가를 깨닫게 한다. 따라서 피드백은 집단 장면에서 상호작용을 촉진하고 변화를 이끄는 중요한 요인이다(강진령, 2019a).

표 5-1 대표 학자들의 치료적 요인

연구자	Corsini & Rosenberg (1955)	Berzon (1963)	Yalom (1975)	Yalom (1985)	Bloch (1979)	Corey (2000)	Kivlighan (1997)
개수	10개	9개	12개	11개	10개	11개	4개
치료적 요인	상호작용 (interaction)	다른 사람에 의해 표현된 감정에 대한 반응	대인관계 학습–투입 (interpersonal input)	대인관계 학습	대인관계를 통한 학습	피드백	타인–자기 집중 (others versus self)
		다른 사람의 피드백에 의해 자기를 아는 것					
		자기를 명료하고 주장적으로 표현하는 것					
	관찰자 치료 (spectator therapy)	다른 사람에게서 정직, 용기, 개방, 정서의 표현을 목격하는 것	대인관계 학습–산출 (interpersonal output)				
	감정과 사고의 표출 (ventilation)	정서의 표출	카타르시스 (catharsis)	카타르시스	카타르시스	감정 정화	감정적 자각–통찰 (emotional awareness-insight)
	수용 (acceptance)	집단에서 친밀감과 온화함을 느끼는 것			수용	관심과 이해	관계–분위기 (relationship-climate)
			응집력 (cohensiveness)	집단의 응집력		응집력	
	이타주의 (altruism)	다른 사람을 돕기 위한 긍정적 관심, 수용, 공감	이타주의 (altruism)	이타주의	이타주의		

연구자	Corsini & Rosenberg (1955)	Berzon (1963)	Yalom (1975)	Yalom (1985)	Bloch (1979)	Corey (2000)	Kivlighan (1997)
치료적 요인	보편성 (universalization)	다른 사람과의 유사성 인식	보편성 (universality)	보편성	보편성	보편성	
	주지화 (intellectualization)	자신의 정서적 역동에 대한 자각이 증대됨	자기이해 (self-understand)		자기이해	인지적 재구조화	
			희망의 고취 (instillation)	희망의 주입	희망의 고취	희망	
			지도(guidance)	정보 교환	지도		
			동일시 (identification)	모방행동	대리학습		
			가족 재구조화 (family reenactment)	일차적 가족관계의 재현			
			실존 요인 (existential factors)	실존적 요인들			
	전이 (transference)					실험을 해 보는 자유	
	현실 검증 (reality testing)					변화 하겠다는 결단	문제 정의 및 변화 (problem definition change)
	기타 요인: 승화, 자발성, 지도자 권위, 이완, 경쟁, 강화 등			사회화 기법의 발달	자기노출	자기개방	
						직면, 유머, 힘	

출처: 권경인(2001).

2. 피드백 기술 활용

1) 피드백

타인의 행동에 대한 자신의 상호적 반응을 솔직히 말해 주는 과정이 피드백이다. 집단 상담자의 바람직한 피드백은 집단원의 특정 행동 변화에 도움이 될 뿐 아니라 피드백을 주고받는 방법에 대한 모델링 역할도 한다(이장호, 강정숙, 2011). 이렇듯 피드백은 집단 내 관계의 상호작용 방법을 학습하는 데 중요한 수단이다.

2) 피드백 기술 모델링

(1) 피드백 방법 제시

피드백이 의미 있게 되기 위하여 집단원들에게 집단상담자가 말로 설명하거나 유인물

※ **피드백 방법 안내**(Corey et al., 2012)

사람들이 당신을 감동시키는 말을 할 때는 당신이 거기에 따르는 감정과 반응을 공유하고 있다는 사실을 알려 주도록 하라. 피드백을 제공하기가 쉽지 않고 그것을 듣기도 어렵지만, 배려하고 존중하는 자세로 피드백을 전달하면 유용하다. 궁극적으로는 당신의 반응이 다른 집단원에게 직접적으로 그리고 정직하게 직면함으로써, 집단 내의 신뢰의 수준을 향상시키고 자신도 일상생활 속에서 보다 정직한 모습을 취하게 된다. 다른 사람에게 피드백을 제공할 때에는 그들이 무엇을 해야 하고 혹은 그들이 어떤지에 대해 말하지 않도록 하라. 서둘러 안심시키려고 하거나 그들의 문제에 대해 딱 들어맞는 해결책을 제공하려고 하지 마라. 문제를 해결하는 방식을 말해 주기보다는 당신이 자신의 문제로 애쓰고 있는 것에 대해 말해 주어라. 그들의 행동이 당신에게 어떤 방식으로 영향을 미치는가에 대해 보다 따뜻한 마음으로 다른 사람을 이해하게 하는 피드백을 강조하라. 사람들을 판단하지 말고 그들의 특정 행동이 당신이 그들을 이끄는 데 방해가 된다고 알려 주어라. 당신이 그들에게 갈 수 있도록 하는 행동을 그들에게 알려 주어라.

을 나누어 주고 피드백을 효과적으로 나누는 방법을 안내하여야 한다. 집단상담에서 피드백은 개인상담에 비해 더 강력한 힘을 발휘한다. 한 사람이 제공하는 피드백에 비해 여러 사람의 다양한 견해와 반복되는 피드백은 자기이해와 타인 이해를 확장한다. 솔직한 피드백을 통해 집단원들은 자신과 타인을 진정으로 수용하는 방법을 배울 수 있게 된다.

(2) 집단상담사의 피드백 모델링

집단 초기에 집단원들이 더 생산적인 선택을 할 수 있도록 집단상담자가 직접 시의적절한 피드백을 제공함으로써 집단원들이 이를 모방·실천할 수 있도록 한다(강진령, 2019a).

리더: _____

A: 다음 내용을 참조하여 집단원이 상호작용을 촉진하는 피드백을 하도록 한다.

　1. 분명하고 정확한 피드백을 하도록 질문한다.

　2. 그 행동이 어떤 영향을 미쳤는지에 대해서 이야기하도록 한다.

　3. 비판적이지 않은 방식으로 반영할 기회를 제공한다.

　4. 자신의 경험에 초점을 맞추고, 어려움에만 집중하기보다 감정을 표현하도록 한다.

　5. 상대방에게 원하는 것을 말로 표현하도록 한다.

　* 실습 1: 집단상담자의 피드백 모델링의 개입 예시 참조.

(3) 집단 역동 수준별 피드백하기

① 개인 내적 역동 촉진하는 피드백

"당신이 말할 때 눈에 눈물이 보이는군요."

"당신은 통제라는 단어를 여러 번 사용하시네요."

"당신은 지금 슬퍼하고 있군요."

② 대인 간 역동을 촉진하는 피드백

"존이 말할 때 당신의 눈에 눈물이 보이는군요."

"존과 당신은 통제라는 단어를 여러 번 사용하시네요."

"존과 당신은 지금 슬퍼하고 있군요."

③ 전체적 역동을 촉진하는 피드백

"집단원들의 눈에 눈물이 보이는군요."

"집단에서 통제라는 단어가 여러 번 들리네요."

"집단 전체가 지금 슬퍼하고 있군요."

※ 종결 시 피드백 주고받기(Corey et al., 2012)

종결 시 집단원들은 자신들이 집단을 떠나면 원하는 변화를 가져올 수 있도록 새로운 대인관계 기법을 실습하고 피드백을 받고 이러한 피드백에 관해 토론하고, 그리고 특정한 행동을 수정함으로써 이익을 얻을 수 있다. 집단이 끝날 때 나타나게 되는 한 가지 문제는 집단원들이 일반적인 피드백을 하는 경향이 있다는 점이다.

일반적인 피드백에 대한 대처

Q: 다음의 집단원 소라의 피드백에 집단상담자는 어떻게 대처할 것인가?

　　소라: 강철님을 결코 잊지 못할 거예요.

　　리더: _____

A: 리더는 다음과 같이 의미 있게 피드백하는 방법을 안내한다.

- 당신에게 내가 바라는 것은…….
- 내가 당신에게 한 가지 줄 게 있다면 그것은…….
- 당신한테 배운 것은 당신이…….
- 집단상담 이후 당신은 _____ 변화되었으면 좋겠습니다.

3) 과정조망 피드백

과정조망 피드백은 리더가 메타적 관점에서 전체 집단과정을 바라보며 제공하는 피드백으로, 과정 전체를 중심으로 이루어진다. 이러한 피드백은 시기와 상황을 잘 고려하여 조절해야 하며, 현실적인 상황을 고려할 때는 특히 더 신중하게 접근해야 한다. 전문적인 근거를 바탕으로 적절히 사용되어야 하며, 준비되지 않은 상태에서 어설프게 사용하는 것은 피해야 한다.

※ **과정조망 피드백의 예시**

⟨상황: 대학생인 **모범**은 경제적으로 어려워 사람들을 만나는 것이 꺼려진다.⟩

모범: 1,800원이 있으면 사람들이랑 밥을 먹고, 없으면 사람들이 "밥 먹자"고 할까 봐 눈치만 보게 돼요. (모범은 계속해서 그의 어려움에 대해 이야기한다.)

[집단원 여러명이 조심스럽게 뻥튀기를 먹기 시작함]

리더: 잠깐만요, 여러분. 우리 집단에서 이런 일은 처음이잖아요. 그동안은 이런 일이 없었는데, 갑자기 뻥튀기를 먹기 시작했네요. 모범, 이런 상황에서 당신은 어떠세요?

모범: 아, 괜찮습니다.

리더: 하지만 저는 괜찮지 않아요. 여기서 일어나는 일들이 모두에게 영향을 미칠 수 있어요.

모범: 진짜 괜찮습니다.

리더: (간식을 먹은 바람에게) 바람, 어떻게 집단에서 먹기 시작했나요?

바람: 배가 좀 고팠어요. 집중이 어려워서…… 그냥 어쩌다 보니 먹게 되었어요.

리더: 그래요. 모범, 당신이 말하는 동안 바람이 집중이 어려워진다는 걸 살펴보면 좋을 것 같아요. 모범의 중요한 이야기에 다른 사람들이 집중하지 못하는 일이 어떻게 생기는지, 모범은 왜 그것이 괜찮다고 하는지 살펴보면 좋겠어요.

☞ 리더는 모범의 개인적인 고민뿐만 아니라 집단 내에서 발생하는 상황을 전체적으로 조망하며, 집단 전체의 역동성을 드러낸다. 이를 통해 모범의 감정과 반응을 보다 상세히 다루어, 집단원들이 더 깊이 있는 상호작용과 감정적 교류를 경험하게 한다.

- 피드백은 전체 과정을 중심으로 할 때 가장 효과적이다. 단지 한 부분에 초점을 맞추어 사실만을 강조하는 피드백은 위로가 되지 않으며 종종 받아들여지지 않는다.

사실 중심 피드백	과정 중심 피드백
"너 서울대 들어왔잖아. 그건 가지고 있잖아."	"20년 전으로 돌아간다 해도, 그때 그렇게 했던 것처럼 지금도 못할 만큼, 최선을 다했잖아."
"지금 상담자로서도 어느 정도 하잖아."	"상담자로서 그 좌절감과 오래 걸리는 걸 견디면서, 그럼에도 불구하고 해 보려고 여기까지 온 거잖아."

3. 상호작용 중심의 집단 역동의 활용

상호작용 중심의 집단에서 집단 역동을 최대한 활용하는 방법은 집단과정에 집중하면서 집단에서의 상호작용을 활성화시키는 것이다(권경인, 2011).

1) 상호작용 작업의 정의

상호작용 작업은 집단에 있는 누군가에게 서로를 향한 당신의 감정에 대해 혹은 관계에 대해 이야기하거나, 집단에서 느끼는 것이나 그 순간에 느끼는 것, 생각하는 것을 내놓는 것'이다.

2) 상호작용 작업 시작하는 법

① **현재성**: 지금 순간에 경험하고 있는 것을 말하라.
② **반응성**: 집단의 누군가, 혹은 지도자에 대한 문제, 그 사람에 대한 감정이나 반응을 꺼내도록 하라. 이는 보통 두 사람 간의 대화로 이어지게 된다.
③ **접근성**: 집단원 중 누군가 또는 집단상담자에게 다가가라. 상호작용 작업을 시작하기 위해 누군가와 반드시 어떤 문제가 있어야만 하는 것이 아님을 강조하라.
④ **전체성**: 전체로서의 집단과 관련된 주제를 꺼내라. 집단이 친밀하게 느껴진다거나 집단에 화가 나는 것과 어떤 순간에 일어나는 일일 수 있다.
⑤ **적극성**: 다른 집단원이나, 집단 전체에게 피드백을 요청하라(Earley, 2004).

3) 상호작용적 작업의 강화

상호작용적 작업을 하도록 격려하는 데 도움이 되는 몇 가지 제안은 다음과 같다(Earley, 2004).

① 상호작용을 분명히 요청하기: 표현해 보지 않았던 집단원에게 자기가 느낀 이러한 감정을 자발적으로 표현해 보도록 요청한다. 적절할 경우, 두 사람 간의 상호작용으로 확장할 수 있다. 그런 뒤에 또 다른 자원자에게 요청하는 식으로 진행하여 상호작용 작업을 강화한다.

② 개인적 자문시간에 상호작용 준비시키기: 개인면담 혹은 자문과 같은 좀 더 안전한 상황에서 표현하지 못했던 다른 집단원에 대한 감정을 자발적으로 표현할 수 있도록 한다.

③ 마음속 장애물 탐색을 하도록 격려하기: 상호작용을 망설이는 집단원의 마음속 어려움을 탐색할 수 있도록 자유롭고 안전한 분위기를 조성한다.

④ 정서적 반응에 집중하기: 집단원들이 다른 집단원에게 보이는 미묘한 정서적 반응의 징후를 주목하여 그 순간 정서적 반응의 징후를 발견하고 느낀 점을 묻는다면 상호작용이 강화된다.

4. 집단원들의 상호작용을 촉진하는 피드백 기술

집단원은 질문을 하고 해석하고, 조언을 주고 제안함으로써 다른 집단원을 도우려고 한다. 이러한 촉진적 반응은 집단에서 그 대상이 되는 집단원이 그 순간 실제로 그것을 원할 때 유용할 수 있다. 집단상담자는 집단 상호작용을 촉진하는 방법을 다루고 있으며, 전체적으로 집단의 역동을 강화하고 구성원 간의 이해와 감정 교류를 증진하는 목표로 피드백 기술을 활용한다. 또한 집단상담자는 직접 개입하기보다는 한 집단원의 이야기를 듣고 다른 집단원의 반응을 관찰하며, 추가적인 질문을 통해 상호작용을 유도한다.

1) 집단원들이 스스로 피드백하도록 규범 생성

집단 초기, 집단원들이 상호작용하는 규범을 스스로 만들어 가도록 한다.

집단 초기에 집단상담자는 관찰자처럼 천천히 접근하며 기다린다. '리더가 왜 안 들어오지?'라고 집단원들이 궁금해하다 스스로 반응하게 되고, '내가 나서야 하는구나'라고 생각하며 규범을 형성한다. 집단상담사는 집단원들의 반응을 모아 촉진적으로 개입한다.

2) 연결하기를 통한 피드백 촉진

상호작용을 촉진하기 위해 언어적 및 비언어적 방법으로 연결할 수 있다. 예를 들어, 한 집단원의 이야기를 듣고 다른 집단원의 반응을 관찰한 후, "○○ 님 지금 무엇을 하고 싶으세요?"라고 질문하거나 시선을 이용해 한 집단원과 다른 집단원을 연결함으로써 반응을 유도한다.

연결하는 내용은 집단원 사이에 공명이 일어날 때, 집단원이 인지한 내용, 비언어적 몸짓 등이 다양하다. 이는 집단상담자의 해석적 반응과는 다르다.

(1) 공감과 동일시 연결

집단원은 공감과 동일시를 통해 서로와 공명하며 집단에서 안전감을 증진시킨다. 동일시를 통해 다른 사람의 문제에서 배울 수 있다. 예를 들어, 한 집단원이 문제를 다룰 때, 다른 집단원은 그 작업이 자신과 어떻게 관련되는지 주목하게 된다. 이를 통해 자신의 반응에 주목함으로써 가치 있는 통찰을 얻을 수 있다. 집단상담자는 다음과 같이 집단원들이 공감을 표현하도록 요청할 수 있다.

예) 집단상담자: (A를 보며) 각자 다양한 경험을 가지고 있지만, 소라의 이야기에 공감했던 부분을 함께 나눠 보면 어떨까요? 이는 우리가 더 가까워지는 좋은 기회가 됩니다.

(2) 지각의 연결

집단원마다 동일한 상황이나 자극에 대해 다르게 인지하고 경험한다. 지각의 전달을 통해 다른 집단원의 견해를 듣고 서로의 관점을 이해하며, 자신에 대한 이해도를 높일 수 있다. 지각의 전달은 촉진적 반응과 감정 반응을 모두 포함한다. 집단상담자는 지각의 전달이 피드백으로 유용하도록 촉진한다.

> 예) **집단상담자**: 우리는 각자 다양한 인지의 경험을 합니다. 여러분이 어떻게 상황을 인지하고 있는지 이야기해 주시면, 우리 모두가 더욱 풍부한 이해를 얻고 함께 더 깊이 있는 대화를 나눌 수 있습니다.

(3) 감정 반응의 연결

다른 집단원에 대한 정서적 반응을 표현하도록 연결하는 것을 의미한다. 감정 반응은 보살피기, 인정 또는 지지와 같은 긍정적인 반응일 수 있다. 집단상담자는 집단원들이 감정을 자유롭게 표현하고 서로에게 지지를 제공할 수 있는 안전한 공간을 만드는 것을 목표로 한다.

> 예) **집단상담자**: 집단은 각자의 감정을 공유하고 서로에게 지지를 제공하는 안전한 공간입니다. 우리가 다루고 있는 주제에 대한 여러분의 감정을 자유롭게 표현해 주세요.

3) 집단상담자의 피드백 전략: 상호작용 촉진과 개인적 공감의 균형

집단상담자는 집단원의 상호작용을 촉진하기 위해 피드백을 제공하는 한편, 리더로서 자신의 공감, 감정, 인지를 공유하는 피드백을 제공하는 것은 중요하다. 이 두 종류의 피드백 사이에서 적절한 균형과 비율을 유지하며 개입하는 것이 필요하다.

집단상담자의 피드백 모델링

Q: 다음의 집단원 강철의 소라에 대한 피드백에 집단상담자는 어떻게 대처할 것인가?

강철: 내가 이야기할 때 소라가 행동하는 걸 보니 불편해요. 저를 무시하는 거 같아요.

집단상담사: _____

A: 집단상담사는 다음과 같이 피드백 기술을 모델링할 수 있다.

  1) 분명하고 정확한 피드백을 하도록 한다.

  2) 충고나 판단하기보다 그 행동으로 인해 어떤 영향을 받았는지 이야기하도록 한다.

  3) 무비판적인 방식으로 자신의 경험에 초점을 맞출 수 있도록 반영할 기회를 준다.

  4) 원하는 것을 말로 표현하도록 한다.

  5) 피드백을 줄 때, 경험한 어려움에만 집중하기보다 감정을 표현하도록 질문한다.

■ 조별 활동

1. 리더, 코리더, 집단원, 관찰자들로 역할을 나누어 실습해 본다.

_____

_____

2. 리더, 코리더, 집단원, 관찰자들 느낀 점을 나누어 본다.

_____

_____

3. 리더의 개입에 대해서 느낀 점을 다 같이 나누어 본다.

_____

_____

4. 리더 개입에서 보완하거나 추가할 내용에 대해서 논의한다.

_____

_____

개입 예시: 집단상담자의 피드백 모델링

강철: 내가 이야기할 때 소라가 행동하는 걸 보니 불편해요. 저를 무시하는 거 같아요.

집단상담사: _____

Q: 집단상담사는 어떻게 피드백 기술을 모델링할 것인가?

1) 분명하고 정확한 피드백을 하도록 한다.

집단상담사: 강철, 소라의 어떤 행동이 불편했는지 구체적으로 소라에게 말해 보세요.

강철: 소라, 내가 개인적인 이야기를 할 때 당신이 미소 짓는 걸 보고 불편했어요.

2) 충고나 판단하기보다 행동으로 인해 어떤 영향을 받았는지 이야기하도록 한다.

집단상담사: 강철, 소라의 미소가 당신에게 어떤 영향을 미쳤는지 이야기해 보세요.

강철: 소라, 당신이 웃는 모습을 보니 불편하고, 당신이 내 이야기를 진지하게 생각하지는 의심스럽
네요.

3) 무비판적인 방식으로 자신의 경험에 초점을 맞출 수 있도록 한다.

집단상담사: 강철, 불편함과 소라의 미소에 어떤 영향을 받았는지 자신의 경험을 무비판적으로 이
야기해 보시겠어요?

강철: 소라, 당신이 웃는 모습을 보니 불편해지고 당신이 내 이야기를 진지하게 생각하지 않을까 봐
신경이 쓰여요.

4) 원하는 것을 말로 표현하도록 한다.

집단상담사: 강철, 당신이 원하는 것을 말로 표현해 보세요.

강철: 나는 소라, 당신과 가까워지고 싶어요. 내가 말할 때 당신이 집중해 줬으면 합니다. 그래서 내
가 당신을 더 신뢰할 수 있으면 좋겠어요.

5) 피드백을 줄 때, 경험한 어려움에만 집중하기보다 감정을 표현하도록 한다.

집단상담사: 강철, 당신이 말을 꺼내 줘서 기뻐요. 당신이 겪고 있는 어려움을 더 잘 이해하게 되었
어요. 그런데 자신이 경험할 감정에 좀 더 초점을 맞추면 좋겠어요.

집단원들의 상호작용을 촉진하는 피드백 기술

※ 조별로 제시된 시나리오를 바탕으로 집단원들의 상호작용을 촉진하기 위한 적절한 피드백 개입 방안을 연습해 봅시다.

 사례

집단상담은 '**직장 내 스트레스 관리를 주제**'로 하며, 다양한 부서에서 온 8명의 직원들이 참여한다. 이 집단은 최근 프로젝트 실패로 인한 긴장과 스트레스가 높아진 상태에서 시작되었다. 집단상담의 첫 회기에서 집단상담사는 주로 관찰자의 역할을 하며, 집단원들이 스스로 규범을 설정하고 상호작용의 시작을 이끌어 나가도록 한다.

- 집단원 **마음**은 마케팅 부서에서 일하며, 최근 프로젝트의 실패로 인해 팀 내에서 비판을 많이 받았다. 그녀는 자신의 의견이 충분히 반영되지 않는다고 느끼며, 이로 인해 집단 상황에서도 소극적으로 행동한다.
- 집단원 **회색**은 개발 부서에서 일하며, 이번 프로젝트에서 중요한 역할을 맡았었다. 회색은 실패에 대해 부담감을 느끼고 있으며, 팀원들과의 의사소통에 어려움을 겪고 있다.

리더: _____

마음: 제 의견이 항상 무시당하는 것 같아요. 프로젝트에서 제 제안이 거의 반영되지 않았어요. 저도 팀의 일원으로서 가치 있는 아이디어를 내고 싶은데, 그게 잘 안 들려지는 것 같아요.

회색: (마음의 발언을 듣고 자신의 경험을 공유하려는 듯한 몸짓)

리더: (회색에게 시선을 돌리며) _____

회색: 저도 비슷한 상황이었어요. 제가 주도한 부분도 결과가 좋지 않아서 많은 비난을 받았죠. 그래서 마음님의 말이 정말 이해가 돼요.

리더 _____

회색: 제 경험을 공유하자면, 저도 종종 제 의견이 묻히는 경우가 많았어요.

리더: _____

1. 사례에서 어떤 피드백 촉진 기법을 사용할지 분석해 봅시다.

_____

_____

2. 어떤 피드백을 사용하는 것이 적절할지 논의해 봅시다.

_____

_____

3. 집단 리더와 집단원들은 어떤 감정을 경험할까요?

_____

_____

4. 개입 전략을 논의해 봅시다.

_____

_____

5. 개입 시 주의해야 할 점은 무엇일까요?

_____

_____

6. 개입과 집단과정에서 발생 가능한 어려움을 예상하고 대처 전략을 세워 봅시다.

_____

_____

_____

참고 자료: 피드백 주고받기 안내 자료(성인 대상)

■ 피드백을 의미 있게 주기 위한 방법

1. 피드백은 강요나 비난적이어서는 안 된다. 강요/충고하는 것보다 단순히 생각이나 정보를 제공해 준다.

2. 피드백은 받는 편이 소화할 수 있어야 한다. 받아들이는 사람의 노력 여하에 따라 변화할 수 있는 것이 좋으며, 때에 따라 대안적 행동을 제시하기도 한다.

3. 피드백은 한 과정을 마치고 바로 해야 한다. 여러 가지 사실을 모아서 하기보다는 한 활동을 마치고 바로 해 줄 때 효과적이다.

4. 피드백은 자신의 성장을 위하여 귀중한 교훈을 받아들이는 기회이기 때문에 사랑과 정직의 정신 아래 이루어져야 한다.

5. 피드백은 다른 사람을 돕고자 하는 욕구에서 출발해야 하므로 강요가 아닌 요청의 형식이 되어야 한다.

6. 선과 악, 옳고 그름에 대한 판단을 하지 말고 어떤 행동이나 사실을 말하되 그대로 기술해야 한다.

7. 여러 사람에게 공통으로 관찰될 수 있는 행동에 근거해야 한다.

8. 피드백 받는 사람에게 행동 변화에 있어서 선택의 자유를 주어야 한다.

■ 생각해 보기

피드백을 올바로 설명하고 있는지 점검해 보십시오. (○, ×)

1. 피드백은 그/그녀의 행동보다는 사람 자체에 집중해야 한다.

2. 설명보다는 판단하는 것에 초점을 두어야 한다.

3. 모호한 행동보다는 정확한 시간과 장소에 초점을 맞추어야 한다.

4. '그때 거기'보다는 '지금-여기'에 주의집중을 해야 한다.

5. 정보를 교환하기보다는 조언하는 것에 초점을 맞추어야 한다.

6. 기분 좋은 느낌이 있는 긍정적인 피드백을 주는 데 초점을 맞추어야 한다.

7. 그 사람이 얼마나 많이 사용할 수 있을 것인지를 염려하지 말고 최대한 피드백을 많이 주어야 한다.

집단원들 간의 정서적 동조화에 대한 뇌과학적 해석

개인상담과 달리 집단상담에서 중요하게 고려하는 요인은 집단 내에서 일어나는 다양한 수준에서의 역동이다. 개인 내 적인 역동. 개별 집단원들 간의 대인 간 역동. 그리고 집단 전체가 하나의 유기체처럼 성장과 변화 쇠퇴의 주기를 보인다. 집단에서의 이런 상호작용을 역동이라고 표현하는 것처럼 실제 집단 내에서의 작용은 흐름을 가지고 있고 정서가 오고 가며 생각이 확장되고 공감대를 형성하는 것과 같은 심리적 · 정서적인 교류가 있다. 우리가 집단 안에서 경험하는 다양한 느낌. 공유하게 되는 생각이 단순히 추상적인 개인의 느낌이나 주관적인 생각에만 그치는 걸까?

최근에 뇌파를 활용한 연구 결과를 보면 우리가 집단 안에서 경험하는 정서. 생각의 교류. 집단원들이 공유하는 에너지들이 단순히 '느낌'이 아닌 실체를 가지고 있다는 것을 확인할 수 있다. 실제 한 연구에서는 두 사람이 함께 공동의 과제를 수행할 때 뇌파의 변화를 관찰하였다. 팀이 되어서 함께 공동의 과제를 수행하면서 힘을 합쳐 문제를 해결하고자 할때 두 사람은 마치 하나가 된듯 뇌파가 점차 비슷해지는 동조화 현상을 보여 준다.

아직 집단상담에서 일어나는 다양한 상호작용을 물리적인 실체를 갖는 데이터로 측정한 연구가 발표되지 않았지만. 머지않아 기술적으로 뒷받침이 된다면. 집단상담 안에서 이루어지는 상호작용을 가시적인 물리적인 데이타로 확인할 수 있는 날이 머지않았다고 생각한다.

참고문헌

Fishburn, F. A., Murty, V. P., Hlutkowsky, C. O., MacGillivray, C. E., Bemis, L. M., Murphy, M. E., Huppert, T. J., Perlman, S. B., Putting our heads together: interpersonal neural synchronization as a biological mechanism for shared intentionality. Soc Cogn Affect Neurosci, 2018 Sep 5; 13(8): 841-849. doi: 10.1093/scan/nsy060. PMID: 30060130; PMCID: PMC6123517.

제**6**장

역할극

학습목표

1. 집단상담에서 역할극 기법의 유용성에 대해 학습한다.

2. 역할극 기법의 활용 단계에 대해 세부적으로 이해한다.

3. 실습을 통해 역할극 기법의 적용 단계에 대해 구체적인 적용 방안을 모색한다.

들어가며

−역할극을 활용해 보신 적이 있나요? 상담에서 어떤 주제, 어떤 맥락에서 사용했나요?

−실제로 사용하지는 않았지만, 역할극을 사용했으면 좋았겠다 하는 장면이 있었나요?

−역할극을 사용하면서 좋았던 점, 힘들었던 점은 무엇인가요?

−역할극의 효과적인 사용을 위해 어떤 역량과 기술이 중요하다고 생각하나요?

역할극은 일종의 즉흥극으로, 줄거리를 구성하여 집단원이 역할을 맡아 줄거리에 따라 연극을 하는 것이며 '변형된 역할놀이'로 볼 수 있다. 역할놀이는 집단상담에서 주로 깊이 있는 자기노출이나 개인의 자기이해 및 타인이해를 위해 집단에서 자주 사용되며, 단순한 인지적 작업보다는 정서적인 부분과 결합된 작업을 촉진하는 활동 중 하나이다 (권경인, 2001). 이 장에서는 집단원의 다양한 갈등 상황에서 활용할 수 있는 역할극에 대한 기본적인 이론을 정리하고 적용 방법에 대해 실습하고자 한다.

1. 역할극이란

역할극(Role play)은 사이코드라마(psychodrama)와 소시오드라마(sociodrama)의 역할놀이(role playing)에서 유래되었다. 사이코드라마가 인간의 심층적인 심리 및 존재를 탐구하는 행위 기법인 반면, 역할극은 문제를 다양한 측면에서 정의하고 최선의 해결 방법을 찾는 데 초점을 맞춘다. 사이코드라마의 창시자 Moreno는 "자기(self)는 역할에서 나온다"고 말한다. 즉, 역할은 '자기(self)가 취하는 구체적 형태'이며, 개인은 역할 및 역할 연기를 통해 끊임없이 자기를 창조해 나간다고 보았다. 사이코드라마의 기초를 이루는 중요한 개념으로 정신-신체적 역할, 사회적 역할이 있다.

1) 역할극의 순기능

역할극을 통해 상대방의 입장을 이해하고 자신의 행동을 객관적으로 볼 수 있다. 상호작용을 통해 친근감과 공동체 의식이 생기며, 실제 경험을 통해 더 빠르게 배울 수 있다. 안전한 환경에서 행동을 연습하고, 반복 시도를 통해 변화하고자 하는 행동을 강화한다. 이를 통해 자신감과 용기를 얻고, 타인의 역할을 관찰하며 다양한 행동을 배우고 자신감을 높인다. 타인과의 상호작용을 통해 자신의 시각을 넓히고 타인의 의미를 더 잘 이해할 수 있다.

※ **역할극: 내담자의 심리내적 상태를 현실화하는 기법**

- 내담자의 심리내적 상태를 현실화하고 실체화하는 것, 즉 재현하고 실현시키는 것이다.
- 내담자가 매일 자신을 학대하며 살아가는 잔인하고 처참한 내적 상태를 반영하여, 그가 스스로 감당하기 힘들 정도의 증오와 혐오를 경험하는 삶을 보여 줄 수 있도록 도와주는 것이다.
- 자기이해를 확장하고 결정할 수 있도록 도와주는 것이다.

집단상담사의 진정한 공감은 집단원이 경험하는 심리 내적 상태를 구체적으로 이해하는 것이다. 따라서 역할극을 통해 집단상담자는 집단원이 자신의 내적 상태를 보다 명확히 이해하고, 이를 바탕으로 자기이해를 확장하며 중요한 결정을 내릴 수 있도록 촉진한다.

2) 집단에서 역할극은 언제 사용하는가

역할극은 집단에서 다양한 상황에서 사용될 수 있다.

첫째, 미해결 과제가 있는 외부 대상이 있을 때 활용된다. 이는 현실에서 만날 수 없는 대상들, 예를 들어 화해할 수 없거나 돌아가신 대상 등을 다룰 때 적절하다. 최근에는 반려동물도 중요한 외부 대상으로 포함될 수 있다.

둘째, 개인 내면의 분열된 부분들이 있을 때 유용하다. 이는 내적 갈등을 통합하고 해결하는 데 도움을 준다. 예를 들어, 양가감정으로 인해 '이 회사로 갈까? 말까?', '결혼할까? 말까?' 같은 고민을 할 때 자신의 내적 갈등을 보다 명확하게 인식하고 통합할 수 있도록 돕는다.

셋째, 강렬한 정서적 카타르시스가 필요할 때 사용된다. 이는 강렬한 정서적인 경험이 해소와 정화가 필요할 정도로 감정이 고여있다고 판단될 때 적합하다.

넷째, 조망의 전환이 필요할 때 역할극을 통해 조망 능력을 확대할 수 있다. 이는 대상에 대한 시각을 바꿀 필요가 있을 때 유용하며, 예를 들어 학교폭력 가해자와 피해자 간의 관점을 이해하는 경우나, 개인 내부의 자아 간의 조망을 전환할 때 도움을 줄 수 있다.

예를 들어, 의대 진학에 실패한 집단원 A의 자신을 비난하는 나, 벌레로 생각하는 나, 그리고 이를 관찰하는 나 간의 시각 전환이 필요할 때 효과적이다.

※ 역할극을 활용한 내부 대상 간의 조망 전환 예시

준비물

• 빈 의자 3개 준비

• 의자 1: 집단원 A

• 의자 2: 자신을 벌레로 생각하는 나 역할

• 의자 3: 자신을 비난하는 나 역할

단계별 진행

1. 리더: "집단원들 중에서 누가 가장 나랑 비슷한 것 같아요?"(집단원 초대)

2. 집단원 A: (의자 1에 앉아 지켜보고 있음)

3. 집단원 1: (의자 2, 의대 진학에 실패한 자신을 벌레로 생각하는 나 역할)

4. 집단원 2: (의자 3에 앉아, 자신을 비난하는 역할. 집단원 A가 선택하거나 리더가 선택 가능. 강한 신념과 공격성을 잘 표현할 수 있는 역할)

〈리더의 집단원 2에게 초대 메시지〉

"○○님, 저 좀 도와줄 수 있겠어요? 저 사람이 했던 아주 표독스럽고 강렬한 말 있죠? 이거 기억했다가 해 줄 수 있겠어요?"

5. 리더: 의자 3에 앉은 집단원 2 뒤에서 더블링(이중자아) 해 줌

2. 실제 집단에 적용하기

1) 역할극 준비

집단원들이 역할극 작업 이전에 역할극에 서서히 익숙해지도록 충분히 자극하고 역할 활동을 하도록 간단한 워밍업을 하거나 간단한 연습 회기를 사용한다. 리더는 역할극이 필요한 집단원과 초점을 선택하는 과정에서 자유를 주는 여유로운 자세가 필요하다. 참여를 강요하지 말며 명쾌하고 정확한 지침을 제공한다.

2) 역할극에 초대하기

주제와 대목 포착	▶ 리더는 집단원이 과거의 관계들과 경험들에 대한 기억 흔적들이 어떻게 연결되었는지 중심 주제의 단서를 탐색하고 집단원이 마주해야 하는 역할극의 대목을 포착한다. 이때 언어적 메시지뿐만 아니라 비언어적 메시지를 확인하여 집단원에 대한 충분한 이해를 바탕으로 한 개입을 한다. ☞ 무엇을 주제로 할 것인가? 이와 연결된 대상은 누구인가? **주제의 예시:** 분노, 의존, 독립, 힘, 무기력, 포기, 애도 **대상의 예시:** 가해자, 돌아가신 부모, 유산된 아이, 이별한 연인 등

역할극에 초대하기	▶ 실연에서 중심 주제를 확인하고 집단원이 일어났던 일을 집단에서 말로 설명하기보다는 행위로 보여 주도록 돕기 위해 안내한다. 역할극이 필요한 대목에 필요한 적절한 시간과 장소에서 장면 설정에 주의를 기울이고 초대한다. 예시) 리더: 오늘 헤어질 때 마지막 인사도 못 한 옛 연인과 만나 보실래요?

3) 합의 과정: 첫 장면 및 시작 멘트 설정

극적인 상황과 미해결된 장면을 설정하고, 정서적인 소재가 나오도록 안내한다. 이를 위해서는 리더가 이전 장면에서 내용과 맥락을 잘 알고 있어야 한다. 예를 들어, "나는 그 인간을 아버지라고 부른 적이 없어요" 또는 "왜 그랬는지? 내가 왜 그 인간이라고 했는지 알아?"와 같은 집단원의 정서가 묻어나는 핵심 언어를 시작 멘트로 사용할 수 있다.

4) 저항 다루기

집단원이 저항하거나 꺼려 하는 마음을 언어적 및 비언어적 반응을 통해 이해하고, 이에 대한 민감하고 수용적인 태도로 상세히 안내하여 저항을 다룬다. 예를 들어, 울음, 침묵, '뭐 하는지 모르겠다', '하고 싶지 않다', '하고 싶은 말이 없어요', '이런 방법은 나한테 도움이 전혀 안 될 거예요' 등의 반응을 포함할 수 있다.

> ※ **집단원의 저항 다루기 예시**
>
> 리더: 오늘 아버지 한번 만나 보실래요?
>
> 집단원: (생뚱맞은 반응) 죽은 아버지를 어떻게 만나요?
>
> 리더: 지금 집단에서는 가능해요. ○○ 씨가 아버지를 직접 만나 반드시 해야 할 이야기가 있는 거 같아요. 이곳에서 대면하여 만나는 경험은 달라요. 아버지를 만나 보는 것을 도와줄게요. 만약 진행하다가 A씨가 힘이 들어 멈춰야 한다면 언제나 멈출 수 있고. 제가 그때 멈출 수 있도록 도울 거예요.

5) 집단원이 상황을 설명하려고 할 때의 개입

> ※ **집단원이 장황하게 설명하려고 할 때의 개입 예시**
>
> 집단원: 아버지는 폭군이었어요. 어머니를 때리고 나서 저희를 협박했는데, (리더를 의식하며) 다들 아시잖아요. 아버지는 자기밖에 몰랐어요. 다 자신의 것만 맞다고…….
>
> 리더: "저에게 이야기하지 마세요. 상황을 설명하지 말고 그때 그 상황으로 가서 아버지께 직접 이야기하십시오."

6) 역할극을 실제 집단에 적용 시 고려 사항

- 기법 사용 시 같은 기법을 반복해서 쓰지 않는다. 이는 너무 소모적이고, 반복되면 지루해질 수 있기 때문이다.
- 다루어질 개인적인 문제들을 종합하며 집단에서 얼마만큼 공유할 것인가를 살펴본다.
- 공유된 문제를 가지고 어떻게 개입하고 해결할 것인가 모색하고 집단원과 논의한다.
- 역할극의 줄거리는 구체적이고, 분명하며 가능한 한 짧아야 한다.
- 집단원들이 역할에 대해 확실할 때까지 설명하고 질문을 받는다.

> ※ **역할극 기법 적용의 기준(학습자들의 질문과 답변을 중심으로)**
>
> Q: 빈 의자 기법과 역할극 기법 중 어떤 것을 선택할지의 기준은 무엇인가요?
>
> A: 집단원이 실제 대상이 필요한지에 따라 결정합니다. 이 판단은 리더가 하는 것이 아니라 집단원에게 실제 대상을 원하는지를 직접 물어보고 결정합니다.
> "사람이 없는 게 나아요? 누군가 있는 게 나아요?"라고 불어볼 수 있습니다.

Q: 빈 의자 기법과 역할극 기법을 사용하다 중간에 바꾸는 경우도 있나요?

A: 빈 의자로 시작했는데 상황에 따라 역할극으로 전환할 수도 있어요. 근데 역할극 기법을 사용하다 가끔 역할을 맡은 사람이 너무 감정적으로 되거나 정서 톤이 안 맞을 때는 빈 의자로 바꾸기도 합니다.

Q: 집단원이 역할극을 감당할 수 있을까? 너무 여리게 느껴져 역할극을 할 강도가 될까? 그 판단이 어려워요?

A: 역할극 강도는 상황에 맞춰 조절할 수 있어요. 겉으로 보기에는 약해 보여도 내면의 감정은 그렇지 않을 수 있습니다. 또한, 집단원이 작업할 수 없다고 판단할 때 상담자의 불안이나 저항 때문일 수도 있으니 상담자의 자기 점검도 필요가 있습니다.

Q: 역할극 사용 시 집단상담자의 대화 톤을 어떻게 조절해야 하나요?

A: 일단 세게 해 보고, "이건 아니었어"라고 느끼면 조절하면 됩니다. 너무 약하게 해도 마찬가지로 "이건 아니었어"라고 느낄 수 있어요. 이런 조율과 시행착오 과정을 당연하게 여기고 진행하시면 됩니다.

3. 역할극을 효과적으로 이끄는 중급 집단상담자의 자질

중급 집단상담자는 정서에 있어서 고도로 분화된 전문가가 되어야 하며, 집단원의 정서를 명확하게 표현하고 이를 의식적으로 다룰 수 있어야 한다. 또한, 역할극이 진행되면서 증폭되는 집단원의 정서적 반응을 잘 이해하고 적절히 처리할 수 있어야 한다. 만약 리더가 정서를 제대로 다루지 못하거나 확신이 부족하면, 생각이 많아지거나 지나치게 조심스러워질 수 있으며, 이러듯 준비 부족은 집단원들에게도 쉽게 전달될 수밖에 없다.

1) 몰입의 어려움

집단원이 통제할 수 없는 상황에 대한 불안 등으로 인해 역할극에 몰입하지 못하는 경우가 있을 수 있다. 이러한 경우 리더는 '더블' 역할을 통해 내담자의 감정을 대신 표현하거나, 빈 의자 기법을 활용해 내담자가 감정을 적절히 발산할 수 있도록 도와야 한다. 특히, 감정 표출의 어려움에 대해 리더는 세심하게 개입하여 조정할 필요가 있다.

2) 증폭되는 정서 이면의 저항 다루기

집단원의 정서가 더 과격해지고 잔인해지고 깊어지면, 동시에 부적절감, 의문, 그리고 '정말 저렇게까지 비난받을 대상인가?' 하는 대상에 대한 연민이 생긴다. 그러면서 저항과 반감이 생기고, 결국 저항하며 싸우게 된다. 이때 리더는 집단원의 강한 정서적 반응을 수용하면서도, 이 정서의 이면에 있는 저항을 다루는 방법을 적절하게 적용해야 한다.

예) 30대 집단원 B는 20년 전 이혼하고 한 번도 만나 준 적 없는 아버지에 대한 분노와 적개심을 강하게 표현하기 시작했다. 그는 자신의 이야기를 할 때 목소리가 높아지고, 말투도 공격적으로 변해갔다. 하지만 역할극을 진행하자 조용해지고 "왜 내가 이렇게까지 비난해야 하죠? 저 사람과 말하고 싶지 않아요."라고 말한다.

3) 부정적 경험으로 역할극이 마무리될 때

때로 집단원은 자신을 비난하는 대상의 목소리에 위축되어 부정적 사고와 정서로 역할극을 끝낼 수 있다. 이럴 때는 부정적 피드백이나 비난을 단순히 반박하기보다는, 그 피드백을 인정하고도 자신이 어떻게 그것을 극복하고 버텨 왔는지에 초점을 맞추는 경험이 필요하다. 즉, 집단원이 자신을 살려내는 경험을 만드는 것이 필요하다.

예를 들어, 부정적 피드백이 맞다고 가정할 때, 그럼에도 불구하고 자신이 그 영향을 견디고 지금까지 버텨왔다는 사실을 발견하는 것이 중요하다. 이렇게 함으로써, 자신을 비난하거나 폄하하는 말을 부정적으로 받아들이기보다는, 그 말을 수용하고 자신이 지닌 강점을 발견하며 역할극을 긍정적으로 마무리할 수 있게 된다.

4) 공격성 다루기

집단원이 강한 공격성을 표출할 때, 리더는 이를 억누르지 않고 적절히 표출할 수 있도록 유도해야 한다. 또한, 빈 의자 기법을 사용해 내담자가 안전하게 감정을 발산하게 하거나, 리더가 '더블' 역할을 통해 감정을 증폭시켜 줄 수 있다. 윤리적으로 리더는 자신의 감정을 주의하며, 집단원의 공격성을 지나치게 조장하거나 억제하지 않도록 신경 써야 한다.

과도한 역할 몰입의 예) 집단원이 역할극에서 자신을 학대했던 과거의 상사에 대한 분노를 강하게 표출하며 상사 역할을 맡은 사람을 때리고 싶어 한다. 이때 상대 역할을 맡은 대상이 절대 맞게 해서는 안 된다. 리더는 상사에게 화가 난 집단원이 충분히 이해됨을 타당화 및 공감해 주고, "이 빈 의자를 상사라고 생각하고, 그 의자를 쳐보세요"라고 유도하며 공격성을 안전하게 발산할 수 있는 방법을 제공한다. 이후 실제 집단관계에서 상대 역할을 한 집단원에게 사과하는 작업이 필요하며, 공격성을 경험한 상대 집단원으로 어땠는지 나누는 작업으로 마무리한다. 이러한 공격성의 표출을 잘 다루고 나면 부정적 경험을 한 대인 간에 깊은 관계 경험을 할 수 있다.

(1) 집단원의 공격성 처리를 위한 집단상담사의 역할
- 집단상담사는 집단원이 이런 의문, 부적절감 그리고 저항과 싸워서 이기게 해야 한다.
- 집단원의 공격성 처리를 위해 집단상담자는 내담자의 감정 톤에 맞는 언어와 비언어를 사용할 수 있어야 한다.
- 집단원이 어떻게 공격성을 처리하는지 잘 관찰하고 조율해야 한다.
- 집단원이 극히 혐오했던 주변인들이 했던 행동일 수 있다. 그래서 과격하거나 천박한 말들에 대해서 거부 반응과 혐오 반응이 나올 수 있음을 고려해야 한다.

(2) 집단상담사의 공격성을 다룰 때의 윤리적 고려 사항

• 공격성의 강도를 적절하게 조절하지 못하거나, 반대로 지나치게 억압하여 공격성 처리가 원활하지 않은 집단상담사는 역할극을 효과적으로 진행하기 어려울 수 있다.

• 집단상담자는 역전이를 잘 인식하여, 자신의 분노나 공격성을 내담자에게 투사하지 않도록 주의해야 한다. 상담자가 자신의 공격성을 내담자에게 강요하는 경우가 있는데, 이는 대부분 역전이에서 비롯된다.

  −내담자의 공격성 수준을 넘어서서 공격성을 강요하지 않도록 유의해야 한다.

  −내담자가 분노를 표출하고 싶은 만큼 '더블'이 되어 소리를 질러야 한다.

• 집단상담자는 넓은 감정의 스펙트럼을 자유롭게 다룰 수 있어야 하며, 다양한 감정 상태에 유연하게 대응할 수 있어야 한다.

감정 표현 활동('희로애락 표현: 점점 크게-작게 말하기')

■ **목적**: 역할극을 시작하기 전 집단원의 감수성을 자극하며 자발성 향상과 친밀감 형성에 도움을 줄 수 있다.

■ **활동 소개**

- 리더가 제시하는 희로애락 감정(예: 기쁨, 분노, 슬픔, 즐거움, 두려움, 역겨움 등)을 목소리와 행동으로 표현한다.
- 조별로 집단원들이 순서를 정하여 순번이 올라갈수록 목소리와 행동을 점점 커지게(작아지게) 한다.
- 옆으로 돌아가며 크기를 점점 키워(줄여) 나가며 가능하면 다시 처음 시작한 집단원으로 돌아가며 반복한다. 더 많은 순번까지 감정을 표현한 조가 우승을 한다.
- 2조씩 중앙으로 나와 2줄로 서 마주 보며 리더가 제시한 감정을 순서대로 앞보다 조금 큰(적은) 행동으로 차츰 표현하여 가장 큰 행동이 나올 때까지 지속한다.
- 승부를 낼 수 없는 경우, 다른 조들이 우승 조를 선택하도록 하거나 리더가 점수판을 만들어 희로애락별 점수를 합하는 방식으로 진행할 수 있다.

1. 특정 감정을 표현할 때 더 어려움이 있었나요? 그 이유는 무엇이라고 생각하나요?

_____

_____

2. 이번 활동을 통해 자신에 대해 새롭게 알게 된 점이 있나요?

_____

_____

3. 이 워밍업 활동이 이후 역할극에 어떻게 도움이 될 것 같나요?

_____

_____

만나고 싶은 대상 되어 보기

■ **목적**: 실제 역할극의 주인공이 되어 만나고 싶은 대상과의 작업을 통해 미해결된 과제(정서)를 이해하고 정서적 해소 과정을 체험할 수 있다.

■ **활동 소개**

- 3명이 한 조가 되어 리더, 역할 수행자(주인공), 보조자아가 되어 진행한다.
- 리더는 주인공이 만나고 싶어 하는 대상을 다음과 같이 정하고 연습할 수 있다.

> **만나서 이야기를 들려주고 싶은 대상**: 분노의 대상(예: 부모, 배우자), 미해결 과제가 있는 대상(예: 사별, 자살한 사람, 이별한 연인) 등

- 리더는 역할연기 활동에 대해 안내하고 준비된 집단원을 초대한다.

> **역할극 초대 멘트**: 각 역할이 되어 자신의 마음속을 가만히 들여다보고 하고 싶은 말과 감정을 생각해 보세요. 이곳에서 ○○가 되어, 하고 싶은 이야기를 해 보시겠어요?

1. 이 활동을 통해 무엇을 체험하였나요?

_____

_____

_____

2. 어떤 역할이 친근하게 느껴졌나요, 혹은 어렵게 느껴졌나요? 그럴 만한 이유가 있을까요?

_____

_____

_____

3. 각 역할 활동을 수행하면서 인식할 수 있었던 구체적인 변화(신체적 · 정서적 · 인지적)는 무엇인가요?

_____

_____

_____

_____

_____

_____

4. 이러한 경험을 통해 집단에서 활용할 수 있는 것은 무엇인가요?

_____

_____

_____

_____

_____

_____

모의 실습
역할극을 활용한 개입

■ 목적

- 집단 장면에서 자주 작동하는 주요 주제를 가지고 역할극 기법을 습득한다.
- 토론을 통해 치료적 효과를 높일 수 있는 보다 나은 접근 방법을 모색한다.
- 실제 집단에서 발생할 수 있는 상황적 변수에 대한 대안도 함께 나누어 본다.

■ 방법

- 조별로 집단리더, 주인공, 보조자아(1~2명), 관찰자로 나누어 돌아가면서 연습한다.
- 3가지 주제인 분노, 애도, 성폭력 사례를 선택하여 차례로 모의 실습을 진행한다.
- 사례별 모의 실습 후 연습 후 각 리더, 주인공은 느낀 점을 말하고 보조자아, 관찰자는 피드백을 한다.

■ 나누기

주인공

- 역할을 하는 동안 나는 어떤 것을 경험하였나요?
- 삶에서 비슷한 경험이 있었을까요?

리더

- 리더로서 역할극 기법을 수행하면서 어려운 점은 무엇이었나요?
- 리더로서 집단원이 구체적인 대안 반응을 수행하도록 도울 방법을 논의해 보세요.

보조자아

- 주인공을 도우면서 느낀 점은 무엇이었나요?
- 보조자아로서 어떤 점이 어려웠나요?

관찰자

- 역할극을 지켜보면서 어떤 점이 가장 인상적이었나요?
- 주인공과 리더의 상호작용에서 무엇을 배웠나요?

분노

■ **분노**: 무의식에 억압된 초기 대상관계가 현재 관계에서 재현되고 불안하며 특정한 느낌이나 반응
(분노, 미움, 두려움)으로 나타난다.

 사례

32세 영업직의 싱글 차도남은 큰 키에 훤칠하며 높은 콧날에 안경을 쓰고 있어 지적인 인상을 준다.
그는 집단에서 긴장된 모습을 자주 보이며, 자신의 감정을 드러내는 것에 소극적이다. 특히, 집단원 중
아버지 나이대의 집단원 지식인(남, 57세, 강사)에게 더 거리를 두고 회피하는 것이 자주 목격된다. 차
도남은 일곱 살 때 부모가 이혼하여 어머니와 살았다. 어머니는 우울증으로 냉담하게 대했고, 아버지
와는 1년에 4~5번 다방에서 잠깐 만났다. 중학교 입학 후 아버지가 재혼하면서 만남이 줄어들어 지
금은 1년에 1번 정도 만난다. 차도남은 직장 상사와 선배에게 도움을 청하거나 대화하는 데 주저하는
경우가 많다. 다른 동료들에게 잘 챙겨주는 상사가 자신에게만 유독 차갑게 구는 것 같아 불쾌해하고,
회의나 모임에서 자주 화가 난다. 여자친구와도 이야기를 귀담아 듣지 않아 싸우는 일이 잦다.

호소문제: 직장 상사에 대한 분노가 커 잘 지내지 못하며 자주 대립한다.

개인 목표: 사람들 관계에서의 겪는 어려움을 해결하고 싶다.

리더: 오늘 나눌 주제는 '분노'입니다. 분노가 우리의 감정과 관계에 어떻게 영향을 미치는지 이해
해 보고자 합니다. 각자의 경험을 공유하면서 서로에게 도움이 될 수 있도록 노력해 봅시다.

차도남: (긴장한 모습으로) 제 이야기를 해도 될까요?

리더: 물론이죠, 차도남 씨. 편하게 이야기해 주세요.

차도남: 저는 어렸을 때 부모님이 이혼하셔서 어머니와 함께 자랐습니다. 어머니는 우울증이 있
었고, 아버지와는 1년에 몇 번밖에 만나지 못했습니다. 그때부터 사람들과의 관계가 어려워
진 것 같아요. 직장에서 상사와 자주 대립하고, 여자친구와도 자주 싸웁니다. 특히, 집단원
중 아버지 나이대의 지식인 씨에게 거리감을 느낍니다. 이런 문제를 해결하고 싶습니다.

지식인: (차도남에게) 차도남 씨, 제가 아버지와 비슷한 나이라서 그런 걸까요?

차도남: (약간 머뭇거리며) 네, 그런 것 같아요.

역할극 모의 실습(주제: 분노)

※ 차도남의 사례를 읽고 다음의 질문에 답해 봅니다.

1. 차도남이 관계 갈등에서 해결해야 하는 주제는 무엇일까요?

_____

_____

2. 차도남이 겪는 반복되는 관계 어려움의 패턴을 분석해 보세요.

_____

_____

> '제2장 대상관계이론 기반 사례개념화'에서 학습한 대상관계 재현, 전이를 참조하여 차도남의 관계 패턴을 분석해 봅니다.

3. 차도남의 역할극에 초대할 상사 역할에 대해 구체적으로 제시해 보세요.

_____

_____

4. 상사와의 관계와 유사한 부모와의 유년기 초기 장면을 정해 보세요.

_____

_____

5. 차도남이 하고 싶은 말을 표출하도록 어떻게 도울지 생각해 보세요.

_____

_____

애도

■ **역할극을 통해 상실한 대상과의 만남**은 가슴속에 아픈 기억으로 남았던 '그때-거기서'의 순간을 '지금-여기서' 생산적으로 재경험하는 기회를 얻게 되며, 상실한 대상에 대한 그리움과 죄책감을 해소할 수 있다(김동수, 이우경, 2004).

🔔 사례

이파랑(50대 기혼 사회복지사)은 남편의 병간호와 가정 내 갈등으로 인해 심리적 불안을 겪고 있다. 남편의 대장암 진단과 첫째 아들의 자살로 인해 큰 상처를 받았으며, 이로 인해 둘째 아들에 대한 걱정도 커졌다. 본인의 갑상선 수술 후 건강에 대한 불안도 존재한다. 친정엄마와의 관계에서 갈등이 크고, 첫아들의 죽음 이후 검정색 옷을 피하며, 첫아들이 죽은 달에는 더욱 우울해진다.

- **호소문제**: 남편 병간호에 지치고 남편이 더 나빠지고 죽을까 봐 불안하고 우울하다.
- **개인 목표**: 대인관계로 지친 마음을 다스리고 심리적 안정을 찾고 싶다고 한다.

리더: 이파랑 님의 이야기를 들어볼까요?

이파랑: 안녕하세요. 저는 남편의 병간호와 친정 식구들과의 갈등으로 인해 힘들어요. 그런데…… 4년 전에 첫째 아들을 자살로 잃었고, 그 이후로 생각이 더 많아졌어요.

집단원 A: 첫째 아들에 대해 이야기를 나누어 줘서 고마워요. 얼마나 힘드셨을까…… 마음이 너무 아파요.

집단원 B: 친정 식구들과 갈등이 있으시다고 들었는데. 어떤 점이 힘드신가요?

이파랑: 친정 엄마가 저에게 하소연할 때마다 자식을 잃은 나도 이렇게 힘든데, 나를 생각해 주지 않는다고 느끼게 돼요. 그래서 화가 나고, 엄마를 보기 싫어지기도 해요.

리더: 첫째 아들에 대한 그리움이 클 때는 어떻게 하시나요?

이파랑: 뒷산에 올라가 새소리를 들으며 아들이 다시 태어나 노래하고 있다고 생각하면 진정이 됩니다. 하지만 첫아들이 죽은 달에는 더욱 멍해지고 눈물이 많이 나요.

리더: _____

역할극 모의 실습(주제: 애도)

※ 이파랑의 사례를 읽고 다음의 질문에 답해 봅시다.

1. 이파랑이 집단에서 다루고 싶은 주제는 무엇일까요?

_____

_____

_____

> 건강 불안, 죽음의 두려움, 관계의 어려움, 애도 작업을 동시에 고려하며 문제와 관련된 현재 생활
> 여건, 문제를 지속시키는 상황적 요인을 함께 살펴봅니다.

2. 이파랑이 보여 주고 있는 반복되는 애도 단서들은 무엇인가요?
   ※구체적인 이론적 설명은 〈참고 자료 1: 애도의 이해〉를 읽어 보세요.

_____

_____

_____

3. 차도남의 역할극에 초대할 상사 역할에 대해 구체적으로 제시해 보세요.

_____

_____

_____

> 먼저 이파랑의 의사를 존중하며 확인하는 절차를 진행합니다. 이후 집단 전체에게 애도 작업의 목적
> 과 과정을 설명하여 준비시킵니다.

4. 역할극에서 이파랑의 첫째 아들 역할을 누가 맡는 것이 좋을까요?

_____

_____

_____

> 대상이 필요치 않다고 판단될 때 빈 의자 기법을 사용할 수 있다. 〈참고 자료 2: 빈 의자 기법〉을 참조하십시오.

5. 이파랑이 역할극에서 자신의 감정을 충분히 표현하도록 돕기 위한 적절한 반응들을 생각해 보세요.

_____

_____

_____

모의 실습 3
성폭력

■ **성폭력을 주제로 역할극을 진행하는 목적은** 피해자가 감정을 표현하고 트라우마를 극복하며 자신감을 회복하도록 돕는 것이다.

 사례

민들레는 25세 대학원생으로, 랩실에서의 과긴장과 불안으로 인해 ADHD 약을 복용 중이다. 집단상담 중 부모의 갈등과 중학생 때 사촌오빠의 성추행 사건을 털어놓았으며, 그 당시 엄마의 부정적인 반응으로 인해 외로움과 불안을 현재까지 겪고 있다.

- **호소문제**: 엄마와 소통이 안 되고 매번 부정적인 부분만 지적하기 때문에 싫다.
- **개인 목표**: 관계에서 과긴장되는 부분이 없어져 랩실에서 일을 잘하고 싶다.

리더: 민들레 님의 이야기를 나누어 보겠습니다. 민들레 님, 시작해 주시겠어요?

민들레: 저는 대학원 랩실에서 항상 긴장되고 불안해요. 집중력이 떨어지고 과호흡이 심해서 병원 진료를 받았고, ADHD 약을 먹고나서, 약 덕분에 실수는 줄었지만 여전히 불안해요.

집단원 A: 그 불안함이 언제부터 시작된 건가요?

민들레: 중학생 때부터였던 것 같아요. 엄마와의 관계가 힘들어졌어요. 엄마는 늘 제 부정적인 부분만 지적하곤 했어요.

집단원 B: 중학생 때 구체적으로 어떤 일이 있었는지 이야기해 주실 수 있나요?

민들레: (떨리는 목소리로) 중학교 2학년 때 사촌오빠에게 성추행을 당했어요. 엄마에게 이야기했더니 절대 다른 사람들에게 말하지 말라며, 저를 꾸짖었어요. '네가 잘못한 거다', '치마를 왜 입고 있었냐'고 하면서요. 지금도 사촌오빠를 가족 모임에서 보면 너무 무서워요. 그런데 엄마는 저를 이해하지 못하고, 웃지 않는 저를 못마땅해해요 (눈물).

리더: 그 사건 이후로 많이 힘드셨겠어요. 지금 이 순간에도 그때의 감정을 느끼고 계시나요?

민들레: 네, 그래서 항상 긴장되고 불안해요. 엄마와의 관계도 여전히 힘들고요.

리더: _____

역할극 모의 실습(주제: 성폭력)

※ 민들레의 사례를 읽고 다음의 질문에 답해 봅니다.

1. 성폭력을 주제로 역할극 진행 시 사전 고려해야 할 사항은 무엇일까요?

_____

_____

_____

_____

_____

> 역할극 전에 피해자를 위해 안전하고 지지받을 수 있는 환경을 마련하고, 피해자의 동의와 편안함을
> 최우선으로 고려하며 전문가의 지도하에 신중하게 진행되어야 한다.

2. 역할극 전에 피해자를 위해 안전하고 지지받을 수 있는 환경을 마련하고, 피해자의 동의와 편안함을
   최우선으로 고려하며 전문가의 지도하에 신중하게 진행되어야 한다.

_____

_____

_____

_____

_____

3. 민들레가 역할극 중 성폭력 피해자가 느끼는 죄책감, 무기력 등 내적 갈등이 일어났을 때 어떻게 개입
   할 수 있을까요?

_____

_____

_____

_____

_____

4. 역할극이 끝난 후 민들레가 안정감을 찾도록 어떻게 지원할 수 있을까요?
   다른 집단원들이 역할극 후 느낀 감정을 어떻게 나누게 할 수 있을까요?

_____

_____

_____

_____

_____

5. 역할극 진행 중 윤리적인 문제가 발생하지 않도록 어떤 사항을 미리 고려해야 할까요?

_____

_____

_____

_____

참고 자료 1: 애도의 이해

■ **애도(mouring)란**

중요한 대상과의 이별, 심리적 상실 등을 경험한 후에 일어나는 인지적 · 정서적 · 행동적 변화의 과정을 의미한다.

① **정서적 변화**: 충격, 혼란, 고인에 대한 분노, 죄책감

② **행동적 변화**: 수면장애, 식욕 저하, 회피(대인관계나 사회적 활동에서 철수, 고립)

③ **인지적 변화**: 상실한 대상을 이상화, 살아 있다는 생각, 잘못했음의 후회

■ **애도 작업의 필요성**

1) 인간은 세상을 살아가는데 많은 상실을 경험한다. 사랑하는 사람의 죽음, 친한 관계의 헤어짐, 이혼 등 어떤 중대한 상실은 손상을 안겨 주고, 결과적으로 위기를 가져온다.

2) 죽음과 같은 큰 불행은 아니더라도 실직, 파산, 건강의 상실 등과 같은 경미한 상실도 개인이 감당해야 할 정서적 상처를 가져온다.

3) 정상적인 성장과 발달 동안 사람들은 많은 중대한 상실과 경미한 상실을 경험한다.

4) 상실에 대처하는 것은 정서 발달, 자신의 회복, 개인적 통합에 중요한 역할을 한다.

5) 가족이나 친한 친구의 죽음과 같은 중대한 상실에서 절대로 '회복'할 수 없을 것 같지만, 삶의 의미를 재형성하고, 지속되는 괴로움을 예방하고, 개인적 · 심리적 · 영적 통합을 유지하는 방법으로 상실을 다루는 과정은 중요하다.

■ **애도 반응의 단서**

1) 비교적 사소한 사건에 강한 슬픔 반응을 보인다.

2) 집단 도중에 상실의 주제를 계속 말한다.

3) 고인이 갖고 있던 것과 같은 신체적 증상을 표현한다.

4) 생활방식이 급격히 변화했거나, 가족, 친구, 활동, 고인과 함께 갔던 곳을 꺼린다.

5) 상실 후에 오랜 시간 동안 우울하고, 죄의식과 낮은 자존감을 갖고 있다.

6) 질병과 죽음에 대해 공포를 갖고 있다. 죽음과 관련된 의식이나 활동을 피한다.

■ 애도의 단계: 조작적 개념

- 1단계—충격, 슬픔, 불안, 고립: 상실 초기에는 일상적인 일에 도움을 주는 것이 매우 중요하다. 상실로 갑자기 일상적인 일을 하기 어렵게 되거나 할 수 없게 된다.

- 2단계—슬픔: 충격 후에는 심한 슬픔이 몰려온다. 이 단계의 특징은 극적인 정서적 표출이다. 사별한 사람은 평소와 달리 슬픔을 격하게 표현한다.

- 3단계—외로움: 슬픈 후에는 심한 외로움이 다가온다. 그런 고독은 평소와는 다른 신경과민, 수면장애, 식욕 감퇴와 같은 신체적인 것으로 나타난다.

- 4단계—분노와 죄의식: 자신이 느슨해지고 집이나 직장에서 정상적인 과업에 집중할 수 없다는 것을 발견한다. 이런 곤경에서의 좌절은 강한 분노, 죄의식을 불러일으킨다.

- 5단계—우울: 고인이 다시 돌아오지 않는다는 것을 알게 되고, 결과적으로 종종 우울에 빠지게 된다. 상실의 이야기를 들어주고, 진정한 관심을 표현하는 것이 내담자에게 편안함과 도움을 준다.

- 6단계—미래에 대한 재조명: 5단계의 마지막 즈음에 사별한 사람은 보통 기쁨을 경험한다. 그것은 슬픔의 마지막 단계의 전조이며, 미래에 대한 재조명이다.

참고 자료 2: 빈 의자 기법(Empty Chair Technique)

■ 빈 의자 기법의 정의

빈 의자 기법은 내담자가 특정 대인관계에서 미해결 과제를 갖고 있지만, 현재 치료 장면에 올 수 없는 대상과의 관계를 다룰 때 사용된다. 이 기법은 내담자의 현재에 영향을 미치고 있으나 지금 치료 장면에서 만날 수 없는 대상과의 대화를 통해 감정을 표출하고 해결하는 데 도움을 준다. 이는 관계 갈등이 심해서 함께 자리하기 어려운 경우, 관계 대상이 사망한 경우, 더 이상 연락을 하지 않고 지내는 과거 관계 대상 등에 적용된다(고나영, 2024).

■ 주요 사용 사례

① 미해결 분노 감정 작업: 부모나 권위적인 대상과의 관계에서 미해결된 분노를 다루는 데 효과적이다.

② 애도 작업: 상담자는 내담자가 미해결된 감정을 접촉하고 표현할 수 있도록 지지하며, 과정을 지켜보고 돕는다.

■ 실험 과정

1) 의미 있는 관계 탐색

－과거 및 현재 대인관계 갈등을 탐색한다.

－내담자에게 영향을 많이 미치는 인간관계 대상을 파악한다.

2) 미해결 감정 및 욕구 파악

－투사된 욕구, 표현하지 못한 감정 등을 자각하게 돕는다.

－내담자가 관계 대상에게 하고 싶은 구체적인 말을 명료화하도록 질문한다.

3) 실험 제안 및 동의 구하기

－내담자에게 상대에게 말하고 싶은 내용을 이곳에서 말해 보는 실험을 제안하고 동의를 구한다.

4) 빈 의자 설정 및 대화 유도

－내담자가 바라볼 수 있도록 빈 의자를 맞은편에 두고, 상대방에게 말하듯이 대화를 진행한다.

－상황에 따라 내담자가 빈 의자에 앉아 상대방이 되어 자신에게 대답하는 기회를 제공한다.

5) 과정 마무리
  −내담자가 충분히 표현한 후에는 빈 의자를 치우고 현재로 돌아오게 안내한다.
  −작업을 통해 어떤 경험을 했는지 나누고, 경험을 인지적으로 통합할 시간을 충분히 제공한다.

■ **기대 효과 및 고려 사항**
  −개인의 미해결 과제 해소, 자기 접촉 및 자기 기능의 활성화 등의 효과가 있다.
  −내담자의 정서적 카타르시스나 갈등 관계 대상과의 화해가 반드시 이루어져야 하는 것은
   아니다.

참고 자료 3: 역할극 실연 예시

◆ 목적: 심리극 과정 예시를 통해 역할극 기법을 학습할 수 있다

다음의 집단 실연은 약물 및 알코올 문제로 치료 중인 사람들을 위한 집단을 기반으로 구성된 예이다. 이 실연 예시는 실제 집단원들의 작업을 기반으로 하지 않고 설정 면에서 일반적으로 작동하는 주제와 과정을 반영하도록 구성되었다. 1명의 리더와 10명의 집단원으로 구성된 집단이며 다섯 번째 회기 내용이다.

■ 워밍업

집단 구성원들이 '진짜 자기'와 '이상적인 자기' 사이의 대화로 진행된 워밍업이 끝난 후 Bob은 워밍업 내용을 가지고 작업한다. 자신을 주장할 수 없는 상황에서 자신의 본능을 신뢰하려는 그의 열망은 대부분의 집단원들이 공감하였고, 이러한 지지적인 집단의 흐름에 의해 Bob은 주인공 역할을 하게 되고 그는 자신뿐만 아니라 다른 사람들을 위해 작업을 시작한다.

주인공: Bob은 30대 후반의 독신으로 혼자 살고 공무원으로 재무 부서에서 일한다. 그의 아버지는 죽었고, 그의 어머니는 살아 있으며, 그는 세 형제 중 막내이다. 그는 지난 5년 동안 음주를 지속하였고 지난 1년 동안 알콜리즘으로 문제를 겪고 있다. 치료집단 프로그램의 처음 몇 주 동안 Bob은 조용하고 많은 정보를 수집했으며 자신에 대한 비판이나 대립에 매우 민감해 보였다. 그런 다음 그는 병원에 있는 것에 대한 수치심과 타인에 대한 분노에 대해 이야기하기 시작했다. 5주 차에 Bob은 좀 더 개방적이고 정직해져 약간의 안도감을 표현하였다. 지금 적극적으로 주인공 역할을 하겠다는 그의 선택은 자신의 치료를 받아들이고자 하는 중요한 움직임으로 반영된다.

작업의 첫 번째 단계는 Bob과 디렉터가 명확하고 실행 가능한 계약을 체결하는 것이다. 이 경우 "비판을 받았다고 느끼는 상황에서 물러나고 후퇴하는 경향을 탐색하고 그것을 다르게 처리하는 법을 배우는 것이다."

■ 실연

디렉터는 Bob에게 이러한 일이 발생한 최근 장면을 설명하고 보여 주길 요청한다. 사이코드라마에서 과거, 현재 및 미래의 모든 장면이 현재를 설정한다. 이것은 주인공이 감정에 대해 이야기하기보다는 다시 경험할 수 있도록 도와주는 즉각적인 활력을 준다.

　－격언은 "우리에게 말하기보다는 우리에게 보여 주기"이다.

　디렉터: 이 일이 어디서 일어나고 어떻게 되는지 보여 줄 수 있습니까?

1) 주인공이 제시하는 장면(Presenting Scene)

Bob은 상사의 사무실을 세운다. 사무실은 그가 너무나 친숙하게 비난을 받는 곳입니다. 디렉터는 Bob에게 보스의 역할을 해 달라고 요청하고 Bob은 Frank를 보스의 역할을 맡도록 선택한다.

　Bob이 보스 역: 세상에, Bob, 이것만으로는 충분하지 않습니다. 문서를 제시하는 방법을 몇 번이나 말해야 합니까? 이것은 실수로 가득 차 있습니다! 듣지 않습니까? 배울 수 없습니까? 이것은 엉망입니다! 내가 그것에 대해 뭐라고 말했나요?

디렉터는 Bob에게 이 비난이 Bob에게 미치는 영향을 보기 위해 Bob에게 지금 자신의 역할을 맡을 것을 요청한다.

　Bob이 Bob 역: 음음…… 음…… 떼어내고 다시 고칠게요.
　보스: 당신 말이 맞습니다. 당신은 내가 또다시 엉망진창을 볼 필요가 없게 확인하세요. 제발, 그저 제대로 일을 좀 하세요.

Bob은 속으로 부끄럽고 당황하였고, 부적절함과 분노감을 가득히 간직한 채 사무실을 나온다.

　디렉터: Bob 지금 기분이 어때요?

Bob: 나는 이것을 찢어서 그에게 던지고 싶어요. 그가 어떻게 내게 왔는지 볼 수 없습니다. 나는 이 것이 일어날 것이라는 것을 알고 있었어요. 내가 하는 일은 그에게 충분하지 않아요. 나는 그 를 싫어하는 이런 느낌이 싫어요.

디렉터: 지금 무엇을 하십니까?

Bob: 책상으로 돌아갑니다. 아무도 나를 알아차리지 못하며 저는 그것에 대해 잘 알고 있는 척합니 다. 나중에 저는 눈이 멀어 술에 취합니다.

디렉터: 사무실의 다른 사람들은 어떻습니까? 상사와 문제가 있습니까?

Bob: 글쎄요. 가끔 사람들에게 소리를 지르지만 그들은 모두 그것을 잘하고 일을 잘하는 것처럼 보 입니다. Bob이 눈물을 흘린다. Bob은 "왜 남들처럼 될 수 없지?"라고 답하며 답답해한다. 그 리고 "나는 문제가 있는 사람입니다. 나에게 무슨 문제가 있습니까? 나는 왜 나 자신을 옹호 할 수 없나요!"

디렉터: 전에 이런 상황을 경험한 적이 있습니까? Bob. 당신은 다른 사람들이 당신을 비판할 때. 당 신의 감정을 삼키고. 따르고. 결국 무가치하다고 느끼는 것을 경험했나요?

Bob: 아…… 예 (한숨). 제 삶의 이야기입니다.

주인공이 제시하는 장면은 디렉터에게 드라마를 통해 펼쳐지는 순차적 상호작용을 탐구할 수 있는 기회를 제공한다. 우리는 언제든지 행동을 멈추고 주인공에게 독백을 요청할 수 있다. 이런 식으로 우리는 일반적으로 '보이지 않는' 요인, 즉 표현되지 않은 감정과 움직임을 추진하는 신념도 볼 수 있다. 우리는 맥락, 행동, 감정, 신념 및 결과를 조사할 기회가 있다. 이 예에서 우리는 Bob의 작업이 권위자에 의해 비판받는 상황을 본다. Bob은 겉으로는 상사의 소원을 따르고 자신을 다른 사람과 비교하고 술에 취한다. 그는 수치스럽고 화를 내며 분개한다. 그는 자신이 무가치하고 부적 절하며 다른 사람보다 열등하며 상황에 대해 다른 대응을 할 수 없다고 믿는다.

그 결과 그는 물러나고, 감정을 억누르고, 다른 사람들과 격리된다. 그의 자존감 부족은 그의 행 동 때문에 더욱 악화된다. 우리가 검토하기 위해 계약한 역할 클러스터는 타인보다 열등하다고 느끼 고 자기 비난하는 회피자 (술꾼)의 역할 클러스터이다. 우리는 이 역할이 시간이 지남에 따라 어떻게 발전했는지 추적하고 현재 변화를 시도하기 전에 그것이 어떻게 처음 생겨났는지 조사해야 한다.

그래서 디렉터는 주인공에게 비슷한 역동이 존재하는 초기 장면을 묻는다.

디렉터: Bob, 권위자에 대한 비판에 굴욕감을 느끼고 철수했던 초기 상황을 보여 주실 수 있나요?

2) 두 번째 장면

이 시연은 대학 2학년 때를 설정했다. 그는 교우들 앞에서 강사에 의해 창피를 당하여 당황한다. 이 장면은 Bob의 경험의 세 가지 주요 특징을 다시 강조한다.

① 그의 무가치한 느낌 -"나에게 무슨 문제가 있나?" 그는 자신을 비난한다.

② 그의 자신을 다른 사람과 비교하고 그들로부터 고립된 느낌과 또한 부적절함을 느낀다.

③ 자신의 감정을 자신에게만 간직하고 누구에게도 말하지 않고 물러나는 태도를 보인다.

　　-다른 집단 구성원이 보조 역할을 맡은 두 번째 회기의 끝에서 Bob은 거의 얼어붙은 느낌이 들었고 Bob은 눈에 띄게 괴로움을 느끼고 혼자서 겁을 먹고 편안함을 느끼고자 몸을 흔들기 시작한다.

디렉터: 지금 여기서 기분이 어때요?

Bob: 겁먹고, 혼자서, 화가 나고, 뒤죽박죽입니다.

이 시점에서 디렉터는 Bob이 훨씬 더 이른 경험에 빠져들었다는 것을 인식했다. <u>몸은 마음이 잊은 것을 기억한다고 종종 말한다.</u> 이 장면에서 몸이 우리에게 길을 인도한다.

3) 장면 3: 역할의 궤적(The Locus of the role)

디렉터: 지금 몇 살이라고 생각하세요?

Bob: 여섯 살 정도.

디렉터: (멈춤) ……… 우리는 어디 있나요?

Bob: 교실 문밖에서 ……. 복도에서.

디렉터: 여기서 뭐하고 있나요?

여섯 살 Bob: 저는 유아들과 함께(눈물) 블랙 선생님반에 들어가야 해서 여기에 왔고, 저는 여섯 살입니다. 지금 긴 바지를 입고 있어요! 나는 아기처럼 보일 것이에요. 내가 노래할 수 없기 때문에 선생님은 나를 원하지 않아요. 그는 내가 고양이의 멜로디온처럼 들린다고 했고, 모두 나를 비웃고 지금 나는 너무 어리석게 느껴져요.

디렉터: 누가 당신을 도울 수 있고 선생님과 이야기할 수 있나요?

여섯 살 Bob: 아무도.

디렉터: 이것에 대해 누구에게 말할 수 있을까요?.

여섯 살 Bob: 아무도. 그들은 나만 비웃을 뿐(화남) …… 그리고 집에서 왜냐하면 '엄마가 피곤해서 학교에 올 시간이 없고 아빠가 아파요.'라고 말하고 싶지 않아요.

디렉터: 그래서 여기서 무엇을 합니까?

여섯 살 Bob: 신경 쓰지 않는 척하고 다른 사람과 놀지 않아요. 나는 그들만큼 잘하지 못해서 조용히 하고 나 자신을 지키면, 그렇게 많이 아프지 않습니다.

이 장면을 역할의 궤적이라고 한다. 즉, 주인공이 역할 반응을 만든 곳이다. Moreno는 역할을 "자아가 취하는 실제적이고 유형적인 형태…… 개인이 다른 사람이나 물체가 관련된 특정 상황에 반응할 때 특정 순간에 가정하는 기능적 형태(Moreno, 1961)."

- 역할의 궤적에는 역할에 생명을 주고 번성하도록 돕는 조건화 요소가 포함된다. 당시 Bob의 철수자 역할에 대한 조건 요소는 그의 아버지가 암으로 죽어 가고 있었고, 매우 정신없는 어머니의 간호를 받고 있다는 것이다. 이것은 어느 부모도 '사용 가능'하지 않음을 의미한다. 그는 자신이 다른 사람보다 열등하고 상황을 악화시킬 것이라는 믿음으로 소란을 피우지 않고 자신의 감정을 유지하고 자신의 상처를 돌보기 위해 물러서지 않고 관리할 수 있는 최선의 방법으로 상황에 적응한다. 그는 집이나 학교에서 자신의 곤경에 주의를 기울인다. 이제 Bob이 다른 역할 반응을 개발할 수 있도록 해야 한다. Bob 자신이 이 상황에 최선을 다해 대처하기 위해 이 역할을 만들었기 때문에 그만이 역할 반응을 변경할 힘이 있다.

- 우리는 주인공이 대처 역할의 형성과 기능에 대한 통찰력을 얻을 수 있도록 궤적을 조사한다. 이러한 역할은 일반적으로 현재 생활에서 역기능을 한다. 주인공이 이러한 변화를 이루도록 돕기 위해서는 디렉터가 주인공이 그 당시 '보류'했던 감정을 환기시키고 행동에 동기를 부여하는 신념에 도전하는 과정을 허용하는 것이 중요하다. 이벤트를 변경할 수 없더라도 우리는 항상 대응 방법을 선택할 수 있다. Moreno는 진정한 두 번째 경험이 첫 번째 경험으로부터 우리를 해방시킬 수 있다고 주장했다.

-원래 계약에는 Bob이 '비판을 다르게 다루는 법을 배우는 것'이 포함되어 있다는 점을 염두에 두고, 디렉터는 Bob이 여섯 살 Bob의 옹호자로서 교사와 맞설 수 있도록 도와준다. 이것은 어린 Bob을 대신하여 옹호자의 역할에서 수행되는 것이 중요하다.

디렉터는 Bob을 여섯 살 Bob 역할에서 제외하고 그 역할을 맡을 다른 집단 구성원을 선택하도록 요청한다. 거울 기술을 사용하여 장면에서 제거된 조력자들은 성인 Bob이 행동을 관찰하면서 장면을 다시 실행한다. 디렉터는 Bob에게 여기서 해야 할 일이 무엇인지 물어본다.

〈역할극 2〉
　Bob: 글쎄요, 누군가 그 선생님을 데리고 그 아이에게 무슨 일이 일어나고 있는지 보도록 해야 합니다.
　디렉터: 여섯 살 Bob을 위해 누가 할 수 있습니까?
　Bob: 모르겠어요. 나는 집에서 아무 말도 하지 않았을 것이고 부모님은 그것에 대해 아무것도 할 수 없었을 거예요.

이 시점에서 디렉터는 주인공의 '옹호자' 역할을 찾는 데 다시 선택할 수 있는 옵션이 있다. 그녀는 '배트맨'과 같은 영웅을 찾거나 '이상적인 아빠'를 소개할 수 있지만, 분명한 것은 성인 Bob이 어린 Bob의 '옹호자' 역할을 맡고 싶어 한다는 것입니다.

　Bob이 선생님에게: 도대체 뭐하는 거예요? 당신은 이 아이를 파괴하고 있어요. 보이지 않나요? 그는 방을 떠날 때 울부짖으며 완전히 부적절하다고 느끼고 있잖아요. 당신은, 제기랄, 어떤 선생님입니까? 상상력이 없습니까?

Bob은 소리와 말로 그의 분노를 쏟아 내면서 카타르시스를 느낀다. 지친 그는 잠시 멈춘다.

　디렉터: 여기서 어린 여섯 살 Bob에게 뭐라고 말해야 하나요?

Bob은 여섯 살 Bob에게 팔을 껴안고 자신이 수업에 참여하고 있으며 수업에서 중요한 역할을 담당하고 있음을 안심시킨다. "너는 이 수업의 다른 누구와 마찬가지로 중요해. 너의 감정은 다른 사람들에게 중요하고. 너는 너 자신이나 다른 사람에게 감정을 숨길 필요가 없어. 너는 다른 사람들과 동일할 필요가 없고. 너는 너 자체로 고유하기 때문에…… 그리고 그것은 매우 특별해. 너는 사려 깊고 배려심이 많아, 중요한 사람이야, 그래서 네가 노래를 할 수 없다면 어때! 그건 다른 사람들보다 가치가 적다는 것을 의미하지는 않아."

디렉터: 그럼 선생님이 이걸 어떻게 다르게 처리했을까요? 보여 줄 수 있습니까?

그런 다음 Bob은 이를 다르게 처리할 수 있는 방법을 교사에게 보여 준다.

선생님 역할로서의 Bob: 맞아요. 여러분. 카피 북을 치우고 노래할 준비를 하세요. 공연을 위해 연습해야 합니다. 탬버린을 연주하려면 세 사람이 필요합니다. 누가 할까요?(모든 아이들이 손을 들고 Bob이 세 명 중 한 명으로 선정되었다.)

디렉터는 Bob이 선택되고 포함된 느낌을 경험할 수 있도록 여섯 살 Bob 역할을 하도록 Bob을 초대한다. 이 집단은 "엄마에게 말할게요"의 생생한 연주에 참여하고, Bob은 여섯 살 Bob의 역할에서 이러한 감정을 받아들일 수 있다. 이 잉여현실 장면에서 어린 Bob은 적절한 역할을 개발하고 다른 사람들과 떨어져 있기보다는 집단의 일부라고 느낄 수 있다.

마지막으로, 디렉터는 Bob에게 이 새로운 긍정적인 느낌을 상사와 함께 원래 장면으로 가져오라고 제안한다. 클래식 심리극의 실연 부분에서 우리는 완전한 원을 그리며 항상 처음 제시 장면으로 돌아간다. 이것은 역할 훈련으로 알려져 있으며, 주인공에게 새로운 역할을 수행할 기회를 제공하고 치료 상황과 외부 세계 사이의 다리를 형성한다.

4) 초기 제시된 장면 〈역할 바꾸기 3〉

Bob이 장면을 설정한다. 상사의 장황한 연설 후,

Bob: 당신이 소리치면 정말 똑바로 생각할 수가 없어요. 분명히 문서를 표시하는 데 문제가 있고요 이에 대한 도움이 필요합니다. 무슨 말을 하는지 잘 압니다. 형식에 문제가 있습니다.

디렉터: 역할을 바꾸세요

보스 역할로서의 Bob: 음…… 음…….

디렉터: 무슨 말을 하고 싶은가요?

보스 역할로서의 Bob: 글쎄, 나는 그가 이렇게 말하는 것을 듣고 놀랐어요.

디렉터: 나 말고 Bob에게 말해요.

보스 역할로서의 Bob: 당신이 이렇게 말하는 것을 들으니 놀랍습니다. Bob…… 좋아요. Peter와 팀을 구성할게요. 그는 형식에 능숙합니다.

Bob: 좋아요, 좋아요, 좋아요. (그가 자신을 대변할 때 상황이 어떻게 다를 수 있는지 알아차리면서 웃습니다.)

디렉터: 여기가 멈추기에 좋은 곳인가요?

Bob: 네, 그렇습니다.

■ 나누기

집단은 공유 및 역할 제거 과정에 참여한다. 이것은 모든 집단 구성원이 실연에 의해 개인적으로 어떤 영향을 받았는지를 공유하고 처리할 수 있는 기회이다. 그들의 관점은 역할을 수행했거나 관객으로서 주인공과 함께 여행하는 것이다. 이것은 주인공이 외로움을 덜 느끼고 다른 집단 구성원의 개인적인 탐색을 촉진하는 데 도움이 된다. 예를 들어, Frank는 자신이 보스 역할을 하면서 다른 사람, 특히 아내와 아들을 닦달하는 경향이 있다는 걸 알게 된 것을 공유한다. 즉, 역할 중에서 상대편에 있는 그들에게 불안한 경험을 주었다는 것을 인식한다. Sadie는 겁에 질린 아이를 목격하면서 Bob과 눈물을 나눴는데, 정신분열증에 걸린 어머니의 아이였을 때 자신이 얼마나 움직이지 않고 외로웠는지 기억했기 때문이다.

[본 사례는 Murray, C., & Branagan, N. (1997)의 사이코드라마 과정을 번역한 것임. https://iahip.org/inside-out/issue-29-summer-1997/the-psychodrama-process%E2%80%A8]

제 7장

메타버스를 활용한 집단상담

1. 메타버스 상담에 대한 기본적인 원리, 활용 방법에 대해 이해할 수 있다.

2. 메타버스 플랫폼을 활용하여 집단상담하는 방법에 대해 학습하고 실습한다.

−메타버스를 어떤 분야에서 활용하고 있을까요?

−메타버스를 활용하여 상담하기 적절한 사례는 어떤 것들이 있을까요?

−메타버스를 활용한 상담에서 고려해야 될 사항은 어떤 것들이 있을까요?

매체를 활용한 온라인 상담은 다양한 형태로 이루어져 왔다. 이러한 온라인 상담 방법은 시간이 지남에 따라 더욱 몰입도 높은 대화형 경험을 제공하는 방향으로 발전하고 있다. '메타버스'는 가상 현실, 증강 현실, 인터넷이 융합되어 만들어진 집단적인 가상 공유 공간을 의미하는 것으로 내담자가 가상 현실의 공간에서 탐색과 상호작용을 하며, 다른 사람들과 소통할 수 있는 완전 몰입형 상호작용 가상 세계를 나타낸다. 현재까지 가장 발달된 매체상담 기법 중의 하나라 볼 수 있다(Usmani, Sharath, & Mehendale, 2022). 메타버스 상담은 일반 상담을 대체하는 방식으로 발달하기보다는 학교 밖 청소년들, 성폭력 피해자, 성소수자 또는 개인적인 이유로 자신의 신분을 드러내는 것을 어려워하는 내담자들을 돕기 위한 또 하나의 새로운 상담 영역으로 자리 잡아 가고 있다. 일반상담과는 구별되는 메타버스 상담이 가지고 있는 독특한 특성과 대면 상담과의 차이점, 매체를 활용한 상담을 위해 상담자가 숙련할 기술들, 고려해야 할 윤리적 요인의 특징들이 있다. 이런 점들을 잘 이해하고 다루며 학습하는 것은 새로운 형태의 상담을 위해 상담자가 알아야 할 새로운 지식의 획득과 상담 영역의 확장을 위해 필요한 일이다.

1. 매체를 활용한 다양한 상담 기법

1) 화상 회의

화상 회의는 가장 일반적이고 널리 사용되는 온라인 상담 방법 중 하나이다. 이는 실시간 화상 통화를 통해 상담 회기를 진행하기 위해 Zoom, Skype, 또는 FaceTime과 같은 플랫폼을 사용하는 것을 포함한다. 이러한 플랫폼을 통해 실시간 상호작용과 시각적 신호를 제공함으로써 상담사와 내담자 간의 유대감을 형성하는 데 도움을 준다. 실시간 대화는 비언어적 신호를 파악할 수 있게 하여 상담의 질을 높이는 데 기여한다(Mallen & Vogel, 2005).

2) 증강 현실

증강 현실(Augmented Reality: AR)은 디지털 콘텐츠를 현실 세계에 겹치는 오버레이(overlay) 방식을 통해 내담자의 환경을 보완하는 방식을 뜻한다. 상담의 맥락에서 AR은 내담자가 특정 상황을 이해하고 대처하는 데 도움이 되는 대화형 시각화 또는 모의 시연을 제공하는 데 사용될 수 있다. 예를 들어, AR은 내담자가 사회적 상호작용을 연습하거나 특정 두려움에 직면할 수 있는 가상 시나리오를 만드는 데 활용될 수 있다. 이러한 기술은 내담자에게 실질적인 연습 기회를 제공함으로써 현실 세계에서의 대처 능력을 향상시킬 수 있다.

3) 가상 현실

가상 현실(Virtual Reality: VR) 기술은 사용자가 특수 헤드셋과 조정 기구를 통해 상호작용할 수 있는 가상의 모의 시연 환경을 형성한다. 상담에서 VR은 내담자가 안전하고 통제된, 지지적인 환경에서 공포증, 트라우마 또는 불안을 유발하는 상황에 직면하고 관리할 수 있는 가상 시나리오를 만드는 데 사용될 수 있다. VR은 이완 운동, 마음챙김 훈련, 또는 안내 시각화에도 활용될 수 있으며, 내담자가 다양한 심리적 어려움을 극복하는 데 실질적인 도움을 제공한다(Hoffman, 2004).

4) 메타버스

메타버스(Metaverse)는 가상 현실, 증강 현실, 인터넷이 융합되어 만들어진 집단적인 가상 공유 공간을 의미한다. 이는 사용자가 가상 현실 내에서 탐색하고, 상호 작용하며, 다른 사람들과 소통할 수 있는 완전 몰입형 상호작용 가상 세계를 제공한다. 메타버스의 개념은 여전히 진화하고 발전하고 있지만, 치료 회기에서 보다 몰입적이고 협업적인 환경을 제공함으로써 온라인 상담의 장점을 실현할 수 있는 잠재력을 지니고 있다. 메타버스를 활용한 상담은 내담자가 보다 자유롭게 자신을 표현하고, 다양한 문제를 탐색할 수 있는 기회를 제공한다.

　이러한 기술이 상담 경험을 향상시킬 수는 있지만 모든 사람에게 적합하거나 접근하기 쉬운 것은 아니라는 점에 유의하는 것이 중요하다. 전화 통화, 메시징 플랫폼 또는 이메일 기반 상담과 같은 전통적인 방법은 여전히 온라인 상담에서 역할을 하고 있으며 특정 개인이나 상황에 효과적일 수 있다. 또한 상담 방법의 선택은 상담자와 내담자 모두의 선호도와 필요에 따라 달라질 수 있다. 따라서 상담자는 다양한 매체 상담 기법을 숙지하고, 내담자의 특성과 상황에 맞는 최적의 방법을 선택하여 적용하는 것이 중요하다.

2. 메타버스 상담의 이해

1) 메타버스 상담 소개

　'메타버스'라는 용어는 사용자가 서로 다른 사람들이나 디지털 콘텐츠와 실시간으로 상호작용할 수 있는 집단적 가상 공유 공간 및 컴퓨터 생성 환경을 의미한다. 이 가상 현실 환경은 몰입도가 높고 대화형이므로 사회적 상호작용, 의사소통 및 탐색이 가능하다. 즉, 사용자는 가상 세계에서 자신을 대변하는 가상의 인물인 아바타를 생성할 수 있다. 이 아바타는 내담자가 원하는 대로 맞춤화하고 개별화할 수 있으며, 이를 통해 다른 사람들과 상호작용하고, 가상 환경을 탐색하며, 다양한 활동을 할 수 있는 3차원 공간이 메타버스 공간이다. 메타버스는 물리적 공간의 한계를 초월하여 새로운 형태의 상호작용, 협업 및 활동을 가능하게 하는 잠재력을 가지고 있다. 따라서 가상 상담 또는 치료, 사회적 상호작용 기술 연습 등을 포함한 다양한 영역에서 활용 가능하다. 메타버스는 종종 가상 우주 또는 증강 현실(AR), 가상 현실(VR) 및 기타 몰입형 기술의 조합으로 설명되기도 한다. 이 기술은 사용자가 현실 세계의 경험을 모의 시연하는 방식으로 다른 사람들 또는 디지털 콘텐츠와 상호작용할 수 있도록 하여 현실감과 몰입감을 조성하는 것을 목표로 한다. 메타버스라는 개념은 최근 몇 년 동안 대중화되었지만, 여전히 다양한 해석과 비전을 가진 발전 중인 개념이다. 다양한 기업, 조직, 개발자들이 현실 세계와 가상 세계의 경계가 점점 더 모호해지는 미래를 상상하며 메타버스와 유사한 경험과 플랫폼을 적극적으로 탐색하고 구축하는 일이 진행 중이다(Usmani, Sharath, & Mehendale, 2022).

2) 메타버스 상담의 정의

상담의 맥락에서 메타버스는 개인이 치료 활동, 상호작용 및 모의 시연에 참여할 수 있는 가상 공유 공간 또는 디지털 우주를 의미한다. 상담에서 메타버스는 가상 현실, 증강 현실, 인터넷의 융합을 통해 상담 목적의 몰입형, 대화형 환경을 조성한다. 내담자와 상담사는 가상 영역에 들어가 상호작용하고, 가상 시나리오를 탐색하며, 치료 활동에 참여할 수 있다. 메타버스는 개인화된 경험, 창의적인 표현, 협업을 위한 기회를 제공함으로써 기존 방식을 뛰어넘는 치료를 제공할 수 있는 플랫폼을 제공한다. 상담의 메타버스는 내담자가 정신건강 문제를 해결하고, 대처 기술을 연습하고, 노출 요법에 참여하며, 그룹 치료 세션에 참여하거나 다양한 치료적 개입에 접근할 수 있는 안전하고 지원적인 환경을 조성하는 것을 목표로 한다. 기술을 활용해 상담 경험을 향상시켜 몰입도, 맞춤화, 접근성을 높일 수 있지만, 상담에서 메타버스의 개념은 아직 초기 단계에 있으며 진화하고 있다는 점에 유의할 필요가 있다. 메타버스 상담의 구체적인 구현과 기능은 다양할 수 있으며, 용어 자체가 다양한 기술 플랫폼과 가상 공간을 포괄할 수 있다. 이 분야가 계속 발전함에 따라 메타버스 상담의 정의와 범위도 진화할 가능성이 높다.

3) 메타버스 상담의 잠재력

메타버스 상담은 여러 면에서 큰 잠재력을 가지고 있다. 첫째, 노출 치료를 위한 가상 환경 제공이다. 메타버스 내의 가상 현실(VR) 환경은 노출 치료를 위한 통제되고 몰입도 높은 설정을 제공할 수 있다. 내담자는 특정한 두려움, 공포증 또는 트라우마에 안전하게 안내를 받는 방식으로 어려움에 대처하고 극복할 수 있다. 상담치료사는 실제 상황을 모방한 가상 시나리오를 만들어 내담자가 대처 전략을 연습하고 불안을 유발하는 자극에 점차 둔감해지도록 도울 수 있다. 둘째, 역할극과 다양한 대인관계 발달을 위한 기술이다. 메타버스는 내담자가 역할극 연습에 참여하여 대인관계 기술, 갈등 해결 또는 의사결정을 연습할 수 있는 가상 공간을 제공할 수 있다. 실제 상황을 모의 수행하도록 가상 시나리오를 설계하여 내담자가 다양한 접근 방식을 시도하고 치료사로부터 즉각적인 피드백을 받을 수 있다. 셋째, 집단치료이다. 메타버스는 내담자와 상담사가 물리적 위치에 관계없이 공유된 가상 공간에서 상호작용할 수 있는 그룹 치료 회기를 촉진할 수 있다. 그룹 구성원 간의 존재감과 유대감을 향상시켜 동료 지원, 경험 공유 및 집단적 성장을 촉진할 수 있다. 넷째, 치료적 시각화와 안내 이미지이다. 메타버스를 통해 상담자는 시각화와 이완 운동을 안내하는 데 도움이 되는 시각적으로 매력적인 대화형 가상 환경을 만들 수 있다. 내담자는 고요하거나 영감을 주는 가상 풍경에 몰입하여 휴식, 마음챙김 및 시각화 기술을 촉진할 수 있다. 다섯째, 맞춤형 아바타와 사용자 지정 가능한 환경이다. 메타버스를 통해 내담자는 자신의 정체성을 표현하고 자기표현을 강화하는 개인화된 아바타를 창조할 수 있다. 상담자는 내담자의 선호도에 맞는 가상 상담 공간을 설계하여 치료 과정 내에서 편안함, 선택의지 및 주인의식을 고취시킬 수 있다.

전반적으로 메타버스는 상담 분야에서 혁신적인 가능성을 제공할 수 있는 잠재력을 가지고 있다. 상담에서 메타버스의 구체적인 구현 및 적용은 아직 초기 단계에 있지만 이러한 잠재적 응용 프로그램은 정신건강 전문가가 가상 환경에서 혁신적이고 효과적인 정신건강 서비스를 제공할 수 있는 기회를 제공할 것으로 기대된다(Navas-Medrano, Soler-Dominguez, & Pons, 2023).

3. 메타버스 상담의 특징과 장점

1) 몰입형 사회적 상호작용

메타버스는 AR, VR 또는 비디오 미디어에 비해 개인이 다른 사람들과 보다 자연스럽고 구체화된 방식으로 상호작용할 수 있는 고도로 몰입감 있는 사회적 환경을 제공한다. 내담자는 실시간 대화에 참여하고, 그룹 활동에 참여하며, 가상 공간에서 자신의 존재감을 느끼고 공간을 공유하는 경험을 한다는 점에서 다른 매체들에 비해 사회적 지지와 그룹 치료를 강조하는 집단상담에 적합하다. 이러한 몰입형 상호작용은 내담자들이 보다 현실감 있게 상담에 참여할 수 있도록 하며, 그들의 감정과 경험을 보다 진솔하게 표현할 수 있는 기회를 제공한다.

2) 지속적인 가상 환경

AR 또는 VR 환경과 달리 메타버스는 언제 어디서나 접근할 수 있는 지속적인 가상 환경을 제공한다. 이러한 연속성 덕분에 물리적 근접성이나 일정 제약의 제한 없이 지속적으로 상담 회기가 이어질 수 있고, 지원 그룹과 함께하는 치료 활동도 연속적으로 수행 가능하다. 이는 내담자들이 상담을 통해 얻은 통찰과 경험을 지속적으로 활용할 수 있게 하며, 장기적인 치료 효과를 극대화할 수 있는 환경을 조성한다.

3) 사용자 개별 맞춤형 및 창의성

메타버스는 가상 공간과 아바타를 개별 맞춤화할 수 있는 도구와 플랫폼을 제공한다. 내담자는 자신과 자신의 경험을 표현할 수 있도록 아바타를 설계할 수 있으며, 이를 통해 상담에 활용할 수 있다. 이러한 맞춤화는 내담자가 상담 중에 자신을 보다 창의적으로 표현할 수 있도록 하며, 자기표현과 창의성을 향상시킬 수 있다. 또한, 치료 목적의 역할극 연습과 모의 시연을 용이하게 할 수 있어 보다 실질적인 치료 효과를 기대할 수 있다.

4) 다중방식 상호작용

메타버스는 아바타를 통한 제스처, 표정, 신체언어 등 문자와 음성 이외의 다양한 상호작용을 위한 비언어적인 정보와 방식을 지원한다. 이러한 다중방식 상호작용(multimodal communication)은 친밀감을 형성하고 감정을 표현하며 공감을 전달하는 데 중요한 비언어적 단서를 활성화하여 치료 과정을 향상시킬 수 있다. 이는 내담자들이 보다 풍부하고 깊이 있는 소통을 할 수 있게 하며, 상담사와의 관계를 더욱 강화시킬 수 있다.

5) 접근성과 포용성

전통적인 형태의 미디어에 비해 메타버스는 접근성과 포용성이 더 뛰어날 수 있다. 보조 기술과 디자인 원리를 활용하여 장애가 있는 개인에게 서비스를 제공함으로써 보다 수용적인 상담 공간을 만들 수 있다. 또한, 지리적 장벽을 극복할 수 있어 먼 거리에 있거나 거동이 불편한 사람도 상담에 접근할 수 있다. 이는 보다 많은 내담자들이 상담 서비스를 이용할 수 있게 하며, 상담의 효과를 널리 확산시킬 수 있다.

6) 풍부하고 다양한 경험

메타버스는 특정 치료 목표에 맞게 조정할 수 있는 다양하고 풍부한 경험의 기회를 제공한다. 개인이 공포증에 직면하는 데 도움이 되는 가상 환경을 만들거나, 가상의 시나리오를 통해 사회적 기술을 연습하거나, 이완 경험을 안내하는 기술을 제공하는 등 메타버스는 몰입감과 흥미를 유발하는 다양한 치료적 개입을 제공할 수 있다. 이러한 경험은 내담자들이 보다 능동적으로 치료에 참여할 수 있게 하며, 보다 실질적인 변화를 이끌어낼 수 있다.

7) 몰입도 높은 경험

메타버스는 몰입도가 높은 대화형 환경을 조성하여 내담자가 실제 상황을 모방한 가상 시나리오에 참여할 수 있는 환경을 조성한다. 내담자가 자신의 두려움이나 트라우마를 안전하게 직면하고 극복할 수 있는 노출 치료에 특히 유용할 수 있다. 이는 내담자들이 현실 세계에서 겪기 어려운 상황을 가상 공간에서 경험함으로써 보다 효과적으로 문제를 해결할 수 있게 한다.

8) 향상된 협동작업

메타버스를 사용하면 여러 내담자와 상담사가 물리적 위치에 관계없이 그룹 상담 세션이나 워크숍에 참여할 수 있다. 이는 참여자 간의 공동체 의식과 유대감을 조성하여 집단원 지지와 경험 공유의 가능성을 높일 수 있다. 이러한 협동작업은 집단상담의 효과를 극대화할 수 있으며, 내담자들이 서로에게 긍정적인 영향을 미칠 수 있는 환경을 조성한다.

9) 창의적인 치료 도구

메타버스는 창의적인 표현, 맞춤화 및 개인화를 위한 기회를 제공한다. 상담사는 내담자의 선호도와 필요에 맞는 고유한 가상 환경이나 아바타를 디자인하여 보다 맞춤화되고 매력적인 상담 경험을 제공할 수 있다. 이는 내담자들이 치료 과정에 더욱 몰입할 수 있게 하며, 보다 효과적인 치료 결과를 도출할 수 있다.

10) 접근성 및 편의성

메타버스는 잠재적으로 지리적 장벽을 극복할 수 있어 원거리나 외딴 지역에 있는 개인이나 거동이 불편한 사람들이 더 쉽게 치료를 받을 수 있는 접근성을 제공한다. 또한, 스케줄을 유연하게 조정할 수 있고 물리적인 이동이 필요하지 않아 내담자와 치료사 모두에게 편리함을 제공할 수 있다. 이는 내담자들이 보다 편리하게 상담을 받을 수 있게 하며, 상담의 지속성과 효과를 높일 수 있다.

이처럼 메타버스는 상담에 대한 다양한 장점과 가능성을 가지고 있지만, 아직 개발 중인 개념이며, 치료 환경에서 널리 채택되기 전에 윤리적 고려 사항, 개인정보 보호 문제, 기술적 한계를 신중하게 해결해야 한다는 점에 유의해야 한다. 메타버스 상담이 가진 잠재력을 최대한 활용하기 위해서는 이러한 문제들을 철저히 검토하고 대비하는 것이 중요하다(Lee et al., 2022; Riva et al., 2021).

4. 가상 현실, 증강 현실, 메타버스를 통한 심리상담 및 치료 활용 예

1) 불안, 공포증 및 외상 후 스트레스 장애

사회적으로 불안한 사람들은 VR 사회 기술 훈련을 통해 자존감 향상을 위한 의사소통 기술을 훈련받으며 상당한 개선 효과를 경험할 수 있다(Lee et al., 2022). 통제된 VR 환경에서의 치료는 특히 공포증을 치료하는 데 효과적이다(Kim & Kim, 2020). 내담자는 가상 시나리오를 통해 두려움을 안전하게 직면하고, 점진적으로 불안을 감소시키는 과정을 통해 두려움을 극복할 수 있다.

2) 주의력 결핍 과잉행동장애

주의력 결핍 과잉행동장애(ADHD) 아동의 진단과 치료를 보완하기 위해 VR 기반 도구가 개발되었다. 아동은 VR에서 유도할 수 있는 흥미로운 환경에 더 수용적인 것으로 나타나, 환자의 순응도가 향상된다. ADHD 또는 주의력 문제가 있는 아동의 경우, VR 환경에서 지속적 수행 테스트(CPT)를 실시하여 아동의 주의 집중력을 평가하고 개선하는 연구가 진행 중이다(Pollak et al., 2009). 또한, VR 기반의 지속적인 기능 훈련은 환자에게 새로운 대처 행동을 교육하는 데 활용되어, 환자의 증상 관리와 일상생활의 기능 향상에 효과적임이 검증되었다(Usmani et al., 2022).

3) 가상 교실 프로그램

가상 환경 내에서 교실과 같은 학교 환경을 구현하여 훈련을 받으면 실제 학습 상황에서 주의 집중력, 학업 능력 및 사회적 적응력이 향상된다(Parsons et al., 2019). 가상 교실

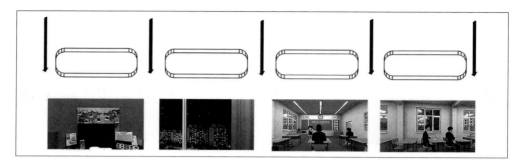

[그림 7-1] 시험 불안감 감소를 위한 가상학교 프로그램 예시

불안을 유발하는 시험 장면 시나리오로 각 명상 회기에서 내담자는 마음챙김 명상에 대한 안내 후 연습한다. 각 회기 직후에 심박수 변동성(HRV)과 시각적 아날로그 척도(VAS)를 사용한 주관적 불안감도 측정하여 불안 유발(Exam 1, Exam 2) 및 명상(Med 1, Med 2) 세션 동안의 변화를 관찰한다.

에 대한 메타 분석에 따르면 아동은 VR 교육 참여에 더 많은 관심을 보였으며, VR을 사용한 집중력 향상 효과는 기존의 CPT 교육에서 관찰된 결과와 유사한 것으로 보고되었다 (Parsons et al., 2019).

4) VR 기반 노출치료 요법

외상 후 스트레스 장애(PTSD)에 대한 VR 기반 노출 요법은 내담자가 가상 환경을 개인화하여 개인별 트라우마와 가장 관련성이 높은 가상 시나리오를 시연할 수 있도록 한다. 이는 전쟁으로 외상 후 스트레스 장애를 겪고 있는 군인들을 대상으로 한 치료에서 활용되었으며(Folke et al., 2023), 환자는 적절한 반응과 대처 방식을 개발할 수 있다. 브레이브마인드라는 VR 노출 치료 시스템을 사용하여 재향군인회 병원, 군인기지, 대학센터 등에서 외상 후 스트레스 장애를 앓고 있는 군인들을 치료한 결과, 트라우마를 완화하고 자살 충동, 우울증, 분노를 줄이는 효과가 보고되었다. VR 기반 치료법은 다른 표준화된 증거 기반 개입법과 비슷한 수준의 효과를 보이는 것으로 나타났다.

5) 섭식장애

VR은 섭식장애 치료에도 잠재력을 가지고 있다. 생활 환경에서 환자는 다양한 자극에 노출되어 어떤 음식이나 환경이 가장 높은 수준의 식욕을 유발하는지 평가할 수 있다. VR의 안전하고 통제된 환경에서 이러한 자극에 대처하는 방법을 학습하고 훈련할 수 있다(Clus et al., 2018; Manzoni et al., 2016).

6) 불면증을 위한 인지행동치료

불면증을 개선하기 위한 어플리케이션이 개발되어, 행동 변화를 통한 증상 조절을 위한 프로그램들이 상용화되어 있다(Zambotti et al., 2014). 이러한 프로그램은 사용자가 자신의 수면 패턴을 모니터링하고 개선할 수 있도록 도와준다.

7) 교육 프로그램

VR은 학교폭력 예방교육에서 학생, 교사 및 부모가 괴롭힘에 대처하는 방법을 배우는 프로그램이나 인성교육 전반으로도 확장될 수 있다(Stavroulia et al., 2016). 이러한 프로그램은 참여자들이 실제 상황을 모의 시연하면서 보다 효과적으로 대처 방법을 학습할 수 있도록 한다.

이처럼 VR, AR, 메타버스를 활용하는 기법은 전통적인 심리치료 또는 상담을 보완하여 기존 치료 결과를 향상시키는 데 사용될 수 있다. 이러한 보완은 치료 과정을 가속화하고 중도 탈락자를 감소시키는 효과를 보인다. 한국은 세계적으로 높은 스마트폰 보급률과 정보기술 분야에서 선도적인 위치에 있기 때문에 VR, AR, 메타버스와 같은 기술의 무궁무진한 발전 가능성이 존재한다. 다양한 상담 장면에서 이러한 기술을 통해 심리적 어려움을 해결하기 위한 시나리오를 개발하고 더욱 안전하고 효과적으로 사용될 수 있도록 전문가들의 관심과 논의가 필요하다.

5. 메타버스에서 활용할 수 있는 집단상담 기법

심리적 문제를 탐구하고 해결하기 위한 역할극과 극적 연출을 포함하는 집단상담 기법을 메타버스에서 적용하고 응용할 수 있다. 메타버스에서 활용할 수 있는 상담 기법은 다음과 같다.

1) 역할 반전 및 역할극

역할 반전은 참가자들이 서로의 역할을 바꾸어 다른 관점을 얻고, 다른 사람의 경험과 감정을 이해할 수 있도록 하는 기법이다. 메타버스에서는 참가자들이 아바타를 사용하여 다양한 역할을 구현함으로써 역할 반전을 촉진하고, 가상 환경 내에서 다른 관점을 탐색할 수 있다. 이러한 역할 반전은 내담자들이 자신과 타인의 입장을 더 깊이 이해하는 데 도움을 준다.

2) 빈 의자

빈 의자 기법은 집단원이 부재중인 사람을 가상의 빈 의자에 앉아 있다고 가정하고 상호작용하는 기법이다. 이를 통해 자신의 특정 측면을 상상하거나 객체화하여 상호작용할 수 있다. 메타버스에서는 참가자들이 부재중인 사람 또는 다루고 싶은 측면의 가상 표현을 만들고, 아바타를 사용하여 그 사람 또는 대상과 상호작용할 수 있다. 이 기법을 통해 해결되지 않은 문제나 상충되는 감정을 표현적 대화로 탐색할 수 있다.

전통적인 집단상담 기법을 메타버스에 적용할 수 있지만, 상담사와 치료사는 가상 환경의 고유한 특징과 한계를 신중하게 고려해야 한다. 또한, 선택한 기법이 적합하고 윤리적으로 건전하며 내담자 또는 참여자의 치료 목표 및 요구와 부합하는지 확인해야 한다. 이를 위해 다른 전문가나 동료들과 논의를 통해 기법을 시연하고, 예상 가능한 문제와 어려움에 대해 충분히 대비하는 것이 필요하다.

6. 빈 의자 기법: 메타버스에서 상담 기법 활용의 구체적 단계

메타버스 환경 내에서 빈 의자 기법을 구현하기 위해 상담사들이 고려해야 할 내용을 단계별로 설명한다.

1) 준비 단계

(1) 기술적 측면의 안정성
메타버스 환경에서 상담 중 몰입과 성과를 보장하기 위해 기술적 안정성은 필수적인 요소이다. 먼저, 안정적인 인터넷 연결이 필요하다. 이를 위해 고속 인터넷을 사용하고, 가능한 한 유선 연결을 권장한다. 인터넷 속도가 느리거나 연결이 불안정하면, 상담 중에 끊김 현상이 발생할 수 있으며 이는 상담의 흐름을 방해하고 몰입을 저해할 수 있다. 또한, 고성능의 컴퓨터와 VR 헤드셋, 오디오 장비 등을 선택하고 적절하게 설정해야 한다. 이러한 장비들이 잘 작동하지 않으면, 사용자가 가상 환경에 몰입하는 데 어려움을 겪을 수 있다.

(2) 적합한 가상 환경 만들기
상담을 진행할 가상 환경은 편안하고 안전하며 산만하지 않아야 한다. 가상 공간의 디자인은 사용자가 편안함을 느낄 수 있도록 설계해야 하며, 밝기, 색상, 배경음악 등 다양한 요소들을 고려하여 조절되어야 한다. 또한, 집단 역동을 촉진하기 위한 좌석 배치 형태를 신중하게 고려해야 한다. 예를 들어, 원형으로 배치하여 모든 참가자가 서로를 볼 수 있게 하거나, 반원형으로 배치하여 상담사가 모든 참가자를 쉽게 관찰할 수 있게 하는 등의 방법을 사용할 수 있다.

(3) 집단 준비

집단 준비 과정에서는 가상 공간의 기밀성을 유지하기 위한 엄격한 개인정보 보호 설정이 중요하다. 집단원들에게 개인정보 및 비밀 보호의 중요성을 강조하고 이에 대해 철저히 교육해야 한다. 또한, 빈 의자 기법에 대한 명확한 설명과 목적, 과정에 대해 충분히 안내해야 한다. 집단원들이 기법에 대해 이해하고, 그들의 걱정이나 우려 사항에 대해 사전에 질문할 시간을 제공하여 충분한 설명을 한다. 기법 내에서의 상호작용과 의사소통의 기본 규칙을 설정하고, 집단 내 존중과 공감의 중요성을 강조해야 한다. 이를 통해 집단원들이 안전하고 신뢰할 수 있는 환경에서 상담에 참여할 수 있도록 준비해야 한다.

2) 집단 기법 구현

(1) 소개 단계

소개 단계에서는 집단원들을 가상 공간으로 안내한다. 이 과정에서 가상 환경을 탐색하기 위한 사용 안내서와 교육을 제공하여 집단원들이 가상 아바타와 작동법에 익숙해지도록 도울 필요가 있다. 예를 들어, 가상 현실 헤드셋을 착용하고, 가상 공간 내에서 이동하고 상호작용하는 방법을 연습한다. 이러한 연습을 통해 집단원들이 가상 설정에 적응하고, 집단원들 간의 유대감을 구축하기 위한 활동도 포함된다. 이를 통해 집단원들이 가상 환경에서 편안함을 느끼고 적극적으로 참여할 수 있게 된다.

(2) 빈 의자 설정 단계

빈 의자 설정 단계에서는 빈 의자 세션을 진행할 집단원을 선정한다. 선정된 집단원은 빈 의자에 가상의 인물을 초대하여 상호작용을 시작한다. 이 과정에서 집단의 분위기를 조성하고, 집단원이 빈 의자에 정서를 투영할 수 있도록 돕는다. 예를 들어, 집단원에게 빈 의자에 앉아 있는 인물이 누구인지, 그 인물과 어떤 대화를 나누고 싶은지 상상하게 하고, 이를 표현하도록 유도한다. 이를 통해 집단원들이 자신의 감정과 생각을 자유롭게 표현할 수 있게 된다.

(3) 참여 단계

참여 단계에서는 집단원이 빈 의자에 초대된 가상의 인물에게 자신의 생각과 감정을 투사하도록 안내한다. 이 과정에서 집단원들이 안전한 환경에서 개방적으로 표현할 수 있도록 장려한다. 상담사는 가상 환경 내에서 집단원들의 언어적 및 비언어적 단서를 관찰하고, 필요시 적절한 피드백과 지지를 제공한다. 예를 들어, 집단원이 감정을 표현하는 동안 그들의 몸짓이나 표정을 주의 깊게 관찰하고, 이를 기반으로 적절한 질문을 통해 깊이 있는 탐색을 유도한다.

3) 모니터링 및 조정

상담사는 메타버스 상에서 집단원들의 비언어적 단서를 관찰하고, 감정적 안전성을 보장하는 역할을 수행한다. 예를 들어, 집단원이 감정적으로 불안정해 보이거나 스트레스 징후를 보일 경우 이를 인식하고 즉각적으로 개입하여 지원을 제공할 필요가 있다. 또한, 집단 내에서 발생하는 갈등이나 긴장을 완화하고, 집단원들이 상호작용을 통해 긍정적인 변화를 경험할 수 있도록 개입한다. 상담사는 집단원의 발언을 경청하고, 필요한 경우 중재하거나 조정하여 집단원들이 자신의 감정과 생각을 충분히 표현할 수 있는 환경을 제공한다.

4) 회고 및 마무리

빈 의자 기법 세션 후에는 그룹 토론을 통해 경험과 감정을 공유하는 시간을 가진다. 집단원들이 자신의 경험을 이야기하고, 다른 집단원들의 경험을 경청하면서 상호 이해를 촉진한다. 이를 통해 집단원들이 자신의 감정과 생각을 깊이 있게 성찰하고, 새로운 통찰을 얻을 수 있도록 돕는다. 필요한 참가자에게는 개별 후속 조치를 제공하고, 필요시 추가 상담을 추천한다. 예를 들어, 특정 집단원이 빈 의자 기법을 통해 강한 정서적 반응을 보인 경우, 개별 상담을 통해 그들의 감정을 더 깊이 있게 탐색하고 지원할 수 있도록 한다.

이와 같이, 메타버스는 상담에 대한 다양한 장점과 가능성을 가지고 있지만, 아직 개발 중인 개념이며 치료 환경에서 널리 채택되기 전에 윤리적 고려 사항, 개인정보 보호 문제, 기술적 한계를 신중하게 해결해야 한다는 점에 유의해야 한다. 상담사들은 이러한 한계와 도전 과제를 인식하고, 이를 극복하기 위한 지속적인 연구와 개선 노력을 기울여야 할 것이다. 이를 통해 메타버스 상담이 더욱 효과적이고 안전한 방식으로 발전을 기대할 수 있다.

7. 메타버스 집단상담의 한계 및 제한점

메타버스를 활용한 집단상담은 많은 가능성을 제공하지만, 여전히 여러 가지 한계와 도전 과제를 안고 있다. 이러한 한계와 제한점을 이해하는 것은 메타버스 상담의 효과적인 구현과 발전을 위해 중요하다.

1) 기술적 한계

메타버스 집단상담의 첫 번째 한계는 기술적인 측면에서 나타난다. 하드웨어 요구 사항은 중요한 이슈로, 고성능의 컴퓨터와 VR 헤드셋 등의 장비가 필요하다. 이러한 장비는 비용이 높기 때문에 접근성이 제한될 수 있다. 특히, 최신 VR 장비와 컴퓨터를 구비하지 못한 내담자들에게는 메타버스 상담의 접근이 어려워질 수 있다. 이는 경제적 여건에 따라 상담 참여가 불가능한 경우를 초래할 수 있으며, 결국 상담 서비스의 형평성을 저해할 수 있다.

소프트웨어 제약도 큰 도전 과제이다. 메타버스를 활용하기 위해서는 특정 플랫폼을 선택해야 하는데, 이러한 플랫폼들은 각기 다른 호환성 문제를 가지고 있을 수 있다. 이는 사용자가 원하는 모든 기능을 구현하는 데 어려움을 초래할 수 있다. 예를 들어, 특정 메타버스 플랫폼이 특정 운영체제나 장비와만 호환될 경우, 다양한 기술 환경을 갖춘 사용자들이 참여하는 데 한계가 발생한다. 또한, 소프트웨어 업데이트와 버그 수정이 지속적으로 이루어지지 않을 경우, 사용자가 불편을 겪고 상담의 질이 저하될 수 있다.

또한, 안정적인 인터넷 연결이 필수적이다. 메타버스 환경은 높은 대역폭을 요구하며, 인터넷 연결이 불안정할 경우 상담의 질이 저하될 수 있다. 이는 특히 인터넷 인프라가 열악한 지역에서 큰 문제로 작용할 수 있다. 예를 들어, 네트워크 지연이나 연결 끊김 현상은 실시간 상담의 흐름을 방해하고, 내담자가 중요한 순간에 끊임없이 연결을 재시도해야 하는 불편을 초래할 수 있다. 이로 인해 내담자의 몰입도가 저하되고 상담의 효과성이 떨어질 수 있다.

2) 사용자 경험의 도전

메타버스를 사용하면서 발생하는 사용자 경험의 도전 과제도 무시할 수 없다. 가상 현실 멀미는 많은 사용자가 경험하는 일반적인 문제이다. 이는 사용자의 참여를 저해하고, 상담 세션에 대한 집중도를 떨어뜨릴 수 있다. 가상 현실 멀미는 시각적 정보와 실제 움직임 사이의 불일치로 인해 발생하며, 이는 사용자가 가상 환경에 적응하기 어려운 원인이 된다. 이를 해결하기 위해서는 VR 시스템의 최적화와 사용자의 적응을 돕는 교육이 필요하다.

또한, 사용자 인터페이스와 탐색에 있어서도 도전이 따른다. 메타버스 환경에 익숙해지는 데 시간이 걸리며, 특히 장애가 있는 개인에게는 접근성이 떨어질 수 있다. 예를 들어, 시각장애가 있는 내담자는 VR 헤드셋의 시각적 정보를 제대로 인식하지 못해 어려움을 겪을 수 있다. 이를 해결하기 위해서는 보조 기술의 개발과 접근성을 높이는 디자인이 필요하다. 또한, 사용자가 메타버스 환경을 탐색하는 데 필요한 기본적인 조작법과 인터페이스 사용법을 이해하도록 돕는 교육 프로그램이 필수적이다.

감각적 한계 역시 중요한 문제이다. 가상 환경에서는 물리적 존재감이 부족하며, 비언어적 커뮤니케이션 단서가 소실될 수 있다. 이는 상담에서 중요한 요소인 비언어적 신호를 충분히 활용할 수 없게 만든다. 예를 들어, 미세한 표정 변화나 몸짓을 통한 의사소통이 제한되며, 이는 상담사가 내담자의 정서 상태를 정확하게 파악하는 데 어려움을 초래할 수 있다. 이를 보완하기 위해서는 아바타의 표정과 제스처를 보다 정교하게 구현하는 기술 개발이 필요하다.

3) 심리적 함의

메타버스 상담의 심리적 함의도 고려해야 한다. 가상 현실에서의 존재감과 몰입감은 치료적 관계에 큰 영향을 미친다. 대면 상호작용과 비교했을 때, 가상 환경에서는 진정한 연결과 감정적 유대감이 부족할 수 있다. 이는 내담자가 상담사와의 관계 형성에 어려움을 겪게 만들며, 상담의 효과를 저해할 수 있다. 또한, 가상 환경에서의 상호작용은 현실감을 제공하지만, 이는 종종 표면적일 수 있으며 깊은 정서적 교류가 부족할 수 있다.

개인정보 보호와 비밀보장도 중요한 문제이다. 메타버스 환경에서의 데이터 보안은 매우 중요한 이슈로, 익명성과 신원 확인에 대한 문제를 해결해야 한다. 내담자의 개인정보가 유출되거나 불법적으로 사용될 위험이 존재하기 때문에 이에 대한 철저한 보안 조치가 필요하다. 예를 들어, 메타버스 플랫폼에서의 데이터 암호화, 사용자 인증 강화, 개인정보 보호 정책의 엄격한 적용 등이 필요하다. 이는 내담자가 안전하게 상담에 참여할 수 있는 환경을 제공하는 데 필수적이다.

또한, 메타버스 환경에서 현실과 가상의 경계가 모호해질 수 있다. 이는 내담자가 현실을 회피하거나 가상 세계에 과도하게 의존하게 만들 수 있으며, 이는 결국 의존성과 중독으로 이어질 수 있다. 예를 들어, 가상 세계에서의 활동이 현실 세계의 책임과 의무를 회피하는 수단으로 사용될 경우, 내담자의 현실 적응 능력이 저하될 수 있다. 이를 예방하기 위해서는 상담사가 내담자가 가상 세계와 현실 세계를 균형 있게 경험할 수 있도록 지도하는 것이 중요하다.

4) 윤리적 및 법적 고려 사항

메타버스 상담을 진행할 때 윤리적 및 법적 고려 사항도 중요하다. 국경을 넘는 사용권으로 인해 전문적 기준을 준수하는 것이 어려울 수 있다. 예를 들어, 서로 다른 국가의 법적 규제와 윤리 기준을 충족시키기 위해서는 각국의 법률과 규정을 철저히 이해하고 준수해야 한다. 또한, 가상 환경에서 동의를 얻는 과정에 대한 윤리적 · 법적 유의 사항을 충분히 숙지하고 준수해야 한다. 이는 내담자의 권리를 보호하고, 상담 과정에서 발생할 수 있는 법적 분쟁을 예방하는 데 필수적이다.

또한, 원격으로 위기가 발생했을 때 상황을 관리하기 위한 매뉴얼과 대응 시스템을 구축하는 것이 필요하다. 가상 환경에서 내담자가 위기 상황에 처했을 때, 즉각적인 개입이 어려울 수 있기 때문에 이러한 상황에 대비한 매뉴얼과 대응 시스템이 필요하다. 예를 들어, 내담자가 자살 충동을 보이거나 심각한 정신적 위기를 경험할 경우, 신속하게 지원을 제공할 수 있는 시스템을 마련하는 것이 중요하다.

VR 및 메타버스를 그룹 상담 치료에 통합하면 집단원의 안전, 개인정보 보호를 위해 신중하게 고려해야 할 몇 가지 윤리적 고려 사항이 생긴다. 이러한 고려 사항에는 데이터 보안부터 문화적 민감성까지 다양한 문제가 포함되며, 상담사와 기술 제공자 모두 세심한 주의가 필요하다.

① 개인정보 및 데이터 보안: 생체 인식 정보를 포함한 민감한 개인 데이터를 안전하게 저장하고 보호하는 것이 가장 중요하다. VR 치료의 특성상 생리적 반응이나 행동 패턴과 같은 상세한 개인 데이터를 수집하는 경우가 많다. 이러한 데이터는 내담자의 기밀을 보호하기 위해 무단 액세스 및 침해로부터 안전하게 보호되어야 한다. 강력한 암호화 방법, 안전한 데이터 저장 솔루션, 엄격한 액세스 제어는 포괄적인 보안 전략의 필수 요소일 것이다. 또한 상담사와와 기술 제공업체는 데이터 처리 관행을 투명하게 공개하여 내담자들이 자신의 데이터가 어떻게 사용, 저장, 보호되는지 충분히 알 수 있도록 해야 한다.

② 정보에 입각한 동의: 정보에 입각한 동의를 얻는 것은 메타버스 상담에서 윤리적 실천의 시작이다. 내담자에게 잠재적인 위험과 이점을 포함하여 메타버스를 통한 개입의 특성에 대해 철저히 알려야 한다. 여기에는 기술의 작동 방식, 상담과 치료 과정에 수반되는 사항, 수집되는 구체적인 데이터에 대한 명확한 설명이 포함되어야 한다. 내담자에게는 질문할 권리가 있으며, 언제든지 불이익 없이 참여를 철회할 수 있는 옵션이 제공되어야 한다.

③ **접근성 및 포용성**: 장애인을 포함한 다양한 내담자들이 VR 기반 치료에 접근할 수 있도록 하는 것은 윤리적 실천을 위해 필수적이다. 여기에는 기술의 경제성과 다양한 요구를 고려하는 것이 포함된다. 가상 환경은 포용성을 염두에 두고 설계되어야 하며, 신체적·감각적·인지적 장애를 수용할 수 있는 기능을 제공해야 한다. 예를 들어 조정 가능한 글꼴 크기, 음성 명령, 간소화된 탐색 기능을 통해 시각 또는 운동장애가 있는 사람들이 가상환경에 더 쉽게 접근할 수 있도록 해야 한다. 또한 고급 헤드셋부터 보다 저렴한 대안까지 다양한 유형의 VR 하드웨어에 대한 옵션을 제공하여 접근성 격차를 해소하는 것에도 주의를 기울여야 한다.

④ **심리적 영향**: 가상 환경에서의 몰입형 특성은 긍정적이든 부정적이든 강렬한 심리적 영향을 미칠 수 있다. 상담사는 내담자가 경험할 현실 세계에서의 지남력, 방향감각 상실, 사이버멀미, 정서적 고통 등 몰입형 가상 환경의 경험으로 인해 발생할 수 있는 부정적인 심리적 영향을 인식하고 대처할 수 있도록 교육을 받을 필요가 있다. VR 및 메타버스 사용으로 인한 불안이나 불편함의 징후가 있는지 내담자들을 모니터링하고 필요에 따라 적절한 지원과 개입을 제공하는 것이 중요하다. 여기에는 감각 과부하를 줄이기 위해 VR 환경을 조정하거나 피로를 예방하기 위해 휴식을 제공하는 것이 포함될 수 있다. 이러한 잠재적 부작용을 관리하기 위한 프로토콜을 개발하는 것 역시 가상 공간에서의 상담과 치료를 위해 전제되어야 할 요소이다. 또한 상담사는 부작용으로 인해 메타버스 상담이나 치료를 중단해야 할 수 있는 내담자를 위한 계획을 가지고 있어야 한다.

⑤ **치료 경계와 전문성**: 가상 환경에서 명확한 경계와 전문성을 유지하는 것은 치료 동맹을 유지하고 내담자의 안전을 보장하는 데 매우 중요하다. 메타버스의 몰입감과 잠재적 익명성은 전통적인 치료의 경계를 모호하게 만들 수 있으므로 상담사는 VR 공간 내 상호작용에 대한 가이드라인을 수립하고 시행하는 것이 필수적이다. 여기에는 행동에 대한 명확한 기대치를 설정하고, 전문적인 행동을 유지하며, 치료 관계가 존중과 지지를 유지하도록 하는 것이 포함된다. 또한 상담사는 내담자가 가상 환경에 지나치게 의존하거나 가상과 현실의 상호작용을 구분하는 데 어려움을 겪을 수 있는 가능성 등 메타버스 상담이 제기하는 고유한 문제를 인식하고 있어야

한다. 지속적인 교육과 슈퍼비전은 상담전문가가 이러한 복잡성을 헤쳐나가는 데 도움이 될 수 있다.

⑥ 문화적 민감성: VR 및 메타버스 내 콘텐츠는 문화적으로 민감하고 적절해야 한다. 상담사는 사용하는 가상 환경과 콘텐츠의 문화적 맥락을 인지하고 집단원들의 배경을 존중하고 관련성이 있는지 확인해야 한다. 여기에는 메타버스 상담 도구를 설계하거나 사용할 때 문화적 상징, 규범 및 관행을 염두에 두는 것이 포함된다. 예를 들어, 종교적 상징이나 문화적 유물이 포함된 가상 환경은 불쾌감을 주지 않고 집단원들의 치료 목표를 지원할 수 있도록 신중하게 선택해야 한다. 문화적 역량 교육을 통해 상담사는 내담자의 다양한 배경을 더 깊이 이해하고 포용적이고 존중하는 메타버스적 개입이 이루어지도록 할 수 있다.

5) 효과성 및 연구

마지막으로, 메타버스 상담의 효과성에 대한 연구가 아직 미비한 수준이다. 전통적인 상담 방법과 비교한 연구가 필요하며, 기존 메타버스 상담 연구에는 한계가 존재한다. 예를 들어, 메타버스 상담의 장기적인 효과와 다양한 인구 및 환경에서의 효과성을 검증하기 위한 추가 연구가 필요하다. 이는 메타버스 상담의 실제 효과를 입증하고, 이를 기반으로 한 개선 방안을 도출하는 데 필수적이다.

전반적으로, 메타버스 상담은 많은 잠재력을 가지고 있지만, 이러한 한계와 도전 과제를 극복하기 위해서는 지속적인 연구와 개선이 필요하다. 이러한 노력을 통해 메타버스 상담이 더욱 효과적이고 안전한 방식으로 발전할 수 있을 것이다.

(1) 사용자 경험의 도전

메타버스를 사용하면서 발생하는 사용자 경험의 도전 과제도 무시할 수 없다. 가상 현실 멀미는 많은 사용자가 경험하는 일반적인 문제이다. 이는 사용자의 참여를 저해하고, 상담 세션에 대한 집중도를 떨어뜨릴 수 있다. 가상 현실 멀미는 시각적 정보와 실제 움직임 사이의 불일치로 인해 발생하며, 이는 사용자가 가상 환경에 적응하기 어려운 원인이 된다. 이를 해결하기 위해서는 메타버스 시스템의 최적화와 사용자의 적응을 돕는 교육이 필요하다.

또한, 사용자 인터페이스와 탐색에 있어서도 도전이 따른다. 메타버스 환경에 익숙해지는 데 시간이 걸리며, 특히 장애가 있는 개인에게는 접근성이 떨어질 수 있다. 예를 들어, 시각장애가 있는 내담자는 VR 헤드셋의 시각적 정보를 제대로 인식하지 못해 어려움을 겪을 수 있다. 이를 해결하기 위해서는 보조 기술의 개발과 접근성을 높이는 디자인이 필요하다. 또한, 사용자가 메타버스 환경을 탐색하는 데 필요한 기본적인 조작법과 인터페이스 사용법을 이해하도록 돕는 교육 프로그램이 필수적이다.

감각적 한계 역시 중요한 문제이다. 가상 환경에서는 물리적 존재감이 부족하며, 비언어적 커뮤니케이션 단서가 소실될 수 있다. 이는 상담에서 중요한 요소인 비언어적 신호를 충분히 활용할 수 없게 만든다. 예를 들어, 미세한 표정 변화나 몸짓을 통한 의사소통이 제한되며, 이는 상담사가 내담자의 정서 상태를 정확하게 파악하는 데 어려움을 초래할 수 있다. 이를 보완하기 위해서는 아바타의 표정과 제스처를 보다 정교하게 구현하는 기술 개발이 필요하다.

(2) 심리적 함의

메타버스 상담의 심리적 함의도 고려해야 한다. 가상 현실에서의 존재감과 몰입감은 치료적 관계에 큰 영향을 미친다. 대면 상호작용과 비교했을 때, 가상 환경에서는 진정한 연결과 감정적 유대감이 부족할 수 있다. 이는 내담자가 상담사와의 관계 형성에 어려움을 겪게 만들며, 상담의 효과를 저해할 수 있다. 또한, 가상 환경에서의 상호작용은 현실감을 제공하지만, 이는 종종 표면적일 수 있으며 깊은 정서적 교류가 부족할 수 있다.

개인정보 보호와 비밀보장도 중요한 문제이다. 메타버스 환경에서의 데이터 보안은 매우 중요한 이슈로, 익명성과 신원 확인에 대한 문제를 해결해야 한다. 내담자의 개인정보가 유출되거나 불법적으로 사용될 위험이 존재하기 때문에 이에 대한 철저한 보안 조치가 필요하다. 예를 들어, 메타버스 플랫폼에서의 데이터 암호화, 사용자 인증 강화, 개인정보 보호 정책의 엄격한 적용 등이 필요하다. 이는 내담자가 안전하게 상담에 참여할 수 있는 환경을 제공하는 데 필수적이다.

또한, 메타버스 환경에서 현실과 가상의 경계가 모호해질 수 있다. 이는 내담자가 현실을 회피하거나 가상 세계에 과도하게 의존하게 만들 수 있으며, 이는 결국 의존성과 중독으로 이어질 수 있다. 예를 들어, 가상 세계에서의 활동이 현실 세계의 책임과 의무를 회피하는 수단으로 사용될 경우, 내담자의 현실 적응 능력이 저하될 수 있다. 이를 예방하기 위해서는 상담사가 내담자가 가상 세계와 현실 세계를 균형 있게 경험할 수 있도록 지도하는 것이 중요하다.

(3) 효과 및 근거 기반 상담

상담사는 메타버스를 상담과 치료에 통합할 때 증거 기반의 상담을 실시해야 한다. 여기에는 관련 분야 치료 연구의 최신 발전에 대한 정보를 지속적으로 파악하고 개입의 효과를 지속적으로 평가하는 것이 포함된다. 상담사는 메타버스 환경에서 효과적인 것으로 입증된 증거 기반 기법과 도구를 찾아서 통합해야 한다. 지속적인 전문성 개발과 메타버스 연구에 참여하여 상담사가 높은 수준의 개입 기준을 유지하는 것이 필요할 수 있다. 또한 상담사는 메타버스 환경에서의 상담 개입의 결과에 대한 데이터를 수집하여 상담 영역에서 메타버스 사용을 뒷받침하는 데이타와 지식이 확장되는 것에 기여할 책임도 있다. 이 데이터는 상담사들이 집단상담의 접근 방식을 개선하고 시간이 지남에 따라 내담자들의 상담효과를 증진시키는 데 도움이 될 것이다.

(4) 윤리적 개발 및 배포

집단상담을 위한 메타버스 애플리케이션 개발에는 사용자 테스트와 피드백을 포함한 모든 단계에서 윤리적 고려 사항이 포함되어야 한다. 개발자와 전문상담사는 협력하여 메타버스 상담 영역에 대한 윤리적 지침과 표준을 만들어야 한다. 여기에는 집단원의 복지와 필요를 우선시하는 방식으로 기술을 개발하고 배포하는 것이 포함된다. 윤리적 개발 관행에는 사용자 중심의 설계 프로세스, 다양한 사용자 그룹을 대상으로 한 철저한 테스트, 잠재적인 윤리적 문제를 식별하고 해결하기 위한 지속적인 평가가 포함되어야 한다. 개발자들 역시 개발 과정에 내담자와 상담사를 참여시킴으로써 효과적이면서도 윤리적으로 건전한 VR 도구를 만들 수 있을 것이다.

1) 메타버스에서 하는 빈 의자-조별 사례 분석 및 개입 전략 세우기

※ 조별로 모여서 다음 사례를 읽고 아래 질문에 대해 생각해 봅시다.

 사례

　　메타버스 플랫폼에 6명의 집단원이 접속해서 집단상담을 진행하고 있다. 이번 시간에는 빈 의
자를 활용해서 설움이가 아버지와의 사이에서 미해결된 감정에 대해서 다루고자 한다. 설움이는
빈 의자에 아버지를 초대했다. 가상의 아버지 아바타가 빈 의자에 앉아 설움이를 단호하고 엄한
표정으로 바라보고 있다.

1. 만약 위와 같은 상황이라면 집단상담자는 어떤 감정을 경험할까요?

_____

_____

_____

_____

_____

_____

2. 위와 같은 상황을 메타버스 환경에서 다루는 데 있어 어떤 점이 염려되나요?

_____

_____

_____

_____

_____

_____

3. 집단원들은 어떤 감정을 경험할까요?

_____

_____

_____

_____

4. 개입 전략을 논의해 봅시다.

_____

_____

_____

_____

5. 개입 시 주의해야 할 점은 무엇일까요?

_____

_____

_____

_____

_____

6. 개입과 집단과정에서 발생 가능한 어려움을 예상하고 대처 전략을 세워 봅시다.

_____

_____

_____

_____

2) 실습하기

1. 리더, 코리더, 집단원들로 역할을 나누어 실습해 봅시다.

_____

_____

2. 리더, 코리더로 느낀 점을 나누어 봅시다.

_____

_____

3. 집단원으로서 느낀 점을 나누어 봅시다.

_____

_____

4. 개입하는 리더의 개입에 대해서 느낀 점을 나누어 봅시다.

_____

_____

5. 본 사례에서의 치료적인 요인을 찾아봅시다.

_____

_____

6. 사례의 개입에서 보완하거나 추가할 내용에 대해서 논의해 봅시다.

_____

_____

_____

3) 전체 사례 나누기 & 사례 개입 모델링

1. 각 조별로 실습 사례에 대해 좋았던 점에 대해서 나누어 봅시다.

_____

_____

_____

_____

2. 실습 과정에서 개입에서 어려웠던 점에 대해서 나누어 봅시다.

_____

_____

_____

_____

3. 전문가의 사례 개입 모델링을 보고 느낀 점을 나누어 봅시다.

_____

_____

_____

_____

4. 모델링을 보고 질문이 있다면 정리해 봅시다.

_____

_____

_____

_____

참고 자료 1: 비대면 집단상담

■ 비대면 집단상담의 정의

비대면 집단상담은 물리적으로 떨어진 장소에서 상담사와 내담자가 다양한 디지털 매체를 통해 실시간으로 소통하며 진행되는 집단상담의 방식을 의미한다. 최근에는 컴퓨터나 스마트폰 등 다양한 디지털 기기를 통해 이루어지며, 화상회의 소프트웨어(예: Zoom, Skype)를 활용하여 진행되는 것이 일반적이다(김정석, 권경인, 2024).

• 비대면 상담의 필요성과 증가 배경

① COVID-19 이후 비대면 상담의 수요가 급증

① 인터넷 속도의 향상과 통신 기술의 발전으로 인해 화상 상담이 가능해짐

■ 비대면 집단상담의 효과

비대면 집단상담은 다양한 연구를 통해 그 효과성과 유용성이 입증되고 있으며, 주요 연구들은 비대면 집단상담이 정서적 안정, 스트레스 감소, 대인관계 향상 등에 긍정적인 영향을 미친다고 보고하고 있다.

• 비대면 집단상담 효과 메타 연구(김정석, 2024)

① **정서적 안정**: 비대면 집단상담은 우울증, 불안 등의 정서적 문제에 효과적이며, 이는 다양한 연구에서 일관되게 보고됨

② **스트레스 감소**: 비대면 집단상담은 특히 스트레스 관리에 효과적이며, 이는 대학생, 직장인, 유아기 자녀를 둔 부모 등 다양한 집단에서 확인되고 있는 것으로 나타남

③ **자아개념 및 대인관계**: 자기효능감, 자아정체감 향상에 기여하며, 대인관계 개선에도 긍정적 영향을 미침. 그러나 자아존중감에 대한 효과는 연구마다 상이함

[정리] 전반적인 효과성: 메타분석 결과, 비대면 화상 집단상담의 전체적인 효과 크기가 대면 상담과 유사하거나 높은 수준을 보인 것으로 나타남

■ 비대면 집단상담 참여 경험

• 비대면 화상 집단상담 참여 경험에 대한 탐색적 연구(권경인, 양정연, 2021)

1) 연구목적 및 연구방법

코로나19의 장기화에 따라 도입된 비대면 화상 집단상담의 장단점을 확인하여, 개선점을 도출하고 향후 비대면 화상 집단상담의 확장을 위한 기초 자료를 제공하고자 하고자 비대면 화상 집단상담에 실제 참여해 본 집단원을 대상으로 온라인 설문을 통해 55개의 자료를 수집, 합의적 질적 연구방법(CQR-M)을 사용하여 분석함

2) 연구 결과

(1) 비대면 화상 집단상담에서 도움 요소

① 화상 매체가 주는 도움

- 물리적 제약이 없음(25.5%): 물리적 거리와 시간 제약이 없음
- 화상 도구로 인해 집단이 더 잘 보임(25.5%): 집단원들의 반응을 한번에 볼 수 있음
- 화상 매체로 인해 부담이 덜함(18.2%): 긴장이 덜 되고 보호막 역할
- 목소리와 표정이 선명하게 전달됨(18.2%): 공감과 지지가 생생하게 전달됨
- 체력적인 소모가 덜함(14.5%): 덜 피곤한 상태로 참여 가능
- 독립적인 공간에서 집중이 잘됨(10.9%): 집중이 잘됨

② 집단과정을 통한 성과 및 도움 받은 점

- 적극적 몰입과 참여(43.6%): 집단원들의 피드백과 질문을 통해 몰입
- 성찰(통찰)(40%): 자신과 타인에 대한 성찰
- 염려했던 것보다 몰입이 잘됨(23.6%): 예상보다 몰입이 잘 됨
- 떨어져 있지만 같이 있다는 느낌(14.5%): 함께 있다는 느낌
- 집단에 대한 신뢰감(14.5%): 집단원들에 대한 신뢰감 증가

③ 집단상담자의 촉진적 도움

- 전문적인 개입 및 운영(70.9%): 전문적인 개입이 큰 도움
- 필요한 구조화를 잘함(18.2%): 구조화 잘함
- 효과에 대한 확신(9.1%): 상담자의 확신이 도움이 됨
- 역할이나 반응이 더 커짐(9.1%): 상담자의 역할이 더 중요하게 느껴짐

(2) 비대면 화상 집단상담에 대한 개선안

① 환경에 대한 개선안

- 미디어 화상 환경 점검(23.6%)

- 적절한 인원 배치 및 관리 인력 배치(10.9%)

- 작업하기 적절한 공간 확보(9.1%)

② 개입 및 운영에 대한 개선안

- 적극적 참여 촉진(20%)

- 화상상담에 적절한 운영 및 개입 전략 확보(20%)

- 생생한 실재감이 느껴질 수 있는 장치 필요(18.2%)

■ 비대면 집단상담의 장단점

① 장점: 거리적 한계 완화, 시간적 유연성, 익명성과 편안함, 시간과 비용이 절감되는 경제성 등

② 단점: 기술적 한계, 비언어적 단서 부족, 정서적 연결의 부족, 응급 상황 대응의 어려움 등

■ 비대면 집단상담의 운영

다음은 비대면 집단상담 운영 과정에서의 유의 사항이다.

단계	비대면 집단에서의 유의 사항
준비	1. 집단원 선발 　1) 문제 수준 　　−비대면 집단상담 역시 대면 집단과 마찬가지로 집단으로부터 유익을 얻을 수 있는 기능 수준과 참여 동기를 가진 사람을 선발해야 함. 　　−특별히, 비대면 집단상담의 경우, 집단원의 급작스러운 탈락이나 심리적 어려움에 즉각적으로 대응할 수 없다는 한계가 있음. 예컨대, 집단과정에서 집단원의 과도한 정서 반응을 보이거나, 카메라를 꺼버릴 때, 또는 자살 계획과 같은 위기 상황이 발생하였을 때, 집단원이 카메라를 끄고 연락을 받지 않을 경우 집단상담자가 적절하게 대응하기 어려워질 가능성이 있음. 　　−따라서 집단원의 사전 선발에 있어 사전면담, (간이)심리검사 실시 등을 통해 스크리닝에 주의를 기울여야 할 필요가 있음.

	−반면, 상담이나 대인관계에서 두려움, 취약성을 느껴 집단상담 참여가 어려웠던 내담자들의 경우, 비대면 상담 방식에서 오히려 방어가 낮아지고(Kotsopoulou, Melis, Koutsompou, & Karasarlidou, 2015), 매체로 인한 거리감을 보호로 느낌(권경인, 양정연, 2021)에 따라 집단 상담 참여가 용이해질 수 있음. 2) 연령 −대학생과 비대면 매체 사용이 익숙한 대상의 접근 가능성 높음. −아동의 경우, 화상 참여에 부모의 도움을 받아야 하므로 그에 따른 상담 과정에 영향을 보임 (Trub, 2021). −노인의 경우, 비대면 매체 기술 적응에 어려움이 컸음(Seethaler et al., 2021).
준비	**2. 집단상담 참여 공간에 대한 명확한 안내/제공** −집단원들이 독립된 조용한 공간에서 접속할 수 있도록 사전 안내해야 하며, 이어폰을 착용하는 것을 권장하도록 함. −자신의 방과 같아 독립된 공간일지라도, 가족이나 타인과 함께 있을 경우, 외부에서 나는 소리에 주의를 뺏기거나, 자신의 소리가 밖으로 들릴 것에 대한 염려로 집단에 집중하기 어려울 수 있음. 이와 같이 예상되는 어려움을 집단원에게 미리 알리고, 공간을 사전에 물색할 수 있도록 미리 공지할 필요가 있음. −필요시, 기관 내 상담 공간의 사용을 신청할 수 있도록 안내할 필요가 있음. **3. 화상 시스템 사양 및 사용 방법에 대한 사전 안내** −참여자가 마이크/카메라/인터넷 환경/활용하는 화상 플랫폼의 주요 기능 등을 사전 점검을 할 수 있도록 안내문을 제공하거나, 관리자와 집단원이 사용 환경을 점검할 수 있는 사전 모임을 갖는 것이 도움이 됨. (*비대면 집단에서는 인터넷 환경 문제로 화면이 멈추거나, 특정 집단원의 마이크 소리가 유독 작거나 큰 경우도 집단 역동에 영향을 미칠 수 있음을 고려해야 함) −연령이나 문화권 등에 따라 인터넷 화상 시스템에 대한 친숙도가 다르므로 보다 상세한 안내가 제공되어야 할 필요가 있음. (기관 특성에 따라 컴퓨터 간 원격 지원 서비스를 도입할 수도 있겠음)

도입	**1. 비밀보장 등 오리엔테이션** −온라인의 경우, 대면 환경에서보다 비밀유지 규정 위반 가능성이 더 커짐(Wheeler & Bertram, 2019). −따라서 비밀보장 의무와 한계에 대해 반복적으로 안내하고, 온라인상의 행동의 한계를 분명히 규정해 두어야 함. ※ 비대면 집단상담 오리엔테이션(예시) ① 안전한 집단상담이 이루어질 수 있도록 독립된 조용한 공간에서 접속합니다. 가능한 이어폰을 착용하며, 집단 중에는 자리 이동을 삼갑니다. ② 집단 중에는 비디오를 끄거나, 음소거를 하지 않습니다. ③ 얼굴 전체가 화면에 충분히 나올 수 있도록 카메라 각도를 조정합니다. ④ 비밀보장 보호를 위해 녹음, 녹화 등의 어떠한 기록도 하지 않습니다. ⑤ 휴대전화를 무음으로 하고, 컴퓨터에 다른 창(예: 인터넷, SNS, 메신저)을 띄워 놓지 않습니다. ⑥ 정해진 활동 외에 채팅방 기능의 사용을 자제합니다(예: 다른 집단원들과 채팅방으로 따로 소통하지 않습니다.). ⑦ 집단에 참여하기 어려울 때는 갑자기 카메라를 끄거나, 방을 나가기보다 집단상담자 또는 집단원 전체에게 양해를 구하고 나갑시다. 직접 이야기하기 어렵다면 채팅방을 활용해도 좋습니다. **2. 집단 활동 준비** −활동지 등을 사전 배포하거나 개별 출력을 요청할 경우, 준비하지 못하거나, 두고 온 활동지를 챙겨 오느라 시간이 지체되면서 집단 역동에 부정적 영향을 미칠 수 있음. −따라서 [구글−Slides]와 같이 현장에서 공동으로 접속하여 바로 작성할 수 있는 온라인 매체를 활동지로 사용하는 것이 도움이 될 수 있음. −활동지 외 필요한 준비물이 있다면, 집단 시작 전 일괄 배포하고, 회기별로 구비해야 할 준비물을 사전 안내하여, 활동에 참여하지 못하는 집단원이 없도록 유의해야 함.
과정	**1. 비대면 상호작용 시 유의점** −비언어적 의사소통의 한계를 고려하여 집단 활동 시, 명료하고 자세한 지시(문) 제공하여야 함. 다만, 비대면 환경에서는 쉽게 집중력을 잃을 수 있으므로 리더의 안내가 너무 길어지지 않도록 유의해야 함. −비대면 상황에서 서로의 말이 겹치거나 물릴 수 있는 상황이 반복될 경우, 집단원들이 편하게 이야기를 시작하는 것에 위축감을 경험할 수 있으므로, 말과 말 사이의 간격을 둘 수 있도록 도울 필요가 있음.

과정	−집단과정 중 피로, 집중력 저하, 저항, 자기몰입 등의 다양한 이유로 집단원의 '뒤로 물러나는' 특성이 두드러질 수 있음. 따라서 집단과정을 적절히 환기시키는 쉬는 시간, 활동, 상호작용 개입 등을 적절히 배치해야 할 필요가 있음. −실제, 비대면 화상 집단에서 집단원들은 생생한 상호작용이 덜하고, 주변 소음으로 집중하기 어려우며, 눈의 피로감을 느끼는 것으로 나타남(권경인, 양정연, 2021). 또한, 관찰자가 없이 독립된 공간에 홀로 머물면서 흥미 없는 활동에는 하는 척만 하거나, 익숙한 공간에서 접속했기에 긴장감이 저하되어 쉽게 산만해짐을 보고함(김정석, 권경인, 2023). **2. 비대면 환경에 적합하도록 프로그램 및 활동을 재구성해야 함** 〈예시 1: 텔레게임〉 −'텔레게임'은 집단상담자가 어떤 주제(예: 비 오는 날 우산을 함께 쓰고 싶은 사람, 이 중에서 돈을 꾸어야 하면 누구에게 꾸겠는지 등)를 제시하면, 집단원들은 끌리는 대상을 찾아 손을 얹는 활동이다. 이와 같이 신체 활동과 상호 접촉을 전제로 하는 활동의 경우 비대면 환경에 맞게 재구성이 필요하다. −리더의 주제를 제시하면, ① 집단원들이 종이에 마음을 끄는 집단원의 별칭을 적어 화면에 보여 주거나, ② 프로그램에 따라 제공하는 [스티커 붙이기] 기능 등의 조작법을 리더가 사전 안내하여 스티커를 붙이는 등의 활동으로 변경하여 활용할 수 있다. 〈예시 2: 점쟁이 놀이〉 −'점쟁이 놀이'는 둘씩 짝지어 서로를 10~20초 정도 바라보고, 상대에 대한 추측을 나누는 과정에서, 일대일 관계를 형성하고, 다른 사람을 판단하는 과정에서 자신의 투사와 실제 대상을 알아가는 경험을 할 수 있는 활동이다. −위 활동을 비대면 시, 'ZOOM의 소회의실' 기능과 같이, 집단원들이 개별적으로 소통할 수 있는 기능을 활용하여 하위 그룹별 의사소통을 할 수 있도록 도울 수 있다. −이때, 리더나 코리더는 각각의 소회의실에 입장하여 집단원들의 활동 과정과 특징들을 파악할 수 있다. **3. 집단원 간 친밀감/집단응집력 형성과 같은 과도기적 과제가 집단과정 중에 반복될 가능성을 고려해야 함** −비대면 집단의 경우, 쉬는 시간, 점심시간 등을 통한 집단원 간의 실제적 교제가 없어 집단원과의 관계가 실감되지 않을 수 있음. 따라서 집단에 따라서는 집단과정 중에도 집단원 간 친밀함, 깊이 있는 자기개방을 돕기 위한 활동 배치나 개입이 필요할 수 있음(권경인, 양정연, 2021).

제8장

집단상담 프로그램 개발 및 실제

1. 집단상담 프로그램 개발 과정과 실제 프로그램 재구성의 차이를 이해한다.
2. 특정 대상이나 주제를 가지고 구조화된 집단 프로그램 계획안을 작성한다.
3. 구조화된 집단 프로그램 발표 및 피드백을 통해 프로그램 운영의 노하우를 습득한다.

−집단상담 프로그램을 기획하고 계획서를 작성할 때 어려웠던 부분은 무엇인가요?

−집단상담 프로그램 개발과 재구성 과정의 차이를 이해하고 있나요?

−이론에 기반한 집단상담 프로그램 기획이 필요한 이유는 무엇인가요?

−각 대상과 주제에 따라 회기를 기획할 때 고려해야 할 점은 무엇인가요?

집단을 운영해 달라는 요청을 받은 집단상담사는 기관의 요구와 대상자에게 적합한 집단 프로그램을 설계하고 운영하기 위해, 프로그램 기획 단계에서 고려해야 할 사항 및 절차에 대해 고민하게 된다. 권경인, 김미진, 추연국(2020)의 연구에 따르면, 중급 집단상담사들은 프로그램 개발 및 운영에 대한 구체적인 방안이 필요하다고 제시한다. 이들은 특히 '집단 계획 및 운영 기회 제공', '목표와 주제에 맞는 프로그램 구성 연습', 그리고 '구조화된 프로그램 직접 개발' 등 실제 상담을 구성하고 운영하는 데 필요한 구체적인 기술을 습득하길 원한다. 이러한 요구를 반영하여, 이 장에서는 집단상담 프로그램을 개발하고 재구성하는 과정의 차이를 이해하고, 실제 대상과 주제에 필요한 프로그램을 계획하며, 이에 대한 실습과 피드백 과정을 통해 좀 더 나은 프로그램을 기획하도록 돕고자 한다.

1. 집단상담 프로그램 개발

1) 프로그램의 개발에 대한 지식과 훈련의 필요성

프로그램에서 자주 발견되는 문제점들은 대부분의 상담자들이 프로그램 개발에 필요한 지식과 훈련의 부족에서 비롯된다. 이숙영(2003)은 이러한 문제들의 구체적인 원인으로 다음을 지적한다. 기초 조사 부족, 목적 및 목표의 명확성 부족, 프로그램 내용 선정에 대한 이론적 근거나 설명 부족, 내용 조직의 체계성 부족, 실시 방법에 대한 명확한 설명이나 근거 부족, 그리고 평가의 부족 등이다.

2) 프로그램 개발

프로그램이란 특정 목표를 달성하기 위해 체계적으로 조직된 활동이며, 목표를 달성하기 위한 일련의 상호 의존적인 활동이다. **프로그램 개발**이란 프로그램을 요청한 조직 및 개인의 요구를 반영하여 전략적으로 목표를 설정하고 목표 달성을 위해 도움이 되는 수단과 활동을 효과를 갖도록 체계적인 방법으로 조직하고 시행하는 것이다.

(1) 좋은 프로그램 개발의 근거

좋은 프로그램을 만든다는 것은 최소한의 과학적인 절차를 따르는 것이다.

※ **좋은 프로그램 개발의 원칙과 지침**

- **체계적인 이론에 기반**: 이론적 기반이 명료하고 평가 절차가 체계적이어야 함
- **경험적이고 과학적인 방법을 적용**: 개발자의 임의나 직관에 의한 가능성을 최소화
- **엄격한 프로그램 개발 과정**: 원칙을 따름으로써 의도했던 효과의 가능성을 높임
- **프로그램 운영과 효과를 객관적이고 과학적으로 평가**, 그 결과로 수정, 개선

※ **증거 기반 실무(Evidence-Based Practice: EBP)**

정신건강, 의학, 교육, 그리고 사회복지 서비스 분야에서는 증거 기반 실무(EBP)를 필수적인 요건으로 간주하고 있다(APA, 2006). EBP는 제공하는 서비스의 질을 향상시키는 데 중요한 역할을 하기 때문이다.

- EBP는 전문가의 실무에 현재 가용한 최고의 연구를 통합하려는 노력이다.
- EBP에서 사용되는 증거 유형: 임상적 관찰과 초보적 심리과학, 질적 연구, 체계적 사례 연구, 단일 사례 실험 연구, 과정–성과 연구, 효과성 연구, 무선 통제집단 연구, 메타분석 등
- 개입의 효능성과 임상적 활용 가능성: 개입 연구에서 효능을 추론할 때 사용할 수 있는 방법과 증거를 제시한다.

---

(2) 프로그램 개발 모형

프로그램 개발 모형은 개발자가 좋은 프로그램을 만들고, 설계하기 위해 따라야 할 단계를 도식화한 것이다. 여러 학자들이 다양한 개발 모형을 제안했다. 이곳에서는 상

담 및 심리 집단상담 분야에서 자주 사용되는 김창대의 모형(2011)을 소개한다. 김창대 모형은 프로그램 개발과 평가를 통합하는 것을 특징으로 하며, 예비 연구와 장기적 효과 제고 노력을 명확히 구분하는 단계를 포함한다. 또한, 이 모형은 프로그램 개발 과정이 순환적이고 재귀적이라는 점을 강조하여, 개발 과정에서 지속적인 개선과 평가가 이루어지도록 한다.

표 8–1 김창대의 프로그램 개발 모형(2011)

단계 1: 목표 수립	−프로그램 기획을 수립하고, 잠재적 대상자의 요구 조사 −조사 결과를 바탕으로 초기 계획 및 프로그램 목표 수정 및 재정립
단계 2: 프로그램 구성	−프로그램의 목적과 내용을 이론적으로 검토 −포함될 활동을 수집 및 정리하고, 각 활동을 효과, 수용성, 흥미 등의 측면에서 잠정적으로 평가 −평가 결과에 따라 활동, 내용, 전략 선정
단계 3: 예비 연구/장기적 효과 제고 노력	−초기에 구성된 프로그램을 소수의 대상자에게 실시, 비용 및 효용성, 목표 달성도, 반응 및 만족도, 성취도 등 다양한 측면에서 평가 −프로그램의 활동, 내용, 전략 등을 수정할 때 필요한 자료 수집 −프로그램 내 변수 간의 관계에 대한 모형을 수정하는 작업 진행
단계 4: 프로그램 실시 및 개선	−예비 연구를 통해 수정 및 완성된 프로그램을 실시하는 단계 −프로그램이 완성 후 지속적으로 평가 수행하여 그 결과를 바탕으로 프로그램을 계속해서 개선

> ※ **집단 프로그램 개발의 예시: 부모 정서조절 향상 프로그램 개발(이귀숙 외, 2019)***
>
> 1. 프로그램 목표 수립
>   - 청소년 자녀를 둔 부모의 정서조절 능력을 향상시킨다.
>   - 정서조절 능력 향상을 통해 양육효능감을 향상시킨다.
> 2. 문헌연구
>   - 청소년기 자녀를 둔 부모의 특징, 정서조절의 개념 및 관련 변인 연구
>   - 국내외 부모의 정서조절 프로그램 현황 및 구성 요인
>   - 관련 문헌 및 프로그램들을 개관 및 분석하여 시사점을 도출
> 3. 프로그램 개발을 위한 사전 요구 조사
>   모의 정서조절 관련 변인 실태조사, 현장 전문가 및 청소년 자녀를 둔 부모 대상 설문 조사,
>   포커스그룹 인터뷰(질문지 구성)를 실시, 분석
> 4. 프로그램의 구성
>   시사점, 초점 방향, 청소년기 자녀와의 관계, 중년기 발달적 변화의 시기 고려, 정서조절 향상
>   목적, 정서조절 전략 수행을 위한 구성,
>   - 문헌 연구 및 수요 조사를 통하여 프로그램의 구성 원리 및 주요 내용을 도출함
>   개발진의 회의를 통해 프로그램의 세부 내용과 활동지 등을 구성
>   - 전문가의 감수를 통하여 프로그램의 초안을 마련
>   - 회기별 프로그램의 주요 내용 구성
> 5. 예비 연구 및 평가
> 6. 프로그램 실시

* 김창대(2011) 모형을 따름.

2. 집단상담 프로그램 실제 및 프로그램 재구성

현실적으로 집단상담 기획 시, 프로그램 개발 모형에 맞춰 프로그램을 개발하는 데에는 시간 및 연구 인력의 부족 등 제한이 많다. 그렇기 때문에 개발 모형에 의해 미리 개발

프로그램 개발

기획		
목표 수립	• 연구진 및 전문가 자문을 통한 프로그램 기획 • 프로그램 목표 수립	
문헌 연구	• 관련 변인에 대한 선행연구 고찰 • 국내외 관련 프로그램 선행연구 고찰	
요구 분석	• 관련 변인 실태 조사 • 관련 대상 프로그램 요구 조사 • 현장 전문가 대상 포커스 그룹 인터뷰	

구성		
모형 개발	• 프로그램 구성 원리 및 조직 원리 추출 • 프로그램의 운영 원리 추출	
내용 구성	• 프로그램 요소 조직 및 활동 내용 구성 • 학계 및 전문가의 안면타당도 평가 • 프로그램 초안 개발	

실시 및 평가		
예비 연구	• 프로그램 시범 운영 실시	
평가 및 수정 · 보완	• 프로그램 효과성 분석 • 프로그램 참여자 평가에 따른 수정 · 보완 • 전문가 감수 및 자문에 따른 수정 · 보완	
개발 완료	• 매뉴얼, 워크북 등 교구재 개발 완료 • 최종 프로그램 개발 완료	

프로그램 재구성

기획	목표 수립
	문헌 연구
*재구성	*내용 구성
실시 및 평가	실시
	평가

* 내용 구성
• 프로그램 재구성 준거 설정
• 선행연구 자료를 토대로 프로그램 구성 요소 및 활동 요소 산출
• 프로그램 내용타당도 검증
• 최종 프로그램 구성
• 매뉴얼, 워크북 등 교구 개발

[그림 8-1] 프로그램 개발과 프로그램 재구성의 차이

출처: 김창대 외(2011) 수정.

된 기존 집단상담 프로그램을 사용하는 것이 유용하다. 기존 프로그램을 활용할 때는 대상 집단의 특성 및 목적에 맞게 효과적으로 재구성하여 사용하여야 한다. 재구성 과정은 [그림 8-1]과 같이 기존 프로그램 개발 모형과 유사한 절차를 따르나 편의상 요구 분석, 모형 개발, 예비 연구 등이 생략된다.

1) 집단 프로그램 재구성 과정

(1) 기존 자료 수집을 위한 준비

기존 자료를 수집하고자 할 때 가장 보편적으로 사용하는 자료 수집의 방법은 프로그램의 제목이나 핵심어를 학술논문이나 학술 정보가 담긴 인터넷 사이트를 통해 검색해 보는 것이다. 그러나 이와 같은 방법을 통해서만 자료를 수집할 경우 자칫 피상적인 자료 수집이 될 가능성이 있다. 키워드를 통해서 자료 검색 시 검색된 자료의 목록은 구할 수 있지만, 그 자료를 어떤 기준을 가지고 검토할지 미리 정해 놓지 않으면 어느 정도의 범위까지 자료를 검토하고 분석할 것인지 불분명해질 것이다. 따라서 프로그램과 관련된 기존 자료를 검색하기 전에 다음과 같은 질문을 가지고 자료에 접근하는 것이 좋다(김창대 외, 2011).

- 이 프로그램의 대상이 되는 집단의 특징 및 다루려는 문제는 무엇인가?
- 이 문제의 해결과 관련된 중요한 이론은 무엇인가?
- 이 문제의 개입과 관련된 중요한 변인은 무엇인가?
- 기존 프로그램의 내용 및 절차상의 한계는 무엇인가?

(2) 집단 프로그램 재구성 준거 설정

프로그램을 재구성할 때는 다양한 요인을 점검한 후 재구성 준거를 마련해야 한다. 프로그램에서 중요한 것은 대상 집단의 특성, 관련 변인과 프로그램의 내용이라고 볼 수 있는데 이것들이 조화롭게 맞물려 구성되어야 한다. 집단 대상자의 연령, 심리적 변인, 활동 내용에 맞는 재구성 준거에 따라 수정하여 재구성해야 한다. 선행연구에서 사용된 프로그램들을 비교, 평가하여 프로그램 재구성의 근거로 활용하고, 활동 요소 선정의 준거도 함께 제시한다(천성문 외, 2018).

첫째, 자기성장을 위해서 자기를 탐색하여 자기를 수용하고, 타인에게 자신을 개방하는 능력을 돕는 활동을 포함시킨다.

둘째, 자신의 모습을 긍정적으로 인식할 수 있는 활동을 위주로 구성하고 서로 긍정적인 피드백을 주고받음으로써 의미 있는 타인인 교사와 또래에게 존중받는 경험을 통해 자신감을 얻을 수 있도록 한다.

셋째, 자아존중감 검사와 학교생활적응 검사에서 측정하고 있는 하위영역을 다루는 활동을 고루 포함시킨다.

넷째, 집단상담에서는 집단에 속하여 자신을 자유롭게 개방하고 타인을 받아들이는 과정이 중요하므로 허용적인 상담 분위기 형성이 전 회기를 통하여 잘 이루어질 수 있도록 구성한다.

(3) 구성 요소 및 활동 요소 도출에 관한 절차

① **구성 요소 추출**: 재구성 프로그램은 선행연구를 기반으로 필요한 구성 요소를 식별한다. 이후, 해당 구성 요소를 실현하기 위해 필요한 활동 요소를 도출한다.

② **구성 요소 설계**: 프로그램의 구성 요소는 보통 여러 회기에 걸쳐 직선적이거나 순환적으로 제시된다. 각 회기는 전체 프로그램의 일부로서 해당 회기에서 구현해야 할 구성 요소를 명확히 포함해야 한다. 이러한 구성 요소를 구현하기 위해 활동 요소를 선택하고 조직적으로 배열하는 것이 중요하다.

③ **활동 요소 선정 및 평가**: 일반적으로 각 회기는 2~3개의 활동 요소로 구성된다. 활동 요소를 선택할 때는 효과적인 기준을 마련하고, 이를 바탕으로 다양한 평가 과정을 거쳐 최적의 프로그램 활동을 결정한다.

④ **활동 순서 결정**: 프로그램의 활동 순서를 정할 때는 대상 집단의 발달적 특성, 친밀감의 정도, 그리고 논리적 순서를 고려한다. 이는 프로그램의 효과를 극대화하기 위해 필수적이다.

(4) 효과적인 회기 계획

구체적인 회기를 계획하는 것에는 주제와 집단 활동뿐만 아니라 적절한 시간의 결정도 포함된다. 집단원이 집단의 목적을 이해하고 자신들의 중요한 관심사와 다른 사람에게 의미 있는 것을 토론하는 회기는 최소한의 계획으로 가능하다. 집단원들이 토론할 문제를 집단에 가져오지 않고 실행이나 다른 활동에 반응할 때 오히려 더 체계적인 계획이 필요하다(Jacobs, 2016).

① 집단의 단계를 고려하라
- 회기가 처음인지, 두 번째인지 혹은 마지막인지를 고려해야 한다.
  - 예) 첫 회기 동안 리더가 해야 할 것이 많다. 집단원 소개, 집단의 목적을 분명히 하고, 집단의 긍정적 분위기 형성 등을 살핀다.
- 전체 몇 회기를 진행할 것인가에 따라 단계를 고려한다.

② 회기의 형식을 계획하라
- 진행 보고, 연습, 토의, 활동, 나누기 등 회기 내 순서를 정한다.
  - 예) 첫 시간은 사적인 문제를 공유하고, 다음에 주제를 가지고 토의하는 순서로 진행한다.

③ 계획 시 예상되는 문제들을 미리 고려하라
  - 예) 집단원들에게 회기 동안 무언가를 읽기를 요청했다면, 리더는 읽지 않는 집단원이 있을 수도 있다는 것을 예상하고, 집단원들이 소외되지 않을 방법들을 계획한다.

④ 회기 내 단계 계획을 세우라

⑦ 준비 및 도입 단계

-회기를 위해 집단원의 에너지와 흥미를 알아야 하며 또한 집단원들이 원하는 주제와 문제에 대해서 알려고 노력해야 한다.

-처음 몇 분은 이전 회기를 복습하는 데 사용하거나 어떤 사상이나 상호작용, 경험에 대해 간단하게 확인한다.

-대부분의 집단에서 준비 단계는 보통 10분을 넘지 않아야 하고, 긴 준비 단계가 필요한 첫 회기를 제외하고는 15분을 넘겨서는 안 된다. 회기가 30~45분 되는 학교집단에서는 상담자가 중간 단계 동안 상호작용할 시간을 가지기 위해 도입 단계를 간단히 계획해야 한다.

⑥ 중간 단계 혹은 활동 단계

-집단원들은 집단 목표에 초점을 둔다.

-중간 혹은 활동 단계는 의미 있는 상호작용과 논의가 이루어지는 시기이므로 계획을 세우는 것이 가장 중요하다.

-집단의 부정적인 역동을 제거하고, 집단의 목표와 주어진 문제의 다양성을 다루기 위해서 충분한 시간을 사용하는 데 있어 주의 깊은 고려는 결과에서 커다란 차이를 만들 수 있다.

⑥ 종결 단계

-회기를 요약하고 종료시킨다. 끝나는 시간을 잘 고려하여 성과 있는 집단 회기로 마무리하는 과정으로 중요하다.

-학교 장면에서 종결 전에 쉬는 시간 종이 울리거나 학생들이 다니는 경우 등을 고려해야 한다.

-리더는 회기 요약하는 과정으로 3~10분을 허용한다. 특히, 처음과 마지막 회기의 끝을 계획하는 데 각별히 고려해야 한다.

-다음 회기에 대한 주제를 간단히 토의하거나 집단원이 무엇을 배웠는지, 각 집단원이 그 주 달라진 것을 함께 나누는 것이 포함된다.

⑤ 프로그램 내용타당도 검증

프로그램 목적, 목표 구성 및 활동 선정 및 내용 조직 등이 대상 집단에 적절하게 구성되었는지에 대해 전문가의 평가를 받는 내용타당도 검증이 필요하다. 재구성은 프로그램 개발과 다르게 예비 연구가 생략되기 때문에 전문가 타당도에 의한 평가를 구체적으로 받는 것이 중요하다.

※ 프로그램 내용타당도 검증 및 수정의 예시

김희수(2011). 자기성장 프로그램이 대학생의 성취동기와 자기효능감에 미치는 효과.

'자기탐색 및 자기발견, 생애설계 및 마무리 단계'는 대학생들의 학과적응 증진을 위한 전략으로 전문가 2인(강원도 K대학교 상담전문교수, S대학교 학생생활연구소 소장)으로부터 프로그램 내용에 대하여 타당성을 검증받아 추가·보완되었으며, 프로그램 종료 후 학생들이 '자기 확장 및 확신'을 가질 수 있도록 최대한 배려를 하였다. 자기탐색 및 발견 단계에서 추가된 내용으로 '진로탐색검사 및 진로의식 나누기, 다면적 인성검사 및 성격 이해하기'로 있는 그대로의 자기를 발견하도록 하였다. 생애 및 마무리 단계에서는 '나는 이런 사람이다'와 '나의 마음 다지기'를 추가하여 자기성장을 위한 '자기 확신'을 갖도록 하였다.

2) 집단상담 프로그램 재구성 예시: 자기성장 프로그램을 중심으로

(1) 자기성장 프로그램 소개

자기성장 프로그램은 자신을 현실적으로 이해하고, 수용하며, 있는 그대로를 타인에게 개방할 수 있는 태도와 능력을 길러서, 보다 생산적인 인간관계를 발전시킬 수 있는 인간으로 성장하도록 돕기 위해 개발된 프로그램이다(윤홍섭, 이형득, 1989). 집단원들은 집단의 절차 및 과정을 통해 자연스럽게 대인관계를 경험하고 그 관계 속에 자신의 모습과 성향을 발견한다. 이러한 학습과 체험의 결과가 중요한 타인과의 관계에서도 적용할 수 있다. 자기성장 프로그램은 여러 연구에서 효과성이 증명된 프로그램이다.

(2) 자기성장의 개념

인간은 누구나 자기성장이라는 기본적 욕구를 가지며(Jourard, 1971), 자기 관찰을 통해 있는 그대로의 자기 자신을 정확히 아는 자기이해, 있는 그대로의 자신을 용납하고 받아들이는 자기수용, 있는 그대로의 자기를 타인에게 개방하여 충분히 기능하는 행동을 하게 되는 자기개방의 과정을 통해 실현된다(이형득, 1995).

① 자기성장의 구성 요소

자기이해, 자기수용, 타인이해, 타인수용, 자기개방, 자기주장

② 자기성장 프로그램 단계

- 자기탐색 단계: 공감과 존중
- 자기이해 단계: 구체성, 진실성, 자기노출
- 자기수용 단계: 직면, 즉시성
- 자기개방 단계: 모험과 새로운 행동의 학습

③ 회기 내 단계

㉠ 도입 단계

상담자가 상담의 방향을 제시하고, 자기소개를 하도록 하여 집단원 간에 상호 이해를 돕는 동시에, 집단의 분위기를 허용적인 방향으로 이끌어 낸다.

© 전개 단계

자기이해, 자기수용, 자기개방을 돕는 학습을 진행하고, 나아가 상호 신뢰감을 갖도록 한다. 그리고 자기자각, 타인의 발언에 대한 진지한 경청, 있는 그대로의 느낌을 상호 발표하는 기술을 습득게 하고, 자신의 행동에 영향을 미치는 문제에 대하여 분명한 가치관 확립을 하도록 돕는다. 아울러 개인적인 느낌이나 경험적 사실을 공개함으로써 성원들 상호 간에 자유로운 참 만남의 분위기를 조성한다.

© 종결 단계

피드백을 통하여 자신의 모습을 재인식하고 상호 간에 장단점을 사실로서 받아들임으로써 친근감을 갖도록 하고, 있는 그대로의 자기 자신과 타인을 긍정적으로 수용하는 자세를 갖도록 한다. 또한 구성원 상호 간에 상담 과정을 통하여 얻어진 소득에 대한 감사와 친근한 인간관계의 체험에 대하여 만족하게 되었는가를 상호 평가한다.

(3) 자기성장 집단상담 프로그램 재구성의 예

다음에 제시된 3개의 프로그램을 살펴보면, 대학생, 초등학생 고학년, 성인 등 각 대상 및 목적에 따라 회기당 시간, 회기별 구성 요소 및 활동 요소의 차이를 확인할 수 있다. 또한 '나는 누구인가'라는 같은 주제로 각 프로그램의 회기 계획서를 작성할 때, 각 대상별로 어떤 활동 요소를 구상할지 생각해 볼 수 있다.

표 8-2 대상별 자기성장 집단상담 재구성 프로그램 예

논문 제목	① 자기성장 프로그램이 대학생의 성취동기와 자기효능감에 미치는 효과	② 자기성장 집단상담이 초등학교 고학년 학습부진아의 자아존중감 및 학교생활적응에 미치는 효과	③ 자기성장 집단 프로그램이 학생상담 자원봉사자의 상담자 자기효능감에 미치는 효과
대상	〈입학 초기 효능감이 낮고 진로에 대한 목표의식과 성취동기가 부족한 전문대학생〉	〈초등학생: 5, 6학년 학습부진아〉	〈성인: 학생상담 자원봉사자〉

재구성 구성 요소 도출	• 이형득(1995) 자기성장 프로그램 기초 • 이장호와 김정희(2000), Hersheson(1996)이 제안한 자기탐색 및 자기발견 단계에 앞서 준비 및 도입 단계 추가 • 권성혜(2016)의 연구 결과를 반영하여 생애설계 및 마무리 단계 추가	• 이형득(1979)이 개발한 자기성장 프로그램 기초 • 김한수, 김성희, 윤정륜(1996) 인간 성장을 위한 집단상담 프로그램 바탕 • 양정은(2011)의 자기성장 집단상담 프로그램 등의 선행연구 참고	• 이형득(1998)의 자기성장 프로그램 기반 • 상담자 발달과정에서 자기효능감 연구(이아라 외, 2018) • 세 가지 영역: 자기이해, 자기 수용, 자기개방으로 구성
회기 구성	• 2일간 총 12회기를 진행 (회기당 90~100분) −1회기 오리엔테이션 및 훈련 −2회기 나는 누구인가? −3회기 학과 이해하기 −4~5회기 나의 성격을 알고 표현해 보기 −6~7회기 나의 진로 탐색 표현해 보기 −8회기 긍정적 변화하기 −9회기 가치관의 명료화 −10회기 피드백 주고받기 −11~12회기 생애 설계 & 마무리	• 일주일에 1~2 회기씩, 총 10회(회기당 50분) −1회기 시작하기 −2회기 나는 누구인가? −3회기 신뢰감 형성 −4회기 지혜를 나누어요 −5회기 경청하기 −6회기 나는 이런 사람이야! −7회기 내게 소중한 사람들 −8회기 가치관 경매 −9회기 피드백 주고받기 −10회기 마무리하기	• 총 10회기(회기당 2시간) −1회기 자기소개 −2회기 나는 누구인가? −3회기 신뢰감 형성 −4회기 자기 각성 −5회기 경청하기 −6회기 느낌의 확인과 보고 −7회기 가치관의 명료화 −8회기 자기노출 −9회기 피드백 주고받기 −10회기 마무리하기

3. 집단상담 프로그램 실행에 고려할 부분

집단 프로그램 실행은 조직과 환경을 구성하고, 도입 단계부터 전개, 정리 단계를 거쳐 완료하는 과정을 의미한다. 이 과정에서 다양한 요소를 세심하게 고려하고 유연하게 대응하는 것이 필요하다. 또한 구조화된 프로그램 기획 및 운영의 경험을 축적하고, 변화를 촉진하는 리더의 역량을 키워 나가는 것이 중요하다.

- 의뢰기관의 목적과 목표를 이해하고자 초기 소통이 중요하다.
- 참여를 촉진하고 운영 전반을 관리하는 관리자와 긴밀한 협력관계를 구축한다.
- 사전·사후 평가 및 만족도 평가를 실시하여 프로그램을 실행한 후 수정·보완한다.
- 1회기 집단상담을 원하는 현실 등 실제에서 겪는 상황들을 유연하게 대처한다.
- 집단원에 대한 사전 이해를 높이기 위해 다양한 방법을 모색한다.
- 집단을 진행하면서 대상에 맞는 적합한 활동을 재구성할 수 있어야 한다.
- 다음과 같이 집단 프로그램 실행의 단계별 특징과 과제를 숙지하고, 회기별 실행 전략을 세워 이를 수행한다.

표 8-3 프로그램 단계별 특징과 과제/실행 전략 체크리스트

단계	특징	과제와 실행 전략
도입	• 낯설고 긴장됨 • 기대와 호기심 • 새로운 상황에 대한 불안	• 프로그램에 대한 이해를 도모하고 관심과 동기 유발 • 프로그램에 대한 오리엔테이션 및 구조화 • 자기소개를 통한 친밀감, 유대감 형성 • 적극적인 참여 유도 • 리더의 촉진적 의사소통과 모델링 • 편안하고 안정된 환경과 집단 분위기 마련
전개	• 집단 분위기가 활성화됨 • 격려와 지지를 통해 신뢰감과 응집성 향상 • 배운 내용을 연습, 실천, 적용 • 문제해결 시도 • 새로운 자기 자신에 대한 탐색과 성취감 경험 • 다양한 집단 역동이 나타남 • 과도기 단계, 갈등, 저항, 의존 모습이 나타나기도 함	• 구체적인 지도 활동 전개 • 참여자의 흥미, 욕구, 능력 수준의 변화를 민감하게 파악하고 대처하기 • 참여자의 관심과 흥미를 발견하고 그것을 강화하기 • 자기탐색과 수용 촉진 • 의사소통 및 상호작용 촉진 • 참여자에 대한 촉진적 피드백 • 비효과적인 행동에 대한 직면, 대안 행동의 습득 • 문제해결 시도에 대한 격려 • 모델링 및 참된 만남 • 진행 상황에 대한 점검

		• 참여자의 진전 상황 확인과 피드백 • 집단 활동의 내용뿐만 아니라 집단 역동과 과정을 다루는 집단상담 전문 능력의 활용 • 다양한 지도 활동 구사 능력 발휘 • 다양한 회기 진행 방식을 구사하기
마무리	• 프로그램을 완수한 것에 대한 자부심과 만족감 • 집단원 간의 유대관계 결속 • 종결에 대한 아쉬움 경험 • 변화에 대한 성취감 • 지속적인 변화와 학습전이를 위한 발돋움 • 추수 모임에 대한 확인	• 집단경험에서 얻은 긍정적인 의미를 조명해 주기 • 성장과 변화에 대해 칭찬과 보상을 제공하기 • 변화의 구체적인 측면을 확인함으로써 이후의 변화 동인으로 삼기 • 미해결 과제, 미진한 부분을 확인하고 다루기 • 구체적인 피드백을 통해 긍정적 경험에 대한 강화 • 종결의 아쉬움에 공감하며 변화가 일상 장면에서도 이루어지도록 격려하기 • 추수 모임을 계획하면서 변화를 위한 연습 실행 기간 재고 • 프로그램 과정과 결과에 대한 평가 및 기록

출처: 김창대 외(2011).

집단상담 프로그램 재구성의 실제

■ 목적

- 실제 집단상담 프로그램을 재구성하고 실행하는 경험을 쌓는다.
- 프로그램 재구성 과정에서 발생할 수 있는 대표적인 오류를 이해할 수 있다.
- 이론에 기반한 프로그램을 재구성하는 방법을 체계적으로 학습할 수 있다.

※ 프로그램 재구성의 단계

1. 프로그램 기획: 프로그램의 대상, 주제, 이론, 필요성, 목표를 제시한다.
2. 프로그램 개요 작성: 대상과 주제, 상황에 맞는 프로그램 개요를 작성한다.
3. 내용 요소 산출: 문헌 연구를 토대로 프로그램 구성 요소와 활동 요소를 산출한다.
4. 내용타당도 검증: 이론에 기반한 프로그램 내용 요소를 구성했는지 확인한다.
5. 최종 프로그램 완성

■ 진행 방법

1. 프로그램의 개요 숙지

- 프로그램 개요 예시, 대상, 주제, 이론, 필요성 등을 이해한다. 〈활동지 1〉

2. 조별 내용타당도 검증

- 조 편성: 조별로 프로그램의 한 회기의 내용타당도를 검증한다.
- 내용타당도 검증
  - 각 회기의 내용 요소를 점검하고 수정 및 보완할 부분에 대해 논의한다.
  - 이때 프로그램 구성 요소 기준에 따라서 잘한 점, 아쉬운 점을 근거로 제시한다. 〈활동지 2〉

3. 회기 보완 · 수정

- 수정 및 보완이 필요한 내용 및 활동 요소를 정리한다.
- 대안 활동을 구체적으로 제시한다. 〈활동지 3〉

4. 피드백 주고받기

- **조별 발표**: 전체적으로 모여 조별 회기 구성 내용을 나눈다.
- 전체 피드백을 받고, 개선할 점이 있으면 논의하여 수정한다.

5. 나누기

- 실습을 통해 학습한 내용과 경험을 서로 나눈다.

1) 재구성 프로그램의 예

■ **1단계: 프로그램 기획**

프로그램 명: 대상관계이론 기반 초심 상담자를 위한 자기이해 집단상담 프로그램−Winnicott의 자기개념을 중심으로

1. 필요성
　① 초심 상담자의 어려움: 상담심리 영역에 처음 입문한 초심 상담자들은 내담자 문제해결 과정에서 기술적 미흡함과 자신의 해결되지 않은 문제로 인해 혼란을 겪는다.
　② 자기이해와 극복: 초심 상담자들은 자신의 문제를 이해하고 극복하며 전문가로 성장해야 한다.

2. 프로그램 목표
　초심 상담자들이 부정적인 자기개념을 극복하며, 긍정적인 자기개념을 형성하도록 돕는 것이다. 이를 통해 상담자로서의 전문성을 높이고, 내담자와의 상담 과정에서 더 나은 성과를 이루고자 한다.

3. 이론적 배경
　① 초심 상담자에 대한 이해: 초심 상담자의 자기 문제 이해 및 극복 과정을 연구한 이은진, 이문희(2015)의 연구 결과에 따르면 초심 상담자들은 '해결되지 않은 나'를 만나 수용하고 변화하면서 성장해 나가는 과정을 거친다.
　② 대상관계이론: 초기 대상관계가 개인의 심리구조 형성과 발달에 중요한 영향을 미치며, 이후 대인관계에도 큰 영향을 준다. 이여라(2003)의 연구 결과, 대상관계 집단상담 프로그램이 중·고등학생의 긍정적인 자기개념 형성에 긍정적인 영향을 미쳤다. 이를 바탕으로, 초심 상담자가 겪는 '보고 싶지 않은 나'와 같은 부정적인 자기개념을 극복하는 데 중점을 두고 '긍정적인 자기개념 형성'을 목표로 설정하였다. 이 연구의 5가지 단계(자기발견, 자기탐색, 자기통찰, 자기수용, 긍정적 자기개념 형성)를 기반으로 프로그램을 재구성하고자 한다.
　③ Winnicott의 이론: '참자기'와 '거짓자기' 개념을 통해 개인의 내적 자아를 이해하고, 이를 상담 과정을 통해 통합하는 것이 중요하다.

1) 참자기와 거짓자기

　　① **참자기(True Self)**: 개인의 진정한 감정과 욕구를 반영하며, 창조적이고 자발적인 생명력의 표현. 건강한 양육 환경에서 형성되며, 자기존중감과 자신감을 통해 독특하고 유능한 정체성을 발달. 참자기는 외부의 기대에 맞추지 않고, 자신의 진정한 욕구와 감정을 수용하고 표현할 수 있는 능력을 포함

　　② **거짓자기(False Self)**: 외부의 기대에 맞추기 위해 형성된 방어적 자아, 개인의 진정한 감정을 억압하고 왜곡된 자아상을 제공. 양육자가 아동의 창조적 표현에 적절히 반응하지 못할 때 발달하며, 개인이 환경의 요구에 순응하면서 생김

2) 집단에서의 참자기와 거짓자기

　　① **참자기와 집단**: 집단상담은 집단원이 자신의 참자기를 발견하고 강화할 수 있도록 도움. 참자기는 자발성과 창조성을 반영하는데, 집단상담은 이러한 참자기의 특성을 발현할 수 있는 안전한 공간을 제공

　　② **거짓자기와 집단**: 집단상담은 거짓자기의 방어 메커니즘을 인식하고 감소시키는 데 도움. 집단 내에서 상호 신뢰와 지지를 통해 가능하며, 외부의 기대에 맞추기 위해 형성된 거짓자기를 벗어나 참자기를 찾도록 함

3) 참자기 · 거짓자기와 5가지 단계

　　① **자기발견(Self-Discovery)**: 참자기를 안내하고 거짓자기가 부정적인 자기개념에 어떻게 영향을 미치는지 이해하는 과정

　　② **자기탐색(Self-Discovery)**: 내면을 깊이 탐구하여 왜곡된 자아상을 분석, 현재의 자신에 대한 이미지를 통찰하고 명료화하는 과정

　　③ **자기통찰(Self-Insight)**: 거짓자기의 왜곡된 인식을 이해하고, 참자기의 진정한 감정을 파악하는 과정

　　④ **자기수용(Self-Acceptance)**: 참자기의 진정한 감정을 받아들이고, 거짓자기가 더 이상 방어적으로 작용하지 않도록 하는 과정

　　⑤ **긍정적 자기개념 형성(Formation of a Positive Self-Concept)**: 진정한 감정과 욕구를 인정하고, 이를 바탕으로 긍정적인 자기개념을 구축하는 과정

※ 관련 참고문헌

이은진, 이문희(2015). 초심 상담자의 자기 문제 이해 및 극복 과정. 상담학연구, 16(3), 1-24.

이여라(2003). 대상관계 집단상담 프로그램이 중고등학생의 긍정적인 자기개념 형성에 미치는 영향: Winnicott의 이론을 중심으로. 한국교원대학교 대학원 석사학위논문.

4. 프로그램 구성 내용

프로그램 단계	프로그램 구성 요소	회기별 관련 요인
1회기 자기발견	-프로그램 안내 -참자기 거짓자기이해	친밀감
2회기 자기탐색	거짓자기 왜곡된 자아상 분석	자발성
3회기 자기통찰	참자기의 진정한 감정 파악	자기이해, 효능감
4회기 자기수용	참자기의 진정한 감정 수용	자기이해, 효능감
5회기 긍정적 자기개념 형성	-긍정적 자기개념 형성 -격려하기	효능감

■ 2단계: 프로그램 개요

1. 집단운영 방법과 형태

① 집단운영 방법: 집단상담 실습(석사 4학차 대상), 주 1회 총 5회기, 회기당 80분

② 집단운영 형태: 구조화, 폐쇄, 분산, 동질

③ 집단 구성: 리더 1명, 코리더 1명, 집단원 7명, 총 9명

2. 집단 프로그램 소개

① 집단 프로그램 명: 나확행!

　-나를 알면 더 확실한 행복을 만난다!

　-대상관계이론을 기반한 초심 상담자를 위한 자기이해 집단 프로그램: Winnicott의 자기개념을 중심으로

② 대상: 초심 상담자

　-상담 및 심리치료 관련 석사 재학생 및 석사 취득 후 1년 미만의 상담 경력자

③ 목적

　　-초심 상담자들이 자기이해를 높이며 극복하는 과정을 통해 자기효능감을 향상시키고, 긍정적인 상호작용을 통해 대인관계 능력을 강화하여 전문가로 성장할 수 있도록 돕는다.

④ 목표

　　-집단원 간의 친밀감과 신뢰감을 형성하여, 현재 겪고 있는 비슷한 어려움을 나누며 자신의 거짓자기와 참자기를 이해한다.

　　-대인관계 속에서 나의 다양한 부분을 파악하고, 현재 관계 속에서 나의 거짓자기의 영향을 줄여가며 참자기의 감정을 수용한다.

　　-집단원 서로에 대한 건설적인 피드백과 나눔을 통해, 자기개념을 긍정적으로 형성하고, 대인관계 유능성을 키워 간다.

⑤ 평가 도구: 사전 및 사후 검사 실시

　　-자기효능감 척도-김아영(1997)

　　-대인관계 유능성 척도(K-ICQ)

■ **3단계: 구성 요소 산출**

다음은 실제 대학원 석사과정생들이 초기 미완성 상태로 개발한 집단상담 프로그램의 예시이다.

회기(단계)		주제	회기 목표	주요 활동
1	OT 및 자기 발견	나를 발견하기	1. 집단원 간의 친밀감과 신뢰감을 형성하고 집단과정에 대해 이해한다. 2. 자신에 대한 현재의 이미지를 통찰하고 명료화한다.	1. 도입: 집단 OT 2. 별칭 짓고 자기소개 3. 미니 강의 = 참자기, 거짓자기 설명 4. 나는 얼마나 진실로 살고 있는가. 한 줄로 서 보기 0~10점 5. 스텝인 스텝아웃[1] 6. 마무리

---

1) Step in, Step out 집단 활동: 집단원이 자신의 경험과 감정을 공유하며 다른 사람의 이야기에 공감하는 활동이다. 한 발짝 앞으로 나아가며 자신의 이야기를 공유하고, 한 발짝 뒤로 물러나 다른 사람의 이야기를 경청함으로써 상호 이해와 지지를 증진시킨다.

2	자기 탐색	알도 그림책 : 독서치료	1. 책 읽기 활동을 통해 자신의 거 짓자기와 참자기를 파악한다. 2. 어릴 적 내가 진정으로 원했던 욕구를 알아차린다. * 그림책 『알도』:[2]에 나타난 '자기(self)' 탐색	1. 도입 2. 워밍업: 두 가지 사실과 하나의 거짓 3. 도서치료 활동 　－도서 그림이나 글에서 어떤 감정 　　이 느껴지는지? 　－작업 나누기 　－주인공이 나와 닮아 있는 점은 　　무엇인가? 4. 마무리
3	자기 통찰	잊지 못할 내가 있었다. : 글쓰기 치료	1. 구조화된 글쓰기를 통해 주위 사람들과의 관계와 과거를 탐 색하고, 무의식 속 대상표상을 찾는다.	1. 도입 2. 워밍업: 브레인댄스 3. 글쓰기 활동 　－잊지 못할 사람 　－잊지 못할 나 　－부치지 않을 편지 쓰기 　　잊지 못할 나에게 4. 마무리
4	자기 수용	자기창조 과정	1. 알아차림을 통해 현재 상태를 돌아본다. 2. 나를 수용하고, 나의 의미를 새롭게 인식한다.	1. 도입 2. 자비명상 3. 자기자비 글쓰기 　－부모로부터 예언·고착된 말 　－나에게 붙여 놓은 말이나 신념 　－버리고 싶은 말/듣고 싶은 말 　－자신에게 해 주고 싶은 말 4. 6조각 이야기[3] 5. 마무리

2) 그림책 『알도(Aldo)』: 존 버닝햄의 외로움을 주제로 한 그림책, 『Aldo』는 소녀가 자신의 상상 속 친구 알도를 통해 외로움을 극복하는 이야기이다. 소녀는 현실에서 겪는 어려움과 슬픔을 알도와의 대화를 통해 위로받으며, 알도의 존재는 그녀에게 큰 힘과 위안을 준다. 이 책은 소녀가 자신의 진정한 감정과 욕구를 이해하고 수용하게 되며, 참자기를 발견하는 여정을 그리고 있다.

3) 라하드(Lahad)의 6조각 이야기: 6개의 작은 조각 그림을 그려 내면을 살펴보는 기법으로 A4 용지를 6칸으로 나눠 해당 칸에 간단한 그림(주인공, 주인공의 목표, 방해꾼, 조력자, 클라이맥스, 결말)을 그리고 그림에 담긴 의미, 생각, 느낌을 나눈다.

| 5 | 긍정적
자기
개념
형성 | 괜찮아,
잘될 거야 | 1. 성격 강점에 대한 이해를 바탕
으로 긍정적인 자기개념을 명
확히한다.
2. 자신의 자기표상과 대상표상을
긍정적으로 확립한다. | 1. 도입
2. 삶의 나침판 찾기
　-1회기 때 나의 목표 떠올리기
3. 장애물 극복을 위한 강점 찾기
　-성격강점 카드
　　(6가지 덕성과 24개 강점)
　-서로의 강점 찾아주기
4. 나의 자화상(롤링페이퍼)
5. 마무리
　-전체 프로그램 피드백 |

활동지 1

2) 내용타당도 점검

※ 앞의 프로그램 기획과 개요를 숙지하고 다음의 질문에 답해 봅시다.
 (조별로 내용타당도를 검증한다.)

1. 회기 주제가 기획 의도와 구성 요소에 부합하는지 평가한다.

_____

_____

_____

2. 구성 요소에 따라 회기 목표가 설정되었는지를 검토하여 수정 및 보완이 필요한 부분을 논의한다.

_____

_____

_____

3. 회기 주제와 회기 목표에 부합하는 활동 요소가 추출되었는지를 검토한다.

_____

_____

_____

4. 집단 특성(연령, 대상, 시간 등)에 부합하는 활동 요소가 적절히 포함되었는지 토론한다.

_____

_____

_____

5. 전체 나눔을 통해 배운 내용들을 정리해 본다.

_____

_____

_____

3) 회기 재구성: 회기 계획서 작성

※ 회기 보완 · 수정
- [활동지 1-1]의 프로그램을 참고하여 한 회기 계획서를 간략히 작성해 본다.
- [활동지 1-2]에서 논의한 사항을 토대로 ① 기존 프로그램에서 차용할 만한 부분과 ② 수정 · 보완이 필요한 내용을 정리하여 구체적인 대안 활동을 계획해 본다.

회기		리더/코리더	
회기 주제			
목표 및 기대			
준비물			
프로그램 회기 계획			

구분	회기 목표	주요 활동
도입		
전개 1		
전개 2		
마무리		

프로그램 회기 계획서

프로그램 명

■ ○회기   ■ 일시: 2○○○. ○○. ○○.

회기 명		리더/코리더	
회기 주제			
목표 및 기대			
준비물			
프로그램 회기 계획			
구분	활동 내용	시간	비고
도입			
전개			
마무리			

부록 2
프로그램 계획서

프로그램 명

1. 개요
  1) 집단운영 방법과 형태

  집단운영 방법:

  집단운영 형태:

  2) 집단 구성:

2. 집단 프로그램
  1) 집단 프로그램 소개

  프로그램 대상:

  프로그램 목적:

  프로그램 기대효과

  2) 선행연구 및 이론적 배경

  3) 프로그램 구성

회기	주제	회기명	목표	주요 활동
1회기	도입			
2회기				
3회기				
4회기				
5회기				
6회기				
7회기				
8회기	종결			

참고 자료 1: 집단 기획 시 고려할 항목

대상		집단 규모	이론적 배경/이론적 접근	집단 형식	집단 기간	활동 영역	
연령별	아동	5명 이하	정신분석	구조화	단기	언어	언어 기반
	청소년	5~10명	Adler	반구조화	마라톤 (3일, 4일, 기타 등)		반말
	성인	10~15명	대상관계	비구조화	5회기(1회/1주)		욕 세러피
	노인		실존주의		20회기 (1회/1주 기타 등)		글쓰기
			인간 중심	대면			
주제별	자조		게슈탈트	비대면		비언어	미술
	치료 (불안/강박/우울)		인지행동				악기
	대인관계		합리적 정서행동치료				모래
	자아탐색		현실치료				몸(신체) 활동
	애도		해결 중심				체육
	학교폭력		수용전념				사진
	성폭력						원예
	섭식장애						
	인터넷 중독						
	노인						
	금연/금주						
	학습장애						
	진로						
	부부						
	부모-자녀						
	가족						

참고 자료 2: 집단상담 프로그램의 예시

■ 자기성장 집단상담 프로그램(이형득, 2002)

	내용
목적	• 집단원의 자기탐색을 돕는다. : 자신에 대한 현실적 이해와 수용, 자기개방 그리고 표현 • 생산적인 인간관계 경험을 통한 자기성장을 도모한다. : 관계 속에서 자신과 타인의 이해, 성장 도움/반구조화 집단
이론적 배경	• 두 가지 측면의 나(Jourard, 1971) 있는 그대로의 나 vs 남에게 보이기 위한 나(꾸며진, 솔직하지 못한, 현대인의 자기소외 현상) • 비생산적인 삶 타인의 칭찬과 인정을 추구함, 있는 그대로의 자신을 억제하고 은폐함, 타인과의 만남을 가식적(현대인의 외로움과 자기소외를 가져옴, 삶의 긴장, 초조, 불안, 피로, 고독감, 가식을 경험). 이는 보람, 만족, 생산적, 활기찬 삶과 대조됨 • 비합리적 사고(Ellis, 1973) 비합리적 사고 지배, '절대로 ~ 해서는 안 돼', '당연히 ~해야 해' 등 당위적 사고, 있는 그대로의 솔직한 자기개방을 방해함 • 자기성장의 길 성숙한 인간은 있는 그대로 인간이 되는 것(Rogers 1961; Maslow 1968) 현실적(반대: 이상적) 자기이해, 있는 그대로의 자신을 수용, 있는 그대로의 자신을 개방할 수 있는 태도와 능력 • 집단 내에서 솔직한 자신을 표현하고 받아들여지는 경험을 통해서 고민, 갈등들이 나아질 수 있다.
계획 및 진행	• 프로그램의 특성 강의나 토의 방식이 아닌 지금-여기에서의 집단 경험이 중요(내용보다 과정에 중점), 객관적인 사실보다 감정과 정서, 창의력과 상상력, 인간이해와 인간관계 등의 정의적 영역에 더 치중, 과제 해결보다 자기이해와 수용, 자기표현이 더 중요함 • 효과적인 집단을 위한 기본 조건: 자기 투입과 참여, 지금-여기 중심의 활동, 피드백 주고받기, 허용적 분위기와 심리적 안전감 • 고려 사항 장소와 분위기, 크기(8~12명), 구성(홍보 후 사전 면담을 통한 자발적), 기간(8~14회기, 120분), 의도적 활동 혹은 게임의 활용

회기	제목	목표	주요 활동
1	방향 제시와 참여자 소개	• 참여자 소개 • 집단원 간의 이해 및 신뢰감 형성	• 둘씩 짝지어서 서로 대화 후, 짝 소개 • 도화지, 매직, 펜, 목에 건다.
	나는 어떤 사람인가?	• 자신에 대하여 구체적으로 기술 • 발표, 자신 이해, 수용, 개방	• 용지 1장, 쓰게 함, 나는 어떤 사람인가?
2	신뢰감 형성	• 자유로운 상호작용	• 뒤로 넘어지기 • 도미노 • 들어올리기
3	자기각성	• 순간적 심신의 상태에 대한 각성	• 신체 각성 • 상담자가 5분간 주제 발표(자기각성) • 특별한 과업 주기
	경청하기	• 타인의 말에 주의를 기울여 듣는 기술	• 경청 역할 놀이 • 주제 주고, 세 사람, 2사람 논쟁, 1사람 관찰자
4	느낌의 확인과 보고	• 자신의 느낌, 억제, 부인하지 않고 보고하기 • 그때그때 확인하여 말로 보고하는 기술	• 희로애락 묵상 후 이야기하기 • 1분간 쳐다보기
5	가치관의 명료화	• 자신의 행동이나 전체 생활에 영향을 미치는 주요한 가치관 확인하기	• 가치관 경매 • 유인물 배부 답 적게 함
6	자기노출	• 사적인 사실들을 남에게 내어 보이는 행동 • 자신만의 비밀, 상처, 아픔들을 개방함으로써 힐링의 시간을 가진다.	• 친해지지 못한 사람, 짝, 심신에 대한 노출을 3자 입장에서 하게 함 • 문제 쪽지에 쓰기 • 아무 말 하지 않음
7	피드백 주고받기	• 남에게 자신의 모습이 어떠한 것인지 알아보는 기회	• 집단원 놀이: 누구일까요?
	유사점과 차이점	• 유사점과 차이점을 찾아봄 • 정확한 지각력을 기르고 이를 바탕으로 하여 있는 나 이해	• 2사람, 유사점, 차이점 • 유사점, 차이점 있는 집단원 택하게 한다.
8	장점과 약점	• 장단점으로 보여지는 솔직하게 지적해 줌	• 자신의 장단점 5가지씩 적기 • 한 사람씩, 이야기해 줌, 모든 지적까지 '감사합니다'만 하기, 자기 적은 것과 비교하기
	사물과의 대화	• 우주, 자연, 다른 사물과의 관계성 발견, 나 자신을 바라볼 수 있는 기회	• 용지에 사물(하늘, 구름, 의자, 거울) 등에 대화함, 대화 내용 적기 • 글의 양, 내용 평가하지 않기
9	마무리 (1)	• 자기 자신을 정리함	• 자화상 그리기 • 내가 12시간 후에 죽는다면 • 극적으로 다시 살았다면?
10	마무리 (2)	• 상호 간의 감사, 애정의 표시, 자기긍정 • 친근한 인간관계	• 집단원 긍정적 피드백 • 결단하기, 마무리

회기
구성

■ **서울대 대인관계 향상 중급 프로그램(2006)**

	내용
목적	• 목적: 자신의 성장과 타인에 대한 이해를 목적으로 한다. • 목표: 대인 간 상호작용을 통하여 상황 및 감정에 대한 공유 및 지지 작업, 심리교육적인 작업, 대인관계 실험의 공간으로서의 집단 작업, 현실 검증 작업 그리고 교정적 정서 체험 작업에 초점을 둔다.
이론적 배경	• 구조화 및 비구조화 집단상담을 통합하여 운영 • 비구조화 집단상담 '상호작용적 작업'이라는 집단규범의 명료화 • 비구조화 집단상담 −비구조화 집단은 구조화 집단과 달리 사전에 정해진 활동이 없고 집단원 개개인이 상호작용과 관심을 토대로 상호작용함으로써 집단의 치료적 효과를 얻고자 하는 집단의 형태이다. −비구조화 집단은 구조화 집단에 비해 훨씬 폭넓고 깊은 자기 탐색이 이루어질 수 있다는 장점이 있다. −반면 비구조화 집단은 상호작용과 자기탐색을 원활하게 촉진시킬 수 있는 능력과 임상 경험을 겸비한 집단상담자가 요구되는 제한점이 있다(강진령, 2005). • 상호작용 중심 집단상담 집단상담에서 상호작용적 작업은 '집단에서 집단원들에게 느끼는 감정이나 관계에 대한 이야기를 하거나, 집단에서 순간순간 느끼는 것을 내놓는 것'이다(Earley, 2000). • 솔직함에 대한 강조 • 부정적 감정 표현에 대한 공감적 이해를 통한 수용 • 연결 작업 • 한 개인에 대한 심도 있는 작업 필요 한 개인에 대한 작업을 심도 있게 함으로써 다른 집단원이 집단과정에 좀 더 몰입할 수 있게 하고 집단과정에 대해 경험적으로 이해함으로써 집단에 편안함을 느낄 수 있다.
프로그램 구성 특성	• 초급 과정과 연결하여 진행되는 프로그램으로 집단원에 대한 이해가 높아 개인 작업을 심층적으로 개입할 수 있다. • 의사소통 비디오 피드백 활동을 포함한 주요 2차 마라톤 회기가 포함되어 있다. • 집단과정을 마무리하는 회기에 집단 이후의 변화된 삶에 대한 동기를 강화한다.
대상	청소년 후기 이상 연령대

회기 구성	회기	활동	내용	주제
회기 구성	1	GOOD & BAD (2시간)	자신의 긍정적인 대인관계 경험과 부정적인 대인관계 경험을 돌아봄으로써 자신의 대인관계 패턴을 확인하는 기회를 갖는다.	1. 대인관계에 대한 자기개방 2. 거시적인 시각에서의 자기 조망 3. 자기이해를 기반으로 한 개인적 목표 설정
회기 구성	2	ALL-IN (4시간)	그림 그리기를 통하여 자신의 삶의 여러 측면을 전반적으로 돌아볼 수 있는 기회를 갖는다.	1. 대인관계에 대한 자기개방 2. 거시적인 시각에서의 자기 조망 3. 자기이해를 기반으로 한 개인적 목표 설정
회기 구성	3	가야 할 곳, 내게 보인 너 (2시간)	목표를 설정하면서 동시에 여러 사람의 피드백을 통해 자신의 목표를 점검하는 시간을 갖는다.	1. 대인관계에 대한 자기개방 2. 거시적인 시각에서의 자기 조망 3. 자기이해를 기반으로 한 개인적 목표 설정
회기 구성	4~7	자신의 대인관계 돌아보기 (2시간×4회)	• 초급 및 1차 연장 상담을 통해 자신이 다루고 싶었던 대인관계 주제에 대해 자유롭게 이야기를 나눈다. • 지금-여기의 순간순간 상호작용을 이해함으로써 자신의 대인관계 패턴을 파악한다. • 지금까지 다루지 못했던 자신의 미해결 과제를 표현하고 나눔으로 정서적인 완결을 퇴한다.	1. 자신의 대인관계 패턴 파악 2. 대인관계 패턴 이면의 자신 욕구 파악 3. 솔직한 자기개방을 통한 대인관계 문제점 해결
회기 구성	8	의사소통 비디오 피드백 (2시간)	30분 정도 집단원들의 토론 과정을 비디오로 녹화한 후, 그 자료를 통해 자신의 의사소통 방식을 확인한다.	1. 자신의 의사소통 방식에 대한 이해 및 변화 방향 설정 2. 미래의 변화될 자신의 모습을 미리 그려 봄으로써 변화 동기 증진 3. 집단과정의 마무리
회기 구성	9	MIRACLE (2시간)	20년 후 의사소통을 포함하여 대인관계에서 가장 고민하는 부분이 완전히 변화된 내가 모임에 참여하였다고 가정하고 변화된 자신의 특성을 종이로 표현한 후 실제 집단에서 그런 모습을 실천한다.	1. 자신의 의사소통 방식에 대한 이해 및 변화 방향 설정 2. 미래의 변화될 자신의 모습을 미리 그려 봄으로써 변화 동기 증진 3. 집단과정의 마무리
회기 구성	10	피드백 주기 (2시간)	피드백 방식으로 선물 주기를 실시한다. 선물을 받은 사람만이 피드백을 줄 자격이 주어지고 자신이 가고 싶은 사람에게 다가가서 선물로 피드백을 준다.	1. 자신의 의사소통 방식에 대한 이해 및 변화 방향 설정 2. 미래의 변화될 자신의 모습을 미리 그려 봄으로써 변화 동기 증진 3. 집단과정의 마무리
회기 구성	11	새로운 시작을 축복하며 (2시간)	마무리 과정으로 집단과정을 돌아보고 자신이 앞으로 해야 할 것들에 대해 정리한다.	1. 자신의 의사소통 방식에 대한 이해 및 변화 방향 설정 2. 미래의 변화될 자신의 모습을 미리 그려 봄으로써 변화 동기 증진 3. 집단과정의 마무리

* 1~3(1차 연장상담), 8~11(2차 연장상담): 구조화 프로그램
* 4~7: 비구조화 프로그램

제9장

집단상담 슈퍼비전

1. 집단상담 슈퍼비전 실제에 대한 구체적 이해를 돕는다.

2. 실제 운영한 집단상담의 슈퍼비전 보고서를 작성하고 슈퍼비전을 실시한다.

3. 집단상담 슈퍼비전 실연을 통해 집단상담 개념화 및 개입 방안을 학습한다.

들어가며

－실제 집단상담 슈퍼비전 과정에서 경험했던 구체적 어려움은 어떤 것들이 있나요?

－슈퍼바이저로서 집단상담 슈퍼비전 실시 시 중점적으로 살펴보아야 할 내용들은 무엇인가요?

－효과적인 집단상담 슈퍼비전을 제공하기 위해 구체적으로 무엇을 학습해야 하나요?

이번 장에서는, 첫째, 집단상담자들이 실제 집단상담 슈퍼비전 과정에서 경험하였던 어려움을 공유하며 구체적인 해결 방안을 논의한다. 이때 슈퍼바이저, 슈퍼바이지, 그리고 집단원들의 관점에서 논의할 수 있다. 둘째 집단상담 슈퍼바이저가 슈퍼비전 제공 시 중요하게 살펴보아야 할 윤리적인 이슈를 구체적으로 살펴본다. 셋째, 집단상담 슈퍼비전 실연 및 축어록 슈퍼비전 실습 활동과 이에 대한 슈퍼-슈퍼비전을 통해 슈퍼비전 방법과 슈퍼바이저의 역할을 교육한다.

1. 집단상담 슈퍼비전

집단상담 슈퍼비전은 슈퍼바이지의 독립성, 자신감 및 유능감을 향상시켜 성장과 발달을 촉진시킨다(Gladding, 2012). 슈퍼비전은 집단의 효과적인 진행을 위해 반드시 필요한 작업으로, 교육, 관찰, 경험과 함께 집단상담자 훈련을 위한 네 가지 필수 구성 요소 중 하나이다. 효과적인 집단상담 슈퍼비전을 위해서 슈퍼바이저는 집단상담자의 복합성을 처리할 수 있어야 하며 집단 기술, 개입, 개념화 그리고 개인화를 처리하기 위한 지식과 기술을 지니고 있어야 한다. 또한 집단상담 슈퍼바이저는 집단상담자의 초점이 집단원에게 있는 상호작용인 개인 차원, 집단원 간 혹은 집단상담자와 집단 내의 하위 조직 간에 발생하는 상호작용인 대인 간 차원, 그리고 집단 전체를 포함하는 상호작용인 전체 차원으로 나누어 보아야 한다(이미선, 권경인, 2009).

권경인 등(2020)의 연구 결과에 따르면, 중급 집단상담자들은 리더의 전문성 성장을 위한 구체적 교육으로 집단상담 슈퍼비전의 중요성을 인식하고 있다. 구체적으로 '리더의 자질과 특성이 집단에서 미칠 영향에 대한 피드백', '리더의 장단점 등 집단 리더에 대한 이해' 그리고 '리더의 발전에 구체적인 방향 제시에 대한 욕구'가 강한 것으로 나타났다. 하지만 실제 집단상담 슈퍼비전을 받고자 할 때, 숙련된 슈퍼바이저를 찾기가 어렵다. 특히, 전문적인 집단상담자로 성장하기 위해서 양대 학회의 수련 요건을 충족해야 하는 현실에서 이러한 어려움은 더 심각해진다. 이렇듯 집단상담 슈퍼비전을 통해 상담자들은 집단에 대한 궁금함을 해소하고 집단상담자로서 점검받기를 기대하지만, 실제에서는 이를 충족해 줄 수 있는 역량을 가진 슈퍼바이저를 찾기 힘들며, 이로 인해 상담자들이 전문적인 자격증 취득을 위한 수련 요건을 채우는 과정에서 어려움을 겪는다(이은경, 권경인, 2022).

2. 집단상담 슈퍼비전의 어려움

1) 슈퍼비전 보고서 속에서 맥락 찾기

집단상담 슈퍼비전이 어려운 이유는 여러 가지가 있다. 우선, 개인 역동, 대인 간 역동, 전체 역동을 다 보고 개입해야 하기 때문이다. 또한 집단상담 슈퍼비전 보고서에서 주요 맥락을 찾기가 어렵기 때문에 불필요한 부분까지 알려 주어야 하는 과제가 매우 많아지기 때문이다. 축어록에서 집단상담자의 반응이 이상하다는 것을 감지하고 이에 대한 구체적 대안을 제시해야 하는 과정이 쉽지 않다. 따라서 슈퍼바이저가 슈퍼바이지의 반응에서 문제나 이상함을 구체적으로 감지하지 못하면, 올바른 대안을 제시하지 못하게 된다.

2) 집단원에 대한 구체적인 정보 수집 및 주제 파악

각 회기, 집단원별로 의미 있는 것을 분류하여 정리함으로써, 집단원에 대한 정보를 모으고 이들의 이해를 구체화한다. 집단원에 대한 정보가 없는 '긴 생머리', '귀여운 얼굴' 등 단순한 특징과는 구별해야 한다. 집단상담자 본인과의 상호작용에서 집단원의 반응이 주요 정서로 드러나는 것을 수집한다. 이때 집단상담자가 개인 심리적 이슈로 인해 지나치게 자신에게 몰입하게 되면, 집단을 열심히 운영했더라도 집단원에 대한 정보를 누락할 수 있으니 주의해야 한다. 이후 각 집단원 작업 시 구체적인 정보를 바탕으로 가장 선명한 주제에 접근하고 이를 가장 잘 설명해 주는 관련 사건이나 지점을 다룬다. 이때 한 개 또는 두세 개의 지점에 초점을 맞추어 접근해야 한다.

3) 슈퍼바이지들의 내적 심리 상태 다루기

집단상담 슈퍼바이저는 슈퍼바이지의 '내가 집단상담자가 될 수 있을까?'라는 내적 심리 상태, '전문가로서 비어 있음에 대한 불안'을 다루어 주어야 한다. 이는 이들이 집단상담 전문가로 성장하기 위해 중요한 조력자의 역할이다. "먼저 고민한 사람이 선생이다"라는 말처럼, 슈퍼바이저, 동료, 앞선 선생님들에게 자신을 개방하고 피드백을 통해 '다른 사람들이 아는 나의 단점'을 알아가고 이를 개선하려는 노력이 필요하다. 이러한 과정이 버겁고 어려울 수 있지만, 구체적인 피드백을 받지 못하면 몇 년째 같은 문제를 반복할 수밖에 없다. 슈퍼바이저는 '집단상담자는 집단원에게 구체적인 것을 주어야 하며, 가족도 해 주지 못했고 밖에서는 받아 보지 못한 미러링을 해야 한다. 이러한 기술을 배우는 것을 멈추지 않고 촘촘히 해내야 전문가가 될 수 있다'는 점을 안내해 준다.

4) 진정성 있고 전문적인 슈퍼비전 제시

집단상담 슈퍼바이저가 조언할 때는 먼저 긍정적인 부분을 알려주고, 이후에 개선이 필요한 부분을 전달하는 것이 필요하다. 하지만 진정성 없는 긍정적 피드백은 조정(manipulation)으로 받아들여질 수 있기에 주의해야 한다. 또한 진정성을 가장한 공격성을 주의해야 한다. 예를 들어, "애썼다.", "처음 하셔서 긴장 많이 되셨지요?", "피드백 받을 것이 걱정되어서 어렵겠어요", "정성스럽게 봤다", "할 이야기가 많다" 등의 표현은 공격적으로 들릴 수 있다. 또한, 보편적인 불안과 두려움에 대해 공감할 때 "처음엔 다 그래요", "사는 게 다 그래", "젊을 땐 다 그래" 등 일반적인 표현은 위로가 되지 않는다. 진정성 있게 피드백을 주되, 공격적으로 하지 않도록, 일반적인 공감을 표현하지 않도록 주의해야 한다.

※ **집단상담 슈퍼비전의 실제(학습자들의 질문과 답변을 중심으로)**

Q: 슈퍼바이지의 말이 모호할 때 어떻게 다루어야 하나요?

A: 슈퍼바이지의 말이 모호할 때는 구체화를 통해 명확히 해야 해요. 예를 들어, 슈퍼바이지가 "정적인 것과 동적인 것을 어떻게 섞어야 할지 모르겠다고 말한다면, 이 표현을 구체적으로 풀어 줘야 해요. 몇 번이고 구체화를 시도하는 것을 두려워하지 말고, 슈퍼바이저가 성급하게 자신의 이해대로 처리하면 안 돼요. 그러면 모호하고 엉뚱한 대답이 나올 수 있어요.

Q: 슈퍼바이지에게 상처를 주지 않고 긍정적으로 문제를 다룰 수 있을까요?

A: 네, 가능합니다. 예를 들어, 슈퍼바이지가 너무 길게 말해서 이해하기 어려울 때는 이렇게 말할 수 있어요: "너무 오래 얘기해서 A4 용지 2장이나 되어서 읽기 어려웠어요."라고 말하지 않고 "이 많은 말 중에서 정말 하고 싶은 말 두 문장만 찾아보세요. 이걸 두 문장으로 정리해 보세요." 이렇게 말하면 슈퍼바이지가 상처받지 않고 핵심을 파악하게 도울 수 있어요.

Q: 집단상담자가 집단원들의 분위기가 나빠질 때 등 부정적인 말을 해야 할 때 어떻게 대안 반응을 제시해야 할까요?

A: 부정적인 말을 해야 할 때는 집단의 역동을 읽고 연결하는 것이 중요해요.

예 1) 집단원이 대충 듣고 끝나길 바랄 때, 비언어적인 반응으로 시선을 회피한다면 이렇게 말해 볼 수 있어요: "잠깐만요, 지금 그대로 있어 보실래요?, 지금 다들 어디를 보고 있죠?" 이렇게 집단의 분위기를 파악하고 집단원들이 서로 연결될 수 있게 도와줘야 해요.

예 2) 다루기 어려운 상황에서 집단원에게 책임을 넘기는 경우, 이는 대체로 성공적이지 않아요. 어려운 역동을 개인에게 넘기는 대신, 너무 두드러지게 공격적이거나 회피, 무례한 행동이 있을 때는 그 부분을 직접 다루는 것이 중요해요.

3. 집단상담 슈퍼비전 제공 시 고려해야 할 윤리적 이슈

집단상담은 개인상담과 비교하여 다수의 집단원이 참여하는 활동으로, 집단원 간 복잡한 역동이 일어나고 비밀보장의 한계가 존재한다. 따라서 집단상담 내에서 발생하는 윤리적 이슈와 책임에 관해 집단 리더와 집단원들에게 더욱 구체적인 지침이 제시될 필요가 있다(권경인, 조수연, 2015a).

1) 집단상담 윤리의 핵심 범주

권경인, 조수연(2015b)는 29명의 집단상담 전문가들 대상으로 3차에 걸친 델파이 조사를 시행하였고, 합의 과정을 통해 총 11개 범주, 41개 영역, 143요소로 구성된 집단상담 윤리 요소를 도출하였다. 집단상담 윤리 요소 범주에는 비밀유지, 집단상담 참여, 상담 관계, 윤리적 문제 해결, 집단상담자 책임, 슈퍼비전 훈련 · 교육, 상담자 가치관 주입, 집단상담 전문성, 집단상담 구성, 오리엔테이션, 집단 종결이 포함되었다. 이중 '비밀보장', '상담 관계', '집단상담 전문성', '슈퍼비전 훈련 · 교육', '집단상담자 책임', '윤리적 문제 해결'은 집단상담 윤리의 핵심 범주로 도출되었다.

표 9-1 집단상담 전문가들의 합의를 거쳐 중요하게 평가된 집단상담 윤리 범주

상위 범주	집단원 권리 보호 및 교육 윤리	집단상담자 전문성 및 책임 윤리	집단상담 구성 및 과정 윤리
상세 범주	• 비밀유지 * • 집단상담 참여 • 상담 관계 *	• 윤리적 문제해결 * • 집단상담자 책임 * • 슈퍼비전 훈련 · 교육 * • 상담자 가치관 주입 • 집단상담자 전문성 *	• 집단상담 구성 • 오리엔테이션 • 집단 종결

* 6가지 집단상담 윤리의 핵심 범주.

집단상담자 전문성 및 책임 윤리 상위 범주 중 슈퍼비전에 관련된 범주인, 수련감독자 지도하에 수련 참여 및 슈퍼비전 훈련 · 교육 내용을 구체적으로 살펴보면 다음과 같다.

(1) 수련감독자 지도하에 수련 참여
집단상담자는 전문성 향상을 위하여 반드시 수련감독자 지도하에 수련 경험을 가져야

하며, 수련생 신분으로 집단상담 운영 시 어려운 집단상담 상황에 대해 수련감독자와 상의하는 것이 집단상담 윤리의 중요한 요소이다. 이는 복잡한 과제와 여러 역동을 다루어야 하는 집단상담의 경우 수련활동을 통한 전문적 역량 확보가 필수적이기 때문이다. 집단상담 수련생의 경우 해결하기 어려운 문제가 발생할 시에 수련감독과 상의해야 한다는 점도 중요한 현장 윤리라고 집단전문가들은 합의하였다. 따라서 문제가 발생 시 집단원, 집단상담자, 집단상담 슈퍼바이저가 함께 연대적 관계를 맺고 어려움에 대해 대처하는 형태가 바람직하다.

(2) 슈퍼비전 훈련 · 교육

슈퍼바이지는 집단원의 복지 및 권리를 위한 슈퍼비전에 대한 사전 동의할 윤리적 책임이 있다. 집단상담자는 전문성이 발달하여 슈퍼바이저 역할을 감당할 때 수련생과의 관계 경계를 잘 설정해야 할 윤리적 책임이 있다. 즉, 슈퍼바이저로서 슈퍼바이저와 성적, 친인척, 교수와 학생, 잠재적 이해관계 등으로 인한 문제가 발생하지 않도록 노력해야 한다. 또한 슈퍼바이저의 자신의 슈퍼비전 역량(자격 취득, 교육 이수) 기준을 제시하고, 응급 상황 및 부재 시 절차를 안내해야 하는 윤리적 책임이 있다.

2) 집단 기술 사용 시 윤리적 고려 사항

집단 기술 또는 활동은 구성원들이 상호작용할 수 있도록 구조화된 방법이다. 집단원들에게 강력한 영향을 미칠 수 있으며 사람들이 함께 일하거나 변화하는 방식에 긍정적인 영향을 미친다(Gladding, 2012). 그러나 리더가 집단 기법을 오용하거나 집단원들에게 '도움을 못 줄(de-skill)' 때 윤리적 문제에 직면한다(Jacobs et al., 2003). 리더가 집단 기법을 비윤리적으로 이용하는 방식들을 다음과 같다.

자기 능력 수준 이상의 활동을 하는 것은 비윤리적인 집단상담자가 될 수 있다. 적절한 기술 없이 집단 활동을 수행하는 예시들(Jacobs et al., 2016)을 제시하였다.

- 리더가 자신에게 생소한 기법을 사용한다.
- 자신의 힘을 강화하기 위해 기법을 사용한다.
- 강렬함을 원하는 리더 자신의 욕구로 인해 강렬함을 조성하는 것을 유일한 목적으로 삼아 기법을 사용한다.
- 집단원들이 리더가 제안하는 어떤 활동에 참여하고 싶지 않다는 의사를 표현했음에도 집단원들을 압박하는 기법을 사용한다.

※ **적절한 기술 없이 집단활동을 수행하는 예시들(Jacobs et al., 2016)**
- 죽음과 관련된 활동을 한 후에 생긴 고통과 정서를 다루지 못하는 것
- 죄책감, 수치에 대한 활동, 근친상간, 아동학대 혹은 혼외정사와 같이 표면적으로 다룰 수 없는 것을 지도하는 것
- 피드백 활동에서 한 집단원이 집단의 나머지 사람들로부터 심한 공격을 받을 때 적절한 조치를 취하지 않는 경우
- 집단원에 경험할 것들에 대해 알려 주지 않는 것
- 집단원에 어떤 활동을 하도록 강요하는 것: 만일 집단원이 어떤 이유에서 활동에 참여하기를 원치 않는다면 리더는 집단원의 이러한 권리를 허용해 주어야 한다. (그러나 참여를 격려하는 것은 비윤리적인 것이 아니다.)
- 계속적인 참여를 요구하는 것: 집단원들은 언제라도 참여를 그만둘 수 있도록 허락되어야 한다.
- 밝히고 싶지 않은 개인적인 것을 집단원을 속여서 밝히도록 만드는 것
    예) '비밀(Secrets)'이라 불리는 활동은 집단원들에게 그들이 다른 사람들에게 드러내기 어려운 비밀을 카드에 익명으로 쓰도록 한다. 이 카드들을 섞은 다음 리더는 각 집단원들이 카드를 뽑도록 하고 마치 그것이 자신의 문제인 양 제시하도록 한다. 만일 리더에 의해 어느 것이 누구의 비밀인지가 드러나게 된다면 집단원들의 비밀은 모든 사람에게 알려지게 될 것이다.
- 충분히 다룰 시간 없이 어두운 정서를 주제로 활동을 하는 것, 즉 집단원들의 어두운 정서가 밝혀지기만 하고 다루어지지 못해 미해결된 상태로 남겨지게 되는 것이다.

4. 구체적인 집단상담 슈퍼비전 제시 항목

집단상담 슈퍼비전에 대한 집단상담자들의 요구분석 연구(이미선, 권경인, 2009) 결과를 자세히 살펴보면, 첫째, 집단상담 슈퍼비전에서 다루고 싶은 부분으로는 전이와 역전이, 저항, 상담 기법, 적절한 개입, 직면, 공감, 알아차리기, 감정 다루기, 지금-여기, 목표 설정, 문제 이해, 집단원 이해, 상담자 이해, 상호작용 촉진, 갈등 해결, 의사소통 기술, 역동, 분위기 조성, 초기 관계 형성, 전체적인 과정, 구조화, 구조화 상담 등의 영역으로 나누어 볼 수 있었다.

둘째, 집단상담 운영 시 어려움으로는 저항, 침묵, 주도적인 집단원, 상담 기법, 적절한 개입, 직면, 유머, 상담자의 두려움, 상호작용 촉진 방법, 의사소통 방법, 갈등 해결, 역동, 전체적인 구조화, 첫 회기의 어색함, 시간관리, 다양성을 다룰 때, 아동 · 청소년 집단, 구조화 집단, 상담자 이해의 영역으로 나타났다. 특히, 상담자 스스로 집단상담을 잘 운영하고 있는지에 대한 의문과 두려움으로 어려움을 느끼고 있었다.

셋째, 집단상담 슈퍼비전을 통해 향상시키고 싶은 상담자 능력으로는 저항에 대한 처리, 개입 능력, 효과적인 직면, 경청과 공감 능력, 감정 표현, 내담자 스스로 통찰할 수 있는 능력, 지금-여기, 목표 설정, 내담자의 핵심 문제를 파악하고 집단원을 이해, 민감하게 대처하는 능력, 집단과 개인이해, 집단응집력과 세심함, 의사소통 기술, 자연스러움, 집단의 흐름을 파악하고 통찰하는 능력, 역동, 그리고 상담자에 대한 이해와 자세, 마지막으로 상담자 능력을 전체적으로 향상시키고 싶다고 나타났다.

넷째, 슈퍼바이저에게 바라는 점은 역전이, 상담 기술, 직면, 지금-여기, 목표 전략, 상담자 이해, 상호작용의 방법, 역동, 자연스러운 흐름, 집단 전체 파악, 구체적이고 정확한 문제해결 방법, 객관적인 시각, 슈퍼바이지의 강점과 단점에 대한 피드백, 저렴한 비용이 있었다. 특히, 슈퍼바이저의 성향에 대해 바라는 점이 많았으며, 공감과 격려를 통한 인간 중심적인 슈퍼비전를 원하는 것으로 나타났다.

다섯째, 집단상담 슈퍼비전을 받을 때 아쉬웠던 점으로는 시간 부족, 구체적인 설명 부족, 자료 부족, 슈퍼바이저와의 갈등, 불충분한 자아개념, 슈퍼비전의 체계 부분, 집단의

표 9-2 집단상담 슈퍼비전 시 제공할 중요 영역과 슈퍼비전 교육내용

영역	슈퍼비전 교육내용
개념화	• 집단의 호소문제 파악 능력 • 집단원에 대한 빠르고 정확한 이해 • 지금-여기와 내담자의 핵심 문제 연결하기 • 작업을 위해 연결할 적합한 대상자 파악 • 집단 안에 숨겨진 안건 파악 • 집단의 분위기 및 전체적인 흐름을 파악하는 통찰력
상호작용 및 의사소통	• 소극적인 집단원에 대한 상호작용 촉진 방법 • 집단 밖 문제를 상호작용 작업으로 전환 • 집단 전체 응집력을 높이는 상호작용 촉진 방법 • 집단원의 언어적 · 비언어적 메시지 경청 및 이해 • 집단원이 말하거나 느낀 것의 심층적인 의미의 포착 및 반영 • 집단원 간의 갈등 시 의사소통 기술 • 집단이 하는 소통 방식에 대한 의사소통을 다루는 능력
집단 역동	• 집단원의 심리내적 역동 이해 • 집단 내 대인 간 역동 이해 • 전체로서 집단 역동 이해 • 어려운 집단 역동의 대처 • 집단 역동에 대한 다양한 개입방법
개입 기술	• 침묵에 대한 대처 및 개입 • 비자발적, 무기력한 집단원에 대한 개입 • 문제를 소유하지 않고 피드백을 거부하는 집단원 • 현 작업 상태를 유지하기와 끼어들기의 시점 파악 • 집단참여의 적절한 분배 • 적절한 개입의 시기 및 수준의 결정 • 부정적이거나 강렬한 감정의 처리 • 집단과정의 분석 및 활용 • 효율적 직면 • 전이감정의 인식 및 생산적 활용 • 집단원들 사이의 갈등 처리 기술

상담 계획 및 구조화	• 개인에 대한 목표를 효과적으로 다룸 • 개인의 목표와 집단의 목표 조합 • 집단원들과 합의된 전체 목표를 설정 • 구조화 집단상담 프로그램의 효율적 운영 • 시간제한 집단의 한계 및 효율적 운영 방법 • 집단상담 초기 회기(1~3회기) 운영 및 구조화
집단상담자	• 집단상담자 역전이 • 집단상담자와 코리더의 갈등 • 집단상담자에 대한 공격의 처리 • 집단 안에서 상담자가 자신에 대한 처리 • 상담자의 한계 인식 및 수용 • 윤리적 딜레마

전체적인 부분을 다루지 못한 것, 능력을 향상시키는 피드백으로 나타났다. 연구 결과를 참조하여 집단상담 슈퍼비전 시 제공할 중요 영역과 슈퍼비전 교육내용은 다음과 같다.

이 결과를 자세히 이해하기 위해, 집단상담 슈퍼비전 교육내용의 여섯 가지 영역에서 초심자, 중급자, 숙련된 집단상담자 간의 슈퍼비전 요구 우선순위를 다음과 같이 제시하였다. 이러한 결과는 슈퍼바이지의 발달 단계에 따라 슈퍼비전 영역을 다르게 고려해야 함을 시사한다.

표 9-3 집단상담자 경력 수준에 따른 슈퍼비전 교육내용 영역별 순위 (단위: %)

순위	초심	중간	숙련
1	집단 역동(56.42)	집단 역동(49.69)	집단 역동(43.03)
2	개입 기술(52.92)	개념화(44.16)	개입 기술(37.56)
3	상담 계획 및 구조화(49.33)	개입 기술(43.65)	상호작용 및 의사소통(37.32)
4	집단상담자(49.21)	집단상담자(42.77)	개념화(35.37)
5	상호작용 및 의사소통(48.24)	상호작용 및 의사소통(41.65)	집단상담자(34.83)
6	개념화(48.19)	상담 계획 및 구조화(38.46)	상담 계획 및 구조화(32.83)

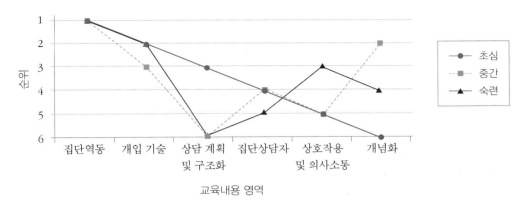

[그림 9-1] 집단상담자 경력 수준에 따른 슈퍼비전 교육내용 영역별 순위 그래프

활동 1
집단상담 슈퍼비전 시연 참관

■ **목적**

• **구체적인 진행 과정 학습:** 집단상담 슈퍼비전 시연을 참관함으로써 구체적인 집단상담 슈퍼비전의 진행과정을 배우고 슈퍼바이저의 역량을 증진할 수 있다.

• **모델링:** 슈퍼바이저로서 제공해야 할 집단상담 슈퍼비전 영역과 구체적인 집단상담 슈퍼비전 방식 등을 모델링할 수 있다.

• **역량 강화:** 집단상담 슈퍼바이저로서의 역량을 키울 수 있다.

■ **방법**

1. **사전 준비**

• 수강생들에게 사전 안내를 통해 집단상담 사례를 제시할 수 있는 슈퍼바이지 1명을 선별한다.

• 선별된 슈퍼바이지는 수업 전에 집단상담 슈퍼비전 사례 보고서를 준비한다.

2. **사례 배포**

• 교육 당일 1시간 전에 수강생들에게 사례를 배포한다.

• 수강생들은 사례를 읽고 슈퍼비전이 필요한 제공할 영역과 축어록의 언어적 반응 등을 정리해 본다.

3. **시연 참관**

• 집단상담 슈퍼비전 시연을 참관한다.

■ **교육내용 정리**

• 이후 전문적인 집단상담 슈퍼비전을 제공하기 위해 배운 내용을 정리한다.
   슈퍼비전의 영역과 대안 축어록 반응 등 차이가 나는 부분은 비교하고 구체화한다.

• 미처 살펴보지 못한 슈퍼바이지의 심리내적 어려운 부분을 이해할 수 있었는지 점검한다.

• 슈퍼바이지의 축어록에 대한 구체적인 대안 반응을 제시할 수 있는지 확인한다.

실습 1
축어록 슈퍼비전 & 슈퍼비전에 대한 슈퍼비전

■ **목적**
- 구체적인 집단상담 사례를 통해 슈퍼비전의 어려움을 이해하고, 보다 효과적인 슈퍼비전 방법을 학습할 수 있다.
- 슈퍼비전에 대한 슈퍼비전을 통해 슈퍼비전의 실제 과정을 통해 슈퍼비전 역량을 강화할 수 있다.

■ **진행 방법**

1. 축어록 슈퍼비전

① 조 편성: 조별로 슈퍼바이저, 슈퍼바이지, 관찰자를 정한다.

② 축어록 슈퍼비전 진행: 슈퍼바이저는 집단상담 슈퍼비전 축어록 자료를 읽고 슈퍼비전을 진행한다. 이때 활동지 1의 질문을 읽고 구체화해 본다.

③ 피드백 시간: 관찰자 및 슈퍼바이지의 피드백 시간을 갖는다.

④ 정리: 조별로 슈퍼비전에 대한 슈퍼비전 받고 싶은 지점을 정리한다.

2. 슈퍼비전에 대한 슈퍼비전

① 조별 발표: 전체적으로 모여 조별 슈퍼비전 내용을 나누는 시간을 갖는다.

② 강사의 슈퍼비전: 강사가 슈퍼비전을 해야 할 지점을 구체적으로 알려 준다.

■ **배운 내용 정리**
- 실습을 통해 배운 내용을 정리하고, 이를 실제 사례에 적용하기 위해 어떤 준비가 필요한지 생각해 본다.
- 슈퍼비전을 통해 얻은 교훈을 실제 상담 상황에서 어떻게 활용할 수 있을지 구체적으로 생각해 본다.

집단상담 슈퍼비전 축어록 자료

■ 집단 소개

대상: 성인

형태: 구조화 집단

회기: 3번째 회기

주제: 비폭력 대화, 의사소통

–상략–

머리 1: 형은 공부하지 않는데도 나보다 더 돈을 주고 뭔가를 공급했어요. 형을 만날 때도 뭔가 약간 수동 공격적이면서 되게 방어적으로 되는 느낌. 근데 그게 되게 오래 지속돼 왔는데 그렇게까지 막 격렬한 감정을 일으키지는 않지만 뭔가 좀 힘이 빠지게 하는 그런게 있어요. 뭔가 폭탄이 폭발하진 않지만. 곧 터질 듯 뭔가 있어요.

리더 2: 계속 신경이 쓰인다는 거.

–중략–

머리 3: 뭔가 이 부당함에 대해서 수긍할 수밖에 없었나 내가 뭐라고 이렇게 반발할 수조차 없었던 어려웠던 그래서 권위자에 대한 기준이 엄청 까다로워지지 않았을까? 윗사람에 대해서 뭔가 제 생각에 못 미치면 반발심이 엄청 들어요.

리더 4: "나한테 왜 그래"라고 말씀해 보신 적 없으세요?

머리 5: 근데 어렸을 때는 많이 했었어요. 많이 했었는데 오히려 더 마이너스만 되니까 저도 모르게 저도 같이 고민되네요. 어렸을 때처럼 되게 방어적이게 되고, 막 얘기를 좀 아끼게 되고 내 말을 그렇게 되면서도 동시에 힘 있는 사람을 보면 또 뭔가 그 사람한테 인정받고 싶고 그런 감정들이 있는 것 같아요.

리더 6: 지금 이 얘기를 하면서 혹시 느껴지는 게 있으세요?

머리 7: 내가 방금 얘기를 하면서 제가 되게 방어적이게 된다. 좀 그런 것 같아요. 그런 사람들을 볼 때, 제가 방어적이게 될 때 어떤 느낌이 들었을까 이런 생각을 한 것 같아요.

리더 8: 아버지에게 인정받고 공평하게 대우받고 싶은 그 욕구를 이렇게 그냥 포기가 안 되고 끓고 있는 상태로 그냥 놓아 두셨던 건가요? 해도 안 되니까 그런 것 같아요. 그 포기를 생각해 본 적이 없는 것 같아요.

머리 9: 그냥 저는 옛날에는 이게 너무 분노스럽고 원망스러웠는데…… (눈가가 붉어지고 눈물 어림) 분노가 없어지니까 좀 나아진 줄 알았어……. 근데 저는 어렸을 때 그렇게 어른스럽지 못했어요. 성격도 막 이렇게 유순한 성격이 아니고 좀 공격적이고 자기주도 확실하고 이러니까 진짜 좀 막 초등학교 중학교 때는 선생님이나 어른들한테 막 진짜 쌍욕 하고 막 이 정도로 분노가 엄청 심했었어요.

리더 10: 혹시 괜찮으면 머리님이 조금 더 시간을 줘도 괜찮나요? 아버지라고 생각되는 분이 비슷한 느낌의 분이 계시면 동의하에 같이 이제 작업을 해도 좋지 않을까 하는 생각이 있어요. 지금 감정이 좀 올라온 상태라서 이대로 수습하기에는 좀 더 어렵지 않을까 괜찮다고 하시고, 또 바람도 괜찮다고 하시면 조금 더 진행을 해서 하는 건 어떨까 싶어요. 다른 분들은 어떠세요? 그러면 혹시 머리님이 아버지라고 생각하는 느낌의 사람이 혹시 있어요?

리더 11: 실제 아버지는 아니지만 정말 하고 싶었던 얘기 좀 지금 올라온 감정으로 좀 표현을 해 보실 수 있으시겠어요? 또는 하고 싶으신 거…….

머리 12: 항상 하고 싶었던 말이 있었어요. 아버지가 나는…… 그냥 그냥…… 너무, 너무 너무너무 인정받고 싶었어. 그래서 아버지를 너무 미워했던 것 같아. 그냥 나 좀 인정해 주지 그랬어. 나도 같은 자식인데 어떻게 나온지 한 달 만에 그냥 옆집 집에 갖다가 맡기고 그냥…… 왜 자식한테 그렇게 함부로 하고…… 왜 옷을 다 찢고……. (눈물)

바다(아버지) 13: 아버지도 그때 너무 힘들었어. 너 말고도 자식이 두 명이나 있었잖아. 네가 모를 거라고 생각했어.

머리 14: 근데 항상 아버지는 사랑한다고 했지만 진짜로 사랑하지는 않았잖아. 아버지는 날 미워했어. 인정하고 싶지 않겠지만 조금 그냥 나를 조금 미워했다고 했으면 더 빨리 포기할 수 있었을까 싶어. 근데 어떨 때 그런 믿는다는 말이 나를 너무 희망고문하게 만들었다고 해야 되나. 그래서 아버지를 포기하는 데 너무 오랜 시간이 걸렸던 것 같아. 근데 그걸 포기할 때까지 내가 나를 너무 많이 갉아먹었어. 왜냐면 나는 아버지를 너 너무 사랑하고 싶었거든. (눈물)

바다(아버지) 15: 나는 너를 사랑했다.

머리 16: 근데 나는 그냥 아버지가 날 인정 안 한다는 걸 받아들이고 났을 땐 오히려 더 편안했어. 그냥 그냥 아버지도 사람이니까 아버지도 사람이니까 뭐 어떻게 그래? 아버지도 사람이니까 그럴 수 있지. 다 자연스러운 감정이니까 그렇게 생각했지. 그래야 내가 살 수 있었던 것 같아. (눈물)

바다(아버지) 17: 나도 나 나름대로 너를 사랑했어. 내 방식대로 너가 그걸 못 느꼈다니. 미안한 거지. 뭘 어떻게 해 주라는 거야? 어떻게 해 줘야 니가 아버지 진짜 사랑하는구나 하고 믿겠니? 말을 하라고 말을, 어떻게 해 줄까? 다 해 줄게, 난 정말 널 믿고 사랑했어, 아들아.

머리 18: 내 것 그렇게 다 찢어버리고 때리고 그러고 난 뒤에 당신이 날 사랑해서야라는 말이 나를 진짜 너무 나 너무 힘들게 했던 것 같아. 그냥 그냥 나에게 뭔가 소중한 것들을 다 버리고 찢고. (눈물)

−중략−

(아버지 역할의 바다의 사랑한다는 지속적인 반박에 머리가 눈물을 멈추고 생각에 빠짐)

리더 19: 아버지에게 듣고 싶은 말이 있는지?

머리 20: 잘 모르겠어요. 내가 정말 원하는 것이…… 내가 하고 싶은 말은 하긴 했네요. 그렇죠. 사랑받고 싶다. 사랑받음을 확인받고 싶다……. (바다가 머리를 안아 주고 집단원들의 소감 들음)

리더 21: 머리에게 미안하다. 머리님이 나를 뚫어져라 쳐다보는 그 마음을 이제 알 수 있겠다. 아버지에게 확인받고 싶었던 사랑의 마음을 나를 보면서 확인하고 싶었겠다.

−하략−

축어록 슈퍼비전

※ 다음의 질문에 대한 답변을 적으면서 슈퍼비전 영역을 구체화합시다.

1. 리더 4가 왜 전환을 결정했는지에 대해 구체적으로 생각해 봅시다.

_____

_____

2. 리더 6이 리더 4의 접근 방식을 유지한 이유는 무엇일까요?

_____

_____

3. 머리 9의 양가적 감정을 다루기 위해 어떤 구체적인 개입이 필요했을까요?

_____

_____

4. 리더 11이 역할극을 진행한 부분에서 발생할 수 있는 문제점은 무엇일까요?

_____

_____

5. 바다 15가 '너를 사랑했다'고 말한 부분에 대해 필요했던 리더의 개입은 무엇일까요?

_____

_____

6. 리더 21의 개입에 대한 대안 반응을 제시해 봅시다.

_____

_____

답안 제시
축어록 슈퍼비전에 대한 슈퍼비전

1. 리더 4가 왜 전환을 결정했는지에 대해 구체적으로 생각해 보세요.

> 리더 4에서 리더가 전환한 이유는 무엇일까요? 전환이 적절했는지 생각해 보세요. 리더가 자신이 가진 치료적 전제 혹은 역전이로 인해 리더의 욕구를 자제하지 못하거나 리더의 적극적 경청을 방해하고 있지는 않은지 확인해 볼 필요가 있습니다.

2. 리더 6이 리더 4의 접근 방식을 유지한 이유는 무엇일까요?

> 리더 6이 머리 5가 분노와 동시에 '사랑받고 싶고' 양가적 마음을 이야기했음에도 리더 4와 같은 방향을 고수합니다. 이러한 이유는 '감정을 표출하는 것이 치료적'이라는 리더의 전제가 있었기 때문입니다. 이후 리더 8은 또다시 감정표출이라는 한 방향으로 끌고 가게 됩니다. '사랑과 분노' 양가적으로 팽팽한 긴장감이 유지되는 쌍방향 과정을 놓치고 사랑하는 한 방향으로 이끌어 갑니다. 이렇듯 리더 4에서 리더 8 사이, 리더는 집단원의 양가감정을 따라가지 못하고 여러 번 리더의 욕구를 자제할 기회를 놓치고 됩니다.

3. 머리 9의 양가적 감정을 다루기 위해 어떤 구체적인 개입이 필요했을까요?

> 머리 9에서 감정을 표출했을 때 '사과받고 싶은 나'와 '찢고 싶은 나' 사이의 양가적 긴장을 어떻게 다루는 것이 좋았을까요? 머리가 해결하고 있지 못하는 두 가지 내면의 목소리를 구체적으로 탐색해 보는 것이 필요합니다. 이때 두 의자 기법을 사용할 수 있습니다. 〈참고 자료〉 '두 의자 기법의 활용'을 참조하세요.

4. 리더 11이 역할극을 진행한 부분에서 발생할 수 있는 문제점은 무엇일까요?

구조화 집단에서 사전 안내와 집단원과의 구체적인 동의 없이 역할극 기법을 사용한 점에서 역할극 활용의 오류가 보입니다. 비폭력 대화 집단이 추구하는 방향과 사뭇 다른 반응과 기법을 사용하고 있습니다.

5. 바다 15가 '너를 사랑했다'고 말한 부분에 대해 리더의 개입은 무엇일까요?

역할극 상대 대상의 선택 및 역할 설정이 부적절했습니다. 역할극 전에 구체적인 대상에 대한 이해를 머리의 목소리에서 찾고 적합한 상대 역할을 선정할 필요가 있습니다. 역할극에서 바다가 일방적으로 '너를 사랑했다'고 말한 부분에 대해 리더는 '가만히 계셔 주세요'와 같이 개입해야 합니다.

6. 리더 21의 개입에 대한 대안 반응을 제시해 보세요.

리더가 해피엔딩으로 끝내려는 시도가 어떤 영향을 미칠 수 있는지 생각해 보세요. 머리의 찢어진 부분, 미해결 과제를 어떻게 다루어야 할까요? "내가 보기엔 당신의 마음도 찢겨진 것 같은데, 그것을 이야기해야 한다", "나를 위하는 사람은 나를 품지 안 찢는다"라는 대안 반응을 제시해 봅니다.

참고 자료: 두 의자 기법(Two Chair Technique)의 활용

■ 두 의자 기법의 정의

두 의자 기법은 내담자 내면의 분열된 부분들 간에 대화를 시키는 기법으로, 내담자의 내적 갈등을 통합하고 해결하는 데 도움을 준다. 이 기법은 내담자의 서로 상반된 감정이나 생각을 의자 두 개를 활용하여 표현하게 함으로써, 내담자가 자신의 내적 갈등을 보다 명확하게 인식하고 통합할 수 있도록 돕는다(고나영, 2024).

■ 빈 의자 기법과의 차이점

빈 의자 기법에서 반대편 의자에 앉은 대상은 내담자와 관계된 다른 사람이지만, 두 의자 기법에서는 내담자 자신의 내면의 다른 측면이 서로 마주 앉게 됩니다. 두 의자 기법은 내적 갈등 상황에서 각 측면의 주장과 근거를 탐색하며, 이를 통합하는 것을 목표로 한다.

■ 실험 과정

1) 내담자 내면의 두 목소리 탐색
   - 반복되는 내적 갈등이 무엇인지, 그 배경과 근거를 탐색한다.
2) 실험 제안 및 동의 구하기
   - 내담자에게 두 의자 기법을 제안하고, 실험에 동의하도록 한다.
3) 빈 의자 설정
   - 내담자 맞은편에 빈 의자를 마련하고, 각 의자에 앉은 자리에 해당하는 내면의 목소리를 탐색한다.
4) 내면의 대화 유도
   - 내담자가 앉은 자리의 목소리로 다른 의자에 앉은 내담자 측면에게 대화를 시작하도록 한다.
   - 내담자가 의자를 옮겨 앉으며, 앉은 자리에 해당하는 내면의 목소리로 대화하도록 한다.
5) 갈등해결 촉구
   - 내면의 두 부분 간 치열한 다툼을 벌이도록 각자의 입장을 주장할 기회를 제공합니다.
   - 상담자는 두 측면의 대화에서 서로의 말을 듣고, 감정과 생각, 욕구 등을 명료화하도록 돕는다.

6) 과정 마무리

  −충분한 대화가 오갔다는 신호가 있으면 두 의자 작업을 중단하고 현재로 돌아오게 한다.

  −어떤 경험을 하였는지 나누고, 집단 구성원의 피드백을 포함하여 경험을 통합한다.

■ **기대 효과**

1) 내적 갈등의 직면과 해소

2) 내담자의 양극성(polarity), 자기(self)의 다양한 측면을 통합적으로 경험

3) 자기 접촉 및 자기 기능의 활성화

부록 1

회기 보고서

○회기	일시: 2020. ○○. ○○. ○○:○○~○○:○○ (○○분)
참석자	리더, 코리더
회기 주제	
준비물	
회기 평가 및 개선안	
다루어졌던 주제 (내용, 과정 쟁점)	
집단원의 저항 및 대응	
진행 중 전환에 대한 상세한 기술	
회기 평가	

부록 2
집단상담 슈퍼비전 보고서 작성의 구체적 예시*

1. 집단 소개

빈약한 예	풍부한 예
1. 집단상담 접근 방식 구조화 집단상담 자기성장 프로그램 기반	**1. 집단상담 접근 방식** : 반구조화 집단상담(폐쇄, 동질, 분산, 자발적) : 이형득(2002). 자기성장 집단 프로그램을 재구성, 매체 기법을 활용한 통합적 접근 : 이론적 배경: 심리치료의 주요한 주제인 자기성장과 인간관계 개선의 궁극적인 목적은 심리적 성숙. 인본주의 심리학 Rogers의 '충분히 기능하는 사람'. Maslow의 '자아실현하는 사람'이다. 심리적 성숙의 근거는 자기성장 프로그램의 구성원리들, 자기 및 타인의 이해, 수용 등으로 설명된다. 중년의 시기는 독특한 발달적 특성인 삶의 조망과 삶의 요구들 간의 균형 이루기로 나타난다.
2. 집단운영 방법과 형태 1) 방법: 총 8회 3시간, 24시간 2) 형태: 성인 주부 대상 3) 집단 구성: 리더 1명, 집단원 7명	**2. 집단운영 방법과 형태** 1) 방법: ○○○○년 ○○월 ○○일~○○○○년 ○○월 ○○일 매주 화요일 오전 ○○~○○ 1일, 3시간, 총 8회 (24시간) 2) 형태: 미취학 자녀를 둔 중년의 여성 대상 상담집단 (○○센터에서 기관 홍보를 통해 모집, ○○센터 집단실에서 운영) 3) 집단 구성: 리더 1명, 집단원 7명 (집단 리더가 지원자 15명 대상 사전 전화 면담을 실시 지속적 참여 가능한 7명을 선발)

---

* 김미진의 집단상담 슈퍼비전 보고서(2018)를 각색함.

2. 집단 프로그램

빈약한 예	풍부한 예
1. 집단 프로그램 소개 자기이해와 수용, 자기표현을 중요시 한다. ➡	**1. 집단 프로그램 소개** –강의나 토의 방식이 아닌 지금–여기에서의 집단 경험(내용보다 과정에 중점), 객관적인 사실보다 감정과 정서, 창의력과 상상력, 인간 이해와 인간관계 등의 정의적 영역에 더 치중, 과제 해결보다 자기이해와 수용, 자기표현을 중요시한다. –언어적인 상호작용과 더불어 체험적인 매체를 이용한 활동을 통해 집단경험을 심층적으로 하도록 돕는다.
2. 프로그램 목적 집단원들의 자기이해를 증진시키고 관계기술을 향상한다. ➡	**2. 프로그램 목적** –집단원의 자기탐색(자신에 대한 현실적 이해와 수용, 자기개방과 표현), 생산적인 인간관계 경험을 통한 자기성장(관계 속에서 자신과 타인의 이해, 성장 도움)을 돕는다.

3. 집단상담 목표 예시

1) 집단상담 전체의 목표

집단원들이 삶의 경험을 공유하고 서로 지지하는 과정을 통해 아내, 부모의 역할이 아닌 삶의 주체로서 자신을 이해하고 대인관계의 어려움을 해소하여 자기성장을 돕는다.

2) 집단상담 장·단기 목표

① 장기 목표

–자기과 타인 이해, 자기과 타인 수용이 증진된다.

–집단 내에서 솔직한 자신을 표현하는 자기주장 능력이 향상된다.

–집단 활동을 통해 대인관계 기술 및 자기 돌봄 능력을 향상한다.

② 단기 목표

–집단원들을 존중하고 서로 이해하는 활동을 통해 공감한다.

–타인의 이야기를 경청하고 피드백한다.

–타인과 상호작용하며 대인관계 패턴을 인식한다.

−긍정적인 의사소통 기술을 습득한다.

−자신의 욕구 및 소망을 인식한다.

−자신의 강점과 내적 자원을 파악한다.

4. 집단원의 이해 및 개별 목표

빈약한 예시		
• 인상 및 특성이 구체화되어 있지 않음		
• 첫 회기 파악한 자료를 그대로 제시		
• 회기 진행하면서 파악된 정서나 주 호소문제 등을 통합하여 제시하지 못함		
별칭	별칭 의미	집단원 이해 및 개인별 목표
하늘 (42세)	수용하는 마음	• 목표: 나를 잘 표현한다. • 인상과 특성: 이지적인 외모와 말투 • 가족: 세 살짜리 남아 1명, 남편과의 관계가 안 좋음

풍부한 예시		
별칭	별칭 의미	집단원 이해 및 개인별 목표
하늘 (42세)	나도 타인도 수용하고 싶은 마음에 정함	• 목표: 나의 감정을 잘 표현하고 싶다. 　　　　집단에서 자신의 감정을 인식하고 진솔하게 말한다.
		• 인상: 165cm 정도의 키에 마른 체형, 큰 눈에 긴 머리를 뒤로 묶고 있으며 차분하고 이지적인 외모와 말투 • 특성: 심각한 이야기를 하며 웃음을 지음. 감정을 억제하는 태도 • 가족 & 관계: 세 살짜리 남아 1명, 남편과 자주 다툼 • 주요 정서: 억울함, 정서 억제 • 주 호소: 남편에게 화가 나서 끙끙댄다.

5. 집단과정의 구체적인 예

1) 집단원 선발 및 사전 오리엔테이션

① **선발**: 총 13명의 신청자들에게 사전 설문을 통해 자녀의 연령대 및 공통 관심사 및 어려움을 파악하고 리더가 전화로 사전 면담을 진행하여 집단원의 참여정도, 개인적 이슈를 구체적으로 파악하여 최종 7명을 선발함(첫 회기 때 참여할 수 없는 대상자 3명을 제외).

② 사전 오리엔테이션: 집단에 대한 설명, 비밀유지의 한계, 집단참여에 따른 위험성 안내 및 집단에서 공감하고 피드백하는 방법을 파일로 작성 이메일로 사전 오리엔테이션 자료를 배포.

6. 집단상담 평가의 예시

1) 집단원들의 피드백(7, 8회기)

① 당당: 힘을 낼 수 있고, 열정적인 나로 살며 남편의 생활비를 쿨하게 받게 되었다.

② 바다: 외로움으로 인한 분노를 이해하게 되었고 여유롭고 창의적인 나를 수용하게 된다.

③ 저울: 애썼던 나를 위로하게 되고 나의 능력을 펼치며 사는 것이 즐거움을 알게 되었다.

④ 노랑: 나의 예전 모습과 만나 좋았고 독립적인 나의 밝음을 유지하는 따뜻함을 찾았다.

⑤ 불닭: 표현 못하고 상처받은 나 이해하게 되고 안아 주고 보듬어 줘야 하는 나이다.

2) 집단원의 변화

① 당당: 남편과의 관계가 좋아졌고 아들과의 관계를 생각하고 대화 방법을 모색하게 되었다.

② 바다: 남편에 대한 분노가 줄어들고 아들에게 대했던 행동이 변화되고 있다. 모와 다시 만났다.

③ 저울: 남편도 저도 애정을 갈망하는구나. 남편과 함께 일상생활을 하게 되었고 애정이 커졌다.

④ 노랑: 나 역할에서 불필요한 부분을 줄여야겠다는 것을 깨닫고, 직장 면접에 합격하였다.

⑤ 불닭: 집단에서 이해받지 못할 부분을 설명하게 되었고 아이를 대하는 태도가 긍정적으로 달라졌다.

3) 기관만족도 평가

1) 자기효능감: 사전(평균: 83.4) ⇒ 사후(평균: 95.0)

2) 자아존중감: 사전(평균: 34.3) ⇒ 사후(평균: 46.3)

7. 슈퍼비전에서 도움 받고자 하는 것

① 진행 시 어려움

−자기개방을 잘하는 성인 집단원들을 대상으로 집단을 진행하면서도 청소년 집단운영에 익숙한 리더가 상대적으로 말이 적은 집단원이나 소외되는 집단원에게 빨리 개입하게 됩니다.

② 슈퍼비전을 통해서 얻고자 하는 것

−서로 갈등이 보이는 집단원들에 대한 개입을 어떻게 해야 할지 알고 싶습니다.

- 리더가 불닭이 마음에 많이 걸려 이후(3회기, 7회기 축어록 〈리더 17 이후〉)에 불닭을 지지해 주며 편이 됩니다. 이에 대한 더 나은 리더 반응 방식을 배우고 싶습니다.
- 빈 의자 기법(3회기 불꽃) 사용 시기와 개입 방식이 적절했는지 궁금합니다.

※ 집단상담 축어록 작성의 팁

　　다수의 집단원이 참여하는 집단 진행 과정을 녹음하고 축어록으로 작성하는 것은 어렵고, 종종 녹음 자체를 못하는 경우가 발생하기에 이러한 실수를 줄이는 방법을 안내하고자 한다.

① 뒤쪽의 집단원의 소리가 녹음되지 않을 경우를 대비하여 녹음기를 집단의 앞쪽과 뒤쪽에 두고 동시에 녹음한다.
② 장시간 진행하는 집단의 경우 첫 도입 및 마무리를 제외하고 진행 단계만 녹음할 수 있다.
③ 축어록을 작성할 때 집단원의 목소리 구분이 잘 되지 않기 때문에, 대화 순서를 간략하게 메모해 두거나 집단 진행 과정을 영상으로 녹화한다.
④ 도움 받고자 하는 집단의 주제와 집단 역동 및 개입 내용을 잘 나타낼 수 있는 부분을 축어록으로 제시한다.

제10장

집단상담에서 어려운 종결 다루기

학습목표

1. 집단 종결 시 어려운 종결에 대해서 이해하고 개입하는 방법에 대해 탐색한다.
2. 실습을 통해서 어려운 종결을 경험하고 학습한 개입 방법을 적용해 볼 수 있다.
3. 개입을 할 때 발생할 수 있는 어려움을 예측하고 대처 방법을 찾아본다.

들어가며

-집단상담 종결 단계에서 보이는 집단의 특징은 어떤 것들이 있을까요?

-집단상담 종결 시 복합적인 감정을 어떻게 다룰 수 있을까요?

-집단상담에서 경험하는 어려운 종결의 경우에는 어떤 것들이 있을까요?

-어려운 종결에 대해서 다룰 때 어떤 접근이 있을까요?

종결 단계는 집단상담에서의 다양한 경험과 변화들을 정리하고 다시 일상으로 돌아가서 삶에서 적용하기 위한 전환을 위한 준비 단계이다. 이 단계에서 집단원은 매우 복합적인 감정을 경험하게 되며 집단과의 이별로 인해 다양한 저항이 나타날 수 있다. 특히, 집단 종결 단계에서 심리적인 기제와 저항을 이해하고 적절하게 다루는 것은 집단에서의 성과를 집단원들이 동의하고 수용하여 삶에서 변화를 가져오는 동기 부여에도 중요하다.

1. 종결 단계의 특징

일반적으로 10회기를 기준으로, 9회기 내지 10회기에 집단 종결이 이루어진다. 주된 목표는 집단원들의 경험을 종합하고, 변화된 행동을 현실에 적용하도록 강화하는 것이다.

1) 집단 종결에서 다루어야 할 내용

(1) 집단경험 통합
집단과정 전반에 걸쳐 집단원들이 공유했던 경험을 반영하는 시간이 필요하다. 집단 내에서 얻은 성장, 도전, 통찰력을 인정하고 이러한 경험이 각 집단원의 개인적인 삶에서 어떻게 통합될 수 있는지 나누는 것이 중요하다. 이 과정을 통해 집단원들은 집단에서 배운 것들을 일상생활에 효과적으로 적용할 수 있는 방법을 모색하게 된다.

(2) 복합 감정 처리
종결 단계는 집단과정 중에 발생한 복잡한 감정을 집단원들이 통합하고 고찰할 수 있는 시간이다. 여기에는 취약성, 또는 해결되지 않은 감정이 포함될 수 있다. 집단원들이 이러한 감정을 안전하게 표현하고 다룰 수 있도록 돕는 것이 중요하다.

(3) 미결 사안에 대한 수용

상담 과정에서 표면화되었으나 미결된 문제나 주제에 대해 지속적인 의심이나 우려, 또는 실패 경험으로 남지 않도록 개입해야 한다. 해결되지 않은 문제에 대해 집단원들이 수용할 수 있도록 안내하고, 단기간에 모든 문제를 해결할 필요는 없다는 점을 인식시킨다.

(4) 집단에서 습득한 행동 실천 도모

집단원들이 집단과정 중에 배운 사회적 기술, 상호작용 방법 등을 일상생활에 계속 시도하도록 격려한다. 이를 위해 개인적인 목표나 실천 계획을 세우도록 도울 수 있다. 이는 집단원들이 상담 종료 후에도 지속적으로 성장하고 변화할 수 있도록 돕는다.

(5) 피드백 교환 활성화

집단원들이 집단과정에서의 경험에 대해 피드백을 주고받을 수 있는 분위기를 형성해야 한다. 이를 통해 집단원들은 자신의 경험을 반추하고 다른 사람의 경험을 통해 배우는 기회를 얻을 수 있다.

(6) 집단경험 평가

집단과정의 전반적인 경험을 통합적으로 평가할 수 있도록 격려한다. 여기에는 가장 유익했던 부분과 개선이 필요한 부분에 대한 내용이 포함된다. 이러한 평가 과정을 통해 집단원들은 자신의 성장을 확인하고 미래의 목표를 설정할 수 있다.

(7) 후속 일정 논의

추후 상담이나 이후 상담 과정에 대해 안내하는 것이 필요하다. 이는 집단상담 중에 형성된 인적 지원체계를 유지하는 데 도움이 되며, 치료의 연속성을 제공할 수 있다. 후속 집단 회기를 통해 집단원들이 지속적인 성장을 확인할 수 있도록 돕는다.

(8) 비밀유지 강조

집단 내에서 공유된 경험과 개인정보에 대해 존중하도록 상기시키면서 기밀유지의 중요성을 강조한다. 이는 집단원들이 서로에 대한 신뢰를 유지하고 안전한 환경에서 자신의 감정을 표현할 수 있도록 하는 데 필수적이다.

(9) 작별인사

마지막으로, 적절한 집단 마무리 활동으로 전체 집단 활동을 종료한다. 여기에는 집단의 여정이 끝났음을 인정하고 집단 여정의 마무리를 축하하는 수료증 수여 등의 공식적인 활동이 포함될 수 있다. 이를 통해 집단원들은 집단의 성과를 인정받고 긍정적인 마무리를 경험하게 된다(강진령, 2019b).

2) 집단경험의 통합

집단경험의 통합은 집단원들이 집단에서 배운 내용을 실생활에 적용하도록 돕는 중요한 과정이다. 이를 위해 집단원들의 집단경험을 재고하고, 학습한 내용의 실천 방법을 모색하도록 격려해야 한다. 이는 집단원들이 상담 종료 후에도 지속적으로 성장할 수 있도록 돕는 중요한 단계이다.

3) 집단 종결 후의 지속적인 성장

집단원들이 종결 후에도 지속적으로 성장할 수 있도록 전략을 모색하는 것이 중요하다. 이를 위해 후속 집단 회기를 통해 성장의 지속적인 효과를 확인하고, 필요 시 추가적인 지원을 제공해야 한다. 이는 집단원들이 상담 종료 후에도 지속적으로 자신의 목표를 향해 나아갈 수 있도록 돕는 중요한 요소이다.

종결 단계는 집단상담의 중요한 부분으로, 집단원들이 상담을 통해 얻은 성과를 일상생활에 적용하고 지속적인 성장을 이룰 수 있도록 돕는 과정이다. 이 단계를 통해 집단원들은 자신의 변화와 성장을 인정하고, 새로운 목표를 설정하며, 지속적인 성장을 위한 동기 부여를 얻을 수 있다.

2. 집단원의 복합적인 종결 감정

집단상담의 종결 단계에서 집단원들은 다양한 감정을 경험하게 되며, 이 감정들을 적절히 다루는 것은 상담의 성공적인 마무리를 위해 매우 중요하다. 감정의 다양성을 인식하고, 이를 효과적으로 지원하는 방법들을 통해 집단원들이 긍정적인 변화와 성장을 지속할 수 있도록 돕는 것이 필요하다.

1) 감정의 다양성 인식

집단 종결 초기에는 집단원들이 자신들의 감정을 적극적으로 표현하도록 격려해야 한다. 이는 신뢰 관계 형성과 집단 참여의 감정을 나누는 중요한 단계로, 집단원들이 자신이 느끼는 복잡한 감정을 안전하게 표현할 수 있는 환경을 제공하는 것이 중요하다. 이를 통해 집단원들은 자신의 감정을 인정하고, 이를 다른 사람들과 공유함으로써 정서적 지지를 받을 수 있다.

2) 집단원의 부적응 행동에 대한 지원

집단 종결을 앞두고 집단원들 사이에서 나타나는 부적응 행동을 직면하고 지원하는 것도 중요하다. 변화 이전의 행동을 다시 나타내는 집단원들을 이해하고, 이들이 이러한 행동을 통해 어떤 감정을 표현하고 있는지 파악하는 것이 필요하다. 이를 통해 집단원들이 변화에 대한 불안을 극복하고, 안정적인 정서 상태를 유지할 수 있도록 돕는다.

3) 감정의 정화와 공유

집단 종결에 따른 복합적인 감정을 표출하고 이를 정화하기 위해 시간을 할애하는 것이 중요하다. 집단원들끼리 감정을 나누고 이해함으로써 감정의 부담을 경감할 수 있다.

이는 집단원들이 자신의 감정을 솔직하게 표현하고, 이를 통해 상호 간의 이해와 지지를 얻는 기회를 제공한다.

4) 상실감 극복을 위한 경험 공유

상실감을 극복하기 위해 집단원들끼리 과거의 의미 있었던 사건들을 나누는 것이 효과적이다. 공동의 경험을 통해 상실감을 이해하고, 이러한 감정이 정상적인 흐름임을 인식하도록 돕는다. 이는 집단원들이 상실감에 대한 자연스러운 반응을 이해하고, 이를 통해 감정적으로 성장할 수 있는 기회를 제공한다.

5) 집단 리더의 감정 표출과 공감

집단 리더도 집단 종결에 따른 상실감을 경험할 수 있음을 인정하고, 이를 집단원들과 공유하는 것이 중요하다. 집단 리더가 자신의 감정을 솔직하게 표현함으로써 집단원들과의 친밀한 관계에서 비롯된 감정을 나눌 수 있다. 이는 집단원들과의 공감대를 형성하고, 집단의 응집력을 강화하는 데 도움을 줄 수 있다.

6) 친밀한 관계의 지속 유도

집단의 성격에 따라 집단 종결 후에도 집단원 간의 관계를 지속할 수 있도록 지원하는 것도 하나의 방법이다. 추가적인 작업이나 모임을 통해 집단원들 간의 친밀성을 유지하는 것도 추천된다. 이는 집단원들이 상담 종료 후에도 지속적인 지지체계를 유지할 수 있도록 돕는다.

7) 개인 작업에 대한 지원

집단 종결 후에도 개인적인 작업을 계속할 수 있도록 도움을 주는 것이 중요하다. 이를 통해 집단원들이 개인의 성장과 발전을 지속적으로 이룰 수 있도록 지원하고, 안정적인 감정 상태를 유지하도록 유도한다. 개인상담이나 추가적인 그룹 활동을 통해 이러한 지원을 제공할 수 있다.

집단상담의 종결 단계는 집단원들이 경험한 감정을 정리하고, 이를 통해 새로운 목표를 설정하며 지속적인 성장을 도모하는 중요한 시간이다. 이를 효과적으로 지원함으로써 집단원들은 상담에서 얻은 긍정적인 변화를 일상생활에 적용할 수 있게 된다.

3. 어려운 종결 1-미해결된 채로 종결

집단상담은 기본적으로 변화와 성장을 촉진하는 과정이지, 모든 문제를 해결하고 완결짓는 과정을 의미하지 않는다. 집단상담은 참여자들이 자신의 문제를 인식하고 해결 방향을 설정하며, 지속적인 성장을 도모하는 데 중점을 둔다.

1) 집단상담은 변화와 성장의 과정

집단상담은 문제의 해결과 완결을 목표로 하기보다는 변화와 성장을 위한 방향을 잡고 문제를 해결해 나가는 과정이다. 이는 참여자들이 자신의 문제를 인식하고 해결할 방향을 설정하며, 지속적인 성장을 도모하는 것을 목적으로 한다. 따라서 집단상담에서 모든 문제가 완벽히 해결되지 않는 것은 자연스러운 일이다.

2) 미해결된 채로 종결에 대한 이해

많은 내담자들이 자신의 문제가 미해결된 채로 집단상담이 종료될 때 불만과 불만족을 경험하게 된다. 이는 구체적인 문제 해결과 명확한 결과, 변화에 대한 강한 필요성과 심리적 욕구를 반영하는 것이다. 내담자들은 집단상담을 통해 즉각적인 해결책을 기대하지만, 이는 현실적으로 모든 경우에 적용될 수 없는 한계가 있다(Knox et al., 2011).

3) 개입

첫째, 상담자는 집단상담의 궁극적인 목적이 집단에서 습득한 학습 내용을 실제 생활에 적용하여 삶을 보다 생산적으로 변화시키는 것임을 반복해서 강조해야 한다. 집단상담은 설정된 목표를 달성하기 위한 수단이며, 이 과정에서의 경험과 변화를 인정하고 수용하는 것이 중요하다.

둘째, 현실적인 기대를 설정하는 것이 필요하다. 상담은 진행 과정이며, 정해진 시간 내에 모든 것을 해결하지 못하는 것이 일반적이다. 상담자는 내담자들에게 상담이 완벽한 결과를 도출하기보다는 진행 과정에서의 성장을 목표로 한다는 점을 부드럽게 상기시켜야 한다.

셋째, 지속적인 성장과 자기효능감을 강화하기 위한 지지를 제공해야 한다. 상담 과정에서 얻은 통찰력과 공유된 경험, 그리고 긍정적인 변화를 강조하며, 내담자들이 개인적인 성장과 탐구를 계속할 수 있도록 지지한다.

넷째, 상담자는 내담자들의 미해결된 주제를 자신의 유능성과 연결하지 않아야 한다. 변화는 문제의 완전한 소멸이나 해결이 아니라 과정이다. 따라서 미해결된 주제가 존재하는 것은 자연스러운 현상이며, 이는 내담자의 대처 전략과 방식을 보여 주는 중요한 단면일 수 있다.

마지막으로, 상담자는 내담자들에게 현재의 미결 상태가 내담자의 중요한 부분임을 인식시키고, 이를 수용할 수 있도록 도와야 한다. 이는 내담자들이 자신의 현재 상태를 인정하고, 이를 바탕으로 더 나은 방향으로 나아갈 수 있는 동기 부여를 제공한다.

4) 개입 예시

※ 종결에서 집단상담이 변화와 성장의 과정임을 환기시키는 예시

- **인정과 수용:** "A님. 지금 느끼시는 불만족과 해결되지 않은 문제에 대해 말씀해 주셔서 감사합니다. 여기서의 경험이 모든 문제를 해결해 주지 못할 수도 있다는 점을 이해하시는 것이 중요

해요. 우리 모두는 각자의 속도로 성장하고 발전합니다. A님이 이루신 진전에 주목하고 싶어요. 이 과정에서 어떤 변화나 통찰을 경험하셨나요?"

- **현실적 기대 설정**: "A님, 상담 과정이 항상 완벽한 해결책을 제공하지는 않는다는 것을 이해하는 것이 중요합니다. 우리가 여기서 할 수 있는 것은 자기이해를 높이고, 서로의 경험에서 배우며, 개인적인 성장을 위한 기초를 마련하는 것입니다. 이 과정에서 얻은 통찰력을 바탕으로, A님이 앞으로 어떻게 나아갈 수 있을지에 대해서 생각해 보는 것이 어떨까요?"
- **지속적인 성장과 자기효능감 강화**: "A님, 이 집단상담이 끝나더라도 개인적인 성장은 계속됩니다. 여기서 배운 것들을 일상생활에 어떻게 적용할 수 있을지 생각해 보세요. 또한, 자신만의 대처 방법을 개발하는 것이 중요합니다. 집단에서의 경험으로 어떤 변화가 생겼나요? 집단을 통해서 발견하게 된 A님의 자원은 어떤 것이 있을까요?"

4. 어려운 종결 2-화해되지 않은 채로 종결

1) 성찰과 탐색을 위한 숙고의 과정

집단상담에서 내담자들은 종종 내적으로 갈등이 있는 대상과 화해되지 않은 상태로 상담을 종료하게 된다. 이는 찝찝하고 미해결된 상태로 종결되며, 이러한 경험은 내담자의 개인적 성장, 자기인식의 증진, 그리고 미래의 변화를 위한 동기 부여를 위해 필요하다.

2) 화해되지 않은 채로 종결의 이해

화해되지 않은 채로 종결되는 상황은 여러 가지가 있으며, 이는 내담자에게 중요한 자기성찰과 탐색의 기회를 제공한다. 이러한 미해결 상태는 다양한 측면에서 내담자의 성장을 촉진할 수 있다.

첫째, 내담자가 자신의 가족관계에서 오래된 갈등을 가지고 있을 경우, 이 갈등이 상담 과정에서 완전히 해결되지 않을 수 있다. 이러한 경우, 내담자는 가족 간의 불화와 과거의 상처와 같은 주제를 다루게 된다. 이 미해결 상태는 내담자가 자신의 감정을 더 깊이 이해하고, 가족과의 관계에서 자신의 역할과 경계를 재정립하는 계기를 제공한다.

둘째, 내담자가 부정적인 자기인식과 관련된 문제를 완전히 해결하지 못할 때, 자존감과 자기비판 같은 주제를 다루게 된다. 이 미해결된 문제는 내담자가 자신의 강점과 약점을 더 잘 이해하고, 자기수용의 과정을 지속하도록 자극한다.

셋째, 우울증과 관련된 오래된 정서적 문제를 가진 내담자는 짧은 기간의 집단상담으로 해결하기 어려울 수 있다. 이러한 경우, 내담자는 우울증과 장기적인 정서적 문제를 다루게 되며, 이 미해결 상태는 내담자가 장기적인 개인 치료나 지속적인 자기관리 전략을 모색하는 동기 부여의 기회로 활용될 수 있다.

넷째, 내담자가 다른 집단원과의 갈등을 완전히 해결하지 못할 경우, 대인관계와 갈등해결 같은 주제를 다루게 된다. 이 미해결 상태는 내담자가 대인관계 기술을 개발하고, 갈등해결 전략을 배우는 데 필요한 통찰을 제공하며, 동기 부여를 준다.

마지막으로, 내담자가 직장이나 학업에서의 압박감과 관련된 문제를 완전히 해결하지 못할 때, 직장 스트레스와 학업 압박 같은 주제를 다루게 된다. 이 미해결 상태는 내담자가 자신의 삶에서 더 많은 자기 결정을 하고, 독립성을 발달시키는 데 도움을 줄 수 있다.

3) 개입

화해되지 않은 채로 종결되는 상황에서는 몇 가지 중요한 개입 방법이 필요하다. 먼저, 종결의 특성 중 하나인 용서에 대해 다루어야 한다. 중요 대상과의 장기적인 관계에서 용서는 쉽게 일어나지 않으며, 충분한 시간과 작업이 요구된다. 성급하게 개입해서 단기간에 처리하고 해결할 수 없는 주제도 많다는 점을 인식해야 한다. 때로는 화해하지 않아야 하는 대상이 존재하며, 화해하지 않고 분노하거나 용서하지 않아야 건강한 관계가 유지될 수 있다.

상담자는 집단상담 과정에서의 경험 및 변화, 노력에 대한 인정을 중요시하고 수용해야 한다. 또한 현실적인 기대를 설정하는 것이 중요하다. 상담은 과정이며, 정해진 시간 내에 모든 것이 해결되지 않는 것이 일반적이라는 것을 부드럽게 상기시켜야 한다. 상담은 종종 완벽한 결과를 도출하기보다는 진행 과정에서의 성장을 목표로 한다는 점을 강조해야 한다.

지속적인 성장과 자기효능감을 강화하기 위한 지지를 제공하는 것도 중요하다. 상담 과정에서 얻은 통찰력과 공유된 경험, 그리고 긍정적인 변화를 강조하며, 내담자들이 개인적인 성장과 탐구를 계속할 수 있도록 지지한다. 이 과정에서 상담자는 변화가 문제의 완전한 소멸이나 해결이 아니라 과정이라는 점을 내담자에게 인식시켜야 한다. 미해결된 주제가 존재하는 것은 자연스러운 현상이며, 이는 내담자의 대처 전략과 방식을 보여 주는 중요한 단면일 수 있다(Wade et al., 2018).

4) 개입 예시

> ※ **종결에서 집단상담이 변화와 성장의 과정임을 환기시키는 예시**
>
> • **개인적 성장을 위한 미해결 갈등:** "이 갈등은 단기간의 상담으로 완전히 해결하기 어려운 문제일 수 있어요. 하지만 이런 과정은 자신의 성장 과정에서 중요한 부분이 될 수 있습니다. 갈등을 깊이 이해하고 자신의 가족 역동을 다시 정립하기 위한 시작이 될 수 있습니다.", "가족 관계에서의 오래된 갈등은 한번에 해결하기 어려운 복잡한 문제일 수 있어요. 이 갈등을 조금씩 다뤄가며 여러분의 감정을 지속적으로 탐색해 보는 것이 중요합니다. 이는 여러분이 자신의 감정을 표현하고 이해하는 데 도움을 줄 것입니다.", "가족 간의 불화와 상처는 단기간의 상담으로 완전히 해결되지 않을 수 있어요. 그러나 이를 통해 여러분은 자신의 감정을 탐색하고, 가족과의 관계에서 새로운 시작을 하는 데 필요한 도구를 얻게 될 것입니다."
>
> • **자기인식의 증진:** "자기인식의 부정적인 측면을 다루어 가는 것은 한번에 완전히 해결하기 어려운 과정입니다. 그러나 여러분이 계속해서 자기에게 도전하고 성장하는 과정에서 조금씩 변화가 생깁니다", "자존감과 자기비판에 대한 문제는 단기간의 상담으로 완전히 해결하기 어려운 복잡한 주제일 수 있어요. 하지만 이를 지속적으로 다루면 여러분은 자신에 대한 새로운 통찰력을 얻을 수 있습니다.", "자기인식의 문제는 어쩌면 평생 다루어 가야 하는 과제입니다. 지금은 완전한 해결을 기대하기 어려울 수 있지만, 여러분이 이에 집중하고 성장하는 과정에서

조금씩 변화가 있을 것입니다."

- **장기적인 치료 목표 설정**: "우울증과 관련된 문제는 한 번에 해결하기 어려운 문제입니다. 이 문제를 장기적인 관점에서 바라보면서 여러분이 개인적인 치료 목표를 설정하고 방향을 잡는 데 집단에서의 경험이 도움이 될 것입니다.", "우울증과 관련된 깊은 문제는 한 번의 집단상담 으로 완전히 해결하기 어려울 수 있어요. 하지만 이를 다뤄 가면서 여러분은 자신을 치유하는 데 필요한 단서를 찾을 수 있을 것입니다.", "우울증과 같은 장기적인 정서적 문제는 단기간의 노력으로 극복되기 어려운 면이 있습니다. 하지만 여러분이 이를 다루는 과정에서 지속적인 성장과 변화가 생깁니다."

- **대인관계 기술의 발달**: "대인관계에서의 갈등은 한번에 해결하기 어려운 복잡한 문제일 수 있어요. 집단에서의 경험을 통해서 대인관계에서 필요한 기술에 대한 이해와 갈등해결 전략을 배우는 데 필요한 통찰을 주고 동기 부여에 도움이 될 것입니다.", "갈등 해결과 대인관계의 발전은 시간이 필요한 과정입니다. 지금은 모든 것을 해결하기 어려울 수 있지만, 대인관계 기술의 발달에 도움이 될 수 있습니다."

- **자기 결정과 독립성**: "직장이나 학업에서의 압박은 한번에 모든 것을 해결하기 어려운 문제일 수 있어요. 하지만 집단에서의 경험을 바탕으로 이 주제를 지속적으로 다룬다면 여러분은 자신의 삶에 대한 더 많은 결정을 내릴 수 있고, 독립성을 키울 수 있습니다.", "압박과 관련된 문제는 한번에 모든 것을 해결하기 어려울 수 있어요. 하지만 여러분은 집단경험을 바탕으로 조금씩 자기 결정에 대한 책임을 가져가며 독립성을 키워 나갈 수 있을 것입니다.", "직장 스트레스와 학업 압박은 지금 당장 해결하기 어려울 수 있어요. 하지만 집단에서의 경험을 바탕으로 이를 다뤄 가면서 여러분은 자신의 삶에 대한 더 많은 통제력을 얻을 수 있을 것입니다.", "자신만의 대처 방법을 개발하는 것이 중요합니다. 집단에서의 경험으로 어떤 변화가 생겼나요? 집단을 통해서 발견하게 된 A님의 자원은 어떤 것이 있을까요?"

5. 어려운 종결 3-마무리 시점에 심각한 주제를 꺼내는 종결

1) 집단 종결 시 유의점

집단 종결은 상담의 중요한 부분으로, 집단원들이 경험을 통합하고 변화를 일상에 적용하는 단계이다. 그러나 집단원이 종결을 앞두고 새로운 주제를 제기하는 경우가 종종 발생한다. 이러한 상황에서는 새로운 주제에 대해 논의를 시작하는 것을 피해야 한다. 회기의 종결을 앞둔 시점에서 새로운 주제나 관심사에 대한 논의를 시작하면 집단 종결 작업이 지연되고, 종결에서 다루어야 할 중요한 내용을 충분히 다루지 못하게 된다.

2) 마무리 시점에 심각한 주제를 꺼내는 종결에 대한 이해

마무리 시점에 심각한 주제를 꺼내는 집단원들의 행동에는 여러 가지 심리적 요인이 작용한다.

첫째, 집단상담 종결로 인해 심리적 지원체계가 무너질 것 같은 두려움이 있을 수 있다. 이러한 불안은 종결이 다가올수록 높아지며, 이를 대처하기 위해 중요한 주제를 제기하여 집단의 지원과 관심을 받으려는 욕구가 생길 수 있다.

둘째, 종결 단계에서 집단원들은 자신의 이야기를 마무리하고자 하는 욕구를 강하게 경험한다. 이는 종결 전에 자신의 중요한 경험이나 감정을 나누고 싶은 욕구로 표현되며, 마지막 기회로 인식되기도 한다. 이 기회를 놓치지 않고 자신의 관심사나 문제를 표현하여 상담의 완결성을 느끼고자 하는 욕구가 나타난다.

셋째, 분리불안이 큰 역할을 한다. 종결로 인해 상담에서 경험한 지지적인 관계가 끝나는 것에 대한 분리불안이 발생하며, 이는 집단원들이 별도의 지원체계 없이 자립하는 것에 대한 두려움으로 이어질 수 있다. 종결이 다가오면서 자신의 어려움을 다시 강조하여 관계를 유지하고자 하는 욕구가 강해진다.

마지막으로, 집단 리더에 대한 의존도 중요한 요인이다. 종결에 대한 불안을 해소하기 위해 집단 리더에게 의지하고, 미해결된 문제나 감정을 표현함으로써 리더의 지원을 계속 받고자 하는 욕구가 나타난다. 이는 종결에 대한 안정감을 제공하고, 리더와의 관계를 지속하고자 하는 심리적 기제로 이해할 수 있다.

3) 개입

집단 종결 시점에서 새로운 주제를 꺼내는 집단원들에게는 몇 가지 중요한 개입이 필요하다.

첫째, 집단원들이 종결로 인해 경험할 수 있는 불안, 두려움, 의존에 대한 욕구를 공감하고 이러한 감정을 자연스러운 것으로 수용하는 것이 중요하다. 집단원들이 이러한 감정을 표현할 수 있도록 안전한 공간을 제공하고, 그들의 감정을 인정하며 받아들여야 한다.

둘째, 집단원들이 집단 작업을 통해 경험한 지지와 긍정적인 경험이 스스로의 노력과 성찰로 획득한 것임을 상기시켜야 한다. 이는 집단원들이 상담을 통해 얻은 성과와 변화를 인정하고, 이러한 변화를 일상생활에 적용할 수 있는 자신감을 심어 주는 데 도움이 된다.

마지막으로, 종결 후에도 지속적인 성장을 위해 필요한 전략을 제시하고, 후속 상담이나 지원 그룹을 안내하여 집단원들이 안정적으로 자립할 수 있도록 돕는 것이 필요하다. 이는 집단원들이 종결 이후에도 지속적으로 성장하고 발전할 수 있는 기반을 마련해 줄 수 있다(Knox et al., 2011).

4) 개입 예시

※ 종결에서 경험하는 다양한 감정을 공감하고 수용하는 예시
- 집단이 종결되는 것에 대해서 불안을 느끼는 것은 자연스러운 일입니다. 종결로 인해서 집단에서 경험한 든든한 지지체계가 없어진다고 느끼면 두렵기도 하고 또 외롭기도 합니다.

- 집단에서의 긍정적인 경험, 자신에 대한 통찰, 정서적인 유대감은 집단원들에게서 거저 받은 것이 아닙니다. 여러분이 집단 내에서 노력하고 고민하여 성찰한 결과 얻은 값진 경험들입니다. 여러분이 스스로의 힘으로 만들어 낸 경험입니다. 외부 세계가 지지적인 집단의 분위기와는 다르지만 여전히 집단 안에서 만들었던 긍정적인 일들을 만들어 낼 수 있습니다.

어려운 종결에 대한 경험 나누기

사례 분석

잠석자	참석자 별칭
집단 맥락과 상황 제시 및 축어록	1. 현재 사례의 맥락과 상황 제시 2. 리더와 집단원들의 구체적인 활동 내용을 제시 3. 상황 축어록
종결 유형 분류	
대처 방법	
상담자로서 어려웠던 점	

1) 미해결된 채로 종결하기(5가지 주제)

※ 조별로 제시된 시나리오를 바탕으로 '미해결된 채로 종결'에 개입을 연습해 봅시다.

〈집단구조화〉

1. **집단 구성원**: 직장인 6명 + 집단 리더 1명
2. **집단 구조**: 10회기 집단(주 1회 4시간) 중 10회기
3. **상황**: 리더는 집단원들과의 종결을 위해 집단과정에서의 소감에 대해서 나누어 보자고 집단원들을 초대한다. 집단원 A가 미해결된 채로 종결되는 주제를 언급하면서 불편함, 불만족하다고 보고한다.

주제 1: 대인관계 갈등

"아무래도 저는 여전히 대인관계에 대한 문제를 완전히 해결하지 못한 것 같아요. 지금까지의 집단에서 많은 도움을 받았지만, 아직도 사람들과의 관계에서 불편함을 느끼고 있어요. 일상생활로 돌아가서 어떻게 하면 더 나은 대인관계를 형성할 수 있을지 모르겠어요."

주제 2: 자아탐색

"이번 집단상담에서 나 자신에 대해서 탐색하는 기회가 있었지만, 아직은 제대로 된 해답을 찾지 못한 것 같아요. 나는 내가 정확히 누군지 모르겠고, 무엇을 원하는지에 대해 명확하지가 않아요."

주제 3: 진로

"집단상담에 참여하게 된 이유 중 하나가 내 진로 고민이었는데, 아직도 뚜렷한 방향이 보이지 않네요. 다른 집단원들이 자신의 진로에 대해 어떻게 결정해 나가는지 듣는 것은 도움이 됐지만, 나만의 길을 찾지 못한 것 같아요."

주제 4: 성격

"상담을 시작할 때보다는 확실히 제 성격에 대한 인식이 높아진 것 같아요. 그런데 이제는 그 성격을 어떻게 다루고 향상시킬지에 대한 구체적인 계획이 없어서 조금 불안하고 막연하네요."

상황 5: 가족 갈등

　"집단에서 위로를 받았지만 가족 간의 문제는 여전히 해결되지 않았어요. 문제는 또 반복될 텐데, 어떻게 다루어 나가야 할지에 대한 방법을 아직 찾지 못한 것 같아요. 이런 상황에서 벗어날 수 있는 방법을 찾고 싶었는데, 잘 모르겠어요."

1. 만약 앞과 같은 상황이라면 집단상담자는 어떤 감정을 경험할까요?

_____

_____

_____

_____

2. 위와 같은 상황을 다루는 데 있어 어떤 점이 염려되나요?

_____

_____

_____

_____

3. 집단원들은 어떤 감정을 경험할까요?

_____

_____

_____

_____

4. 개입 전략을 논의해 봅시다.

_____

_____

_____

_____

_____

5. 개입 시 주의해야 할 점은 무엇일까요?

_____

_____

_____

_____

_____

6. 개입과 집단과정에서 발생 가능한 어려움을 예상하고 대처 전략을 세워 봅시다.

_____

_____

_____

_____

_____

_____

2) 실습하기

1. 리더, 코리더, 집단원들로 역할을 나누어 실습해 봅시다.

_____

_____

2. 리더, 코리더로 느낀 점을 나누어 봅시다.

_____

_____

3. 집단원으로서 느낀 점을 나누어 봅시다.

_____

_____

4. 개입하는 리더의 개입에 대해서 느낀 점을 나누어 봅시다.

_____

_____

5. 본 사례에서의 치료적인 요인을 찾아봅시다.

_____

_____

6. 사례의 개입에서 보완하거나 추가할 내용에 대해서 논의해 봅시다.

_____

_____

_____

3) 전체 사례 나누기 & 사례 개입 모델링

1. 각 조별로 실습 사례에 대해 좋았던 점에 대해서 나누어 봅시다.

_____
_____
_____
_____

2. 실습 과정에서 개입에서 어려웠던 점에 대해서 나누어 봅시다.

_____
_____
_____
_____

3. 전문가의 사례 개입 모델링을 보고 느낀 점을 나누어 봅시다.

_____
_____
_____
_____

4. 모델링을 보고 질문이 있다면 정리해 봅시다.

_____
_____
_____
_____
_____

1) 화해되지 않은 채로 종결하기(5가지 주제)

※ 조별로 제시된 시나리오를 바탕으로 '미해결된 채로 종결'에 개입을 연습해 봅시다.

〈집단구조화〉

1. **집단 구성원**: 직장인 6명 + 집단 리더 1명
2. **집단 구조**: 10회기 집단(주 1회 4시간) 중 10회기
3. **상황**: 리더는 집단원들과의 종결을 위해 집단과정에서의 소감에 대해서 나누어 보자고 집단원들을 초대한다. 집단원 A가 미해결된 채로 종결되는 주제를 언급하면서 불편함, 불만족하다고 보고한다.

---

1. **가족과의 화해: 가족 간의 불화, 과거의 상처**

   상담에서는 가족과의 불화와 그로 인한 과거의 상처에 대해 이야기했어요. 그런데 상담이 끝나고도 가족과의 갈등이 완전히 해결되지 않아서 불편합니다. 가족과의 관계에서 여전히 마음에 남는 불만과 걱정이 있어요. 진정한 화해와 해결은 불가능한 건가요? 화해가 안 되고 상담이 끝나가서 속상해요."

2. **나와의 화해: 자존감, 자기비판**

   "내 자신에 대한 부정적인 자기인식과 자존감 문제에 대해 집단에서 다루었어요. 하지만 아직도 이 문제를 완전히 극복하지 못하고 내 안에서는 여전히 불편함을 느끼고 있습니다. 자기비판의 그림자가 여전히 뒤를 쫓고 있어, 미래에 대한 불안함과 불만족이 크게 남아 있어요."

3. **직장 상사와의 화해: 우울증, 장기적인 정서적 문제**

   "우울증과 관련된 정서적 문제에 대해 이야기했는데, 집단상담으로는 해결이 어려운 복잡한 문제라고 느껴져요. 특히, 직장에서의 압박감과 상사와의 관계에서 불편함이 여전히 남아 있어, 이 부분에 대한 진정한 해결이 이루어지지 않으면서 불만족스러움을 느끼고 있습니다."

4. 타인과의 화해: 대인관계, 갈등 해결

"집단에서는 다른 집단원과의 갈등에 대해 이야기했어요. 하지만 갈등이 완전히 해소되지 않아 여전히 집단 내에서 어색한 느낌을 받고 있습니다. 다른 사람들과의 관계에서 화해가 완전히 이루어지지 않아서 여전히 불편해요."

5. 문제 상황과의 화해: 직장 스트레스, 학업 압박

"직장에서의 스트레스와 압박 문제에 대해서 집단에서 다루어서 공감받고 이해받아서 좋았습니다. 그럼에도 여전히 완전한 해결이 이루어지지 않아 불편함을 느끼고 있습니다. 앞으로의 직장생활과 학업에서 계속해서 이러한 문제에 대처해야 하기 때문에, 이 불안함이 계속 남아 있어요."

1. 만약 위와 같은 상황이라면 집단상담자는 어떤 감정을 경험할까요?

_____

_____

_____

_____

_____

2. 위와 같은 상황을 다루는 데 있어 어떤 점이 염려되나요?

_____

_____

_____

_____

_____

3. 집단원들은 어떤 감정을 경험할까요?

_____

_____

_____

_____

4. 개입 전략을 논의해 봅시다.

_____

_____

_____

_____

5. 개입 시 주의해야 할 점은 무엇일까요?

_____

_____

_____

_____

6. 개입과 집단과정에서 발생 가능한 어려움을 예상하고 대처 전략을 세워 봅시다.

_____

_____

_____

_____

_____

활동지 3
2) 실습하기

1. 리더, 코리더, 집단원들로 역할을 나누어 실습해 봅시다.

_____

_____

2. 리더, 코리더로 느낀 점을 나누어 봅시다.

_____

_____

3. 집단원으로서 느낀 점을 나누어 봅시다.

_____

_____

4. 개입하는 리더의 개입에 대해서 느낀 점을 나누어 봅시다.

_____

_____

5. 본 사례에서의 치료적인 요인을 찾아봅시다.

_____

_____

6. 사례의 개입에서 보완하거나 추가할 내용에 대해서 논의해 봅시다.

_____

_____

_____

3) 전체 사례 나누기 & 사례 개입 모델링

1. 각 조별로 실습 사례에 대해 좋았던 점에 대해서 나누어 봅시다.

_____

_____

_____

_____

2. 실습 과정에서 개입에서 어려웠던 점에 대해서 나누어 봅시다.

_____

_____

_____

_____

3. 전문가의 사례 개입 모델링을 보고 느낀 점을 나누어 봅시다.

_____

_____

_____

_____

4. 모델링을 보고 질문이 있다면 정리해 봅시다.

_____

_____

_____

_____

_____

마무리 시점에 집단 전체 역동에 대한 코멘트를 하면서 심각한 주제를 꺼내는 종결

※ 조별로 제시된 시나리오를 바탕으로 '미해결된 채로 종결'에 개입을 연습해 봅시다.

〈집단구조화〉

1. **집단 구성원**: 직장인 6명 + 집단리더 1명
2. **집단 구조**: 10회기 집단(주 1회 4시간) 중 10회기
3. **상황**: 집단원들과의 종결을 위해 집단과정에서의 소감에 대해서 나누어 보자고 집단원들을 초대한다. 다소 차분하고 아쉬워하는 분위기에서 모두 작업을 마무리하려던 찰나 집단원 A가 여러번 머뭇거리다가 말을 꺼낸다.

🔔 사례

"에, 음…… 사실 저는 이번 집단에서 뭔가 말하고 싶은 게 있어요. 그러니까, 지금까지 집단 과정에서 은근한 소외감을 느꼈어요. 이런 느낌은 일상에서도 자주 경험해서 잘 알아요. 저는 학창 시절에도, 그리고 지금의 직장에서도 사람들이 나를 은근하게 소외시킨다는 걸 느껴요. 어떤 이유에서인지 잘 모르겠지만 나는 항상 마음 한구석에 이런 느낌을 느끼고 있어요. (조용한 한숨과 함께 눈을 피하며 계속한다.) 이 이야기를 집단에서 나누고 싶었는데, 막상 이야기하려고 하면 엄두가 나지 않아서, 그리고 실제로 이 집단에서도 그런 일이 일어나고 있는 중이라 더 말하기 어려웠어요. 그래서 그냥 진로 고민에 대해서 이야기하게 됐었어요. 사실은 이게 아니라…… 나는 이런 문제를 해결하고 싶었던 거예요."

---

1. 만약 앞과 같은 상황이라면 집단상담자는 어떤 감정을 경험할까요?

_____

_____

_____

_____

2. 앞과 같은 상황을 다루는 데 있어 어떤 점이 염려되나요?

_____

_____

_____

_____

_____

3. 집단원들은 어떤 감정을 경험할까요?

_____

_____

_____

_____

_____

4. 개입 전략을 논의해 봅시다.

_____

_____

_____

_____

_____

5. 개입 시 주의해야 할 점은 무엇일까요?

_____

_____

_____

_____

_____

6. 개입과 집단과정에서 발생 가능한 어려움을 예상하고 대처 전략을 세워 봅시다.

_____

_____

_____

_____

_____

참고문헌

강진령(2019a). **집단상담의 실제**. 서울: 학지사.

강진령(2019b). **집단상담과 치료**. 서울: 학지사.

고나영(2024). 빈의자 기법 사용과 게슈탈트 집단상담의 최신 흐름. 2024년 한국집단상담학회 춘계 학술대회 자료집.

고주희(2021). CounselAR: AR마스크를 이용한 심리상담 서비스 연구. 연세대학교 대학원 석사 학위논문.

권경인(2001). 집단상담 활동의 유형화 연구. 서울대학교 대학원 석사학위논문.

권경인(2011). 집단상담에서 집단역동의 이해와 활용. **가족과 상담**, 1(1), 89-114.

권경인(2023). **관계의 힘을 키우는 부모 심리 수업**. 서울: 라이프앤페이지.

권경인, 김미진, 추연국(2020). 집단상담 교육 프로그램의 구성 요소 도출: 중급 집단상담자의 경험과 인식을 중심으로. **학습자중심교과교육연구**, 20(13), 503-529.

권경인, 김태선, 조수연(2018). 상담경력과 집단상담 윤리 인식: 한국과 미국 집단상담자 비교연구. **한국심리학회지: 상담 및 심리치료**, 30(4), 985-1007.

권경인, 양정연(2021). 비대면 화상 집단상담 참여경험에 대한 탐색적 연구. **학습자중심교과교육연구**, 21(16), 749-767.

권경인, 이은경(2022). 집단상담 수퍼비전 경험에 관한 탐색적 연구: 중급 집단상담자의 도움 경험을 중심으로. **학습자중심교과교육연구**, 22(23), 837-857.

권경인, 조수연(2015a). 집단상담 윤리 요소: 개관. **상담학연구**, 6(4), 65-88.

권경인, 조수연(2015b). 집단상담 윤리 요소 도출을 위한 델파이 연구. **상담학연구**, 16(6), 219-240.

김정석(2024). 비대면 화상 집단상담 효과에 대한 메타연구. 광운대학교 대학원 박사학위논문.

김정석, 권경인(2024). 비대면 화상 집단상담에 대한 체계적 문헌고찰. **학습자중심교과교육연구**, 24(10), 103-118.

김진숙(2002). 대상관계이론에 기초한 사례개념화와 상담관계의 활용. 한국심리학회 학술대회 자료집, 2(1), 132-138.

김창대, 김형수, 신을진, 이상희, 최한나(2011). 상담 및 심리교육 프로그램 개발과 평가. 서울: 학지사.

양정연(2019). 집단상담 작업동맹 척도 개발 및 타당화. 광운대학교 대학원 박사학위논문.

이귀숙 외(2019). 청소년상담연구 192-부모 정서조절 향상 프로그램 개발. 부산: 한국청소년상담복지개발원.

이미선, 권경인(2009). 집단상담자 경력에 따른 집단상담 수퍼비전 교육내용 요구분석. 상담학연구, 10(2), 911-931.

이여라(2003). 대상관계 집단상담 프로그램이 중고등학생의 긍정적인 자기개념 형성에 미치는 영향: Winnicott의 이론을 중심으로. 한국교원대학교 대학원 석사학위논문.

이은진, 이문희(2015). 초심 상담자의 자기 문제 이해 및 극복 과정. 상담학연구, 16(3), 1-24.

이장호, 강정숙(2011) 집단상담의 기초: 원리와 실제. 서울: 박영사.

이형득, 김성회, 설기문, 김창대, 김정희(2002). 집단상담. 서울: 중앙적성출판사.

장정은(2021). 정신분석으로 상담하기. 서울: 학지사.

천성문 외(2017). 집단상담: 이론과 실제. 서울: 학지사.

한국집단상담학회(2001). 윤리 강령. 경기: 한국집단상담학회.

American Counseling Association (2005). Code of ethics. Alexandria, VA: Author.

Association for Specialist in Group Work (2000). ASGW profesional standards for the training of group workers. Journal for Specialist in Group Work, 25, 327-342.

Barlow, S. H. (2004). A strategic three-year plan to teach beginning, intermediate, and advanced group skills. The Journal for Specialists in Group Work, 29(1), 113-126.

Bion, W. R. (1959). Experiences in Groups. New York: Basic Books, London: Tavistock. Reprinted, New York, Ballantine Books, 1974.

Brabender, V. (2006). The ethical group psychotherapist. International Journal of Group Psychotherapy, 56(4), 395-414.

Cashdan, S. (2005). 대상관계치료 [Object relations therapy]. (이영희, 고향자, 김해란, 김수형 공역). 서울: 학지사. (원전은 1988년에 출판)

Clus, D., Larsen, M. E., Lemey, C., & Berrouiguet, S. (2018). The use of virtual reality in patients with eating disorders: systematic review. Journal of Medical Internet Research, 20, 157.

Corey, G. (2015). 집단상담 이론과 실제(8판) [*Theory and Practice of Group Counseling, International Edition, 8th Edition*]. 서울: CENGAGE Learning. (원전은 2012년에 출판).

Corey, M. S., Corey, G., & Corey, C. (2012). 집단상담: 과정과 실제 [*Groups: Process and practice, 8th Edition*]. (김진숙 외 5인 역). 서울: CENGAGE Learning. (원전은 2010년에 출판).

de Carvalho, M. R., Dias, T. R. S., Duchesne, M., Nardi, A. E., Appolinario, J. C. (2017). Virtual Reality as a Promising Strategy in the Assessment and Treatment of Bulimia Nervosa and Binge Eating Dsorder: A Systematic Review. *Behavioral Sciences (Basel)* 2017;7:E43.

de Zambotti, M., Colrain, I. M., Baker, F. C., Kumar, R., Sizintsev, M., Samarasekera, S. et al. (2014). Inventors; SRI International, assignee. Biofeedback virtual reality sleep assistant. United States patent US 20140316191A1. 2014 Oct 23.99

Donigian, J., & Malnati, R. J. (1997). *Systemic group therapy: a triadic model.* Brooks/Cole Pub.

Earley, J. (2004). 상호작용중심의 집단상담: 대인관계적, 행동지향적, 정신역동적 접근의 통합 [*Interactive group therapy: Integrating, interpersonal, action-oriented, and psychodynamic approaches*]. (김창대 외 9인 역). 서울: 시그마프레스. (원전은 2000년에 출판).

Ettin, M. (1994). 'Symbolic Representation and the Components of a Group-as-a-Whole Model'. *International Journal of Group Psychotherapy, 44*(2), 209–231.

Fishburn, F. A., Murty, V. P., Hlutkowsky, C. O., MacGillivray, C. E., Bemis, L. M., Murphy, M. E., Huppert, T. J., & Perlman, S. B. (2018). Putting our heads together: interpersonal neural synchronization as a biological mechanism for shared intentionality. *Social Cognitive and Affective Neuroscience, 13*(8), 841–849. doi: 10.1093/scan/nsy060. PMID: 30060130; PMCID: PMC6123517.

Folke, S., Rotimann, N., Poulsen, S., & Anderson, S. B. (2023). Feasibility of Virtual Reality Exposure Therapy in the Treatment of Danish Veterans with Post-Traumatic Stress Disorder: A Mixed Method Pilot Study. *Cyberpsychology, Behavior, and Social Networking, 26*(6), 425–431. doi: 10.1089/cyber.2022.0236

Forsyth, D. R. (2018). *Group dynamics* (7th ed.). Cengage Learning.

Frankland, A. G. (2019). 대상관계 심리치료 실제: 사례로 보는 치료 안내서 [*The little psychotherapy book: Object relations in practice*]. (김진숙 역). 서울: 학지사. (원전은 2014년에 출판).

Gans, J. S. (2011). *Difficult Topics in Group Psychotherapy: My Journey From Shame to Courage.* The New International Library of Group Analysis. Routledge; 1 edition.

Gans, J. S., & Alonso, A. (1998). Difficult patients: Their construction in group therapy. *International Journal of Group Psychotherapy, 48*(3), 311-326.

Gladding, S. T. (2007) *Becoming Creative as a Counselor: The SCAMPER Model.* Alexandria, VA: Alexander Street Press.

Gladding, S. T. (2012). *Groups: A Counseling Specialty.* Upper Saddle River, NJ: Pearson.

Hamilton, N. G. (2007). 대상관계 이론과 실제: 자기와 타자 [*Self and Others: Object Relations Theory in Practice*]. (김진숙, 김창대, 이지연 공역). 서울: 학지사. (원전은 1996년에 출판).

Haney, H., & Leibsohn, J. (2009). 15가지 집단상담기술 [*Basic Counseling Responses in Groups*]. (주은선, 주은지 공역). 서울: 시그마프레스. (원전은 2009년에 출판).

Hoffman, H. G. (2004). Virtual-reality therapy. *Scientific American, 291*(2), 58-65.

Iacoboni, M. (2009). Imitation empathy and mirror neurons. *Annual Review of Psychology, 60*, 653-670. doi: 10.1146/annurev.psych.60.110707.163604. PMID: 18793090

Jacobs, E. E., Schimmel, C. J., Masson, R. L., & Harvill, R. L. (2016). 집단상담: 전략과 기술(8판) [*Group Counseling: Strategies and Skills,* Eighth Edition]. (김춘경 역). 서울: CENGAGE Learning. (원전은 2015년에 출판).

Kim, Y., & Kim, M. (2020). Virtual reality in phobia treatment: A review. *Journal of Anxiety Disorders, 42*, 12-18.

Knox, S., Adrians, N., Everson, E., Hess, S., Hill, C., & Crook-Lyon, R. (2011). Clients' perspectives on therapy termination. *Psychotherapy Research, 21*(2), 154-167.

Kotsopoulou, A., Melis, A., Koutsompou, V. I., & Karasarlidou, C. (2015). E-therapy: The ethics behind the process. *Procedia Computer Science, 65*, 492-499.

Lee, J., Lee, T. S., Lee, S., Jang, J., Yoo, S., Choi, Y., & Park, Y. R. (2022). Development and Application of a Metaverse-Based Social Skills Training Program for Children With Autism Spectrum Disorder to Improve Social Interaction: Protocol for a Randomized Controlled Trial. *JMIR Research Protocols, 11*(6), e35960. https://doi.org/10.2196/35960

Mallen, M. J., & Vogel, D. L. (2005). "Introduction to the Major Contribution Counseling Psychology and Online Counseling". *The Counseling Psychologist, 33*(6), 761-775.

Manzoni, G. M., Cesa, G. L., Bacchetta, M., Castelnuovo, G., Conti, S., Gaggioli, A. et al. (2016). Virtual reality-enhanced cognitive-behavioral therapy for morbid obesity: a randomized controlled study with 1 year follow-up. *Cyberpsychology Behavior and Social*

Networking, 19, 134-140.

Moreno, J. L. (1961). The Role Concept: A Bridge Between Psychiatry and Sociology. Reproduced In J. Fox (Ed.) (1987). *The Essential Moreno: Writinga on Psychodrama, Group Method, and Spontaneity* (pp. 60-65). Springer, New York.

Murray, C., & Branagan, N. (1997). *The Process of Psychodrama*. Retrieved fro, https://iahip. org/inside-out/issue-29-summer-1997/the-psychodrama-process%E2%80%A8.

Navas-Medrano, S., Soler-Dominguez, J. L., & Pons, P. (2023). Mixed Reality for a collective and adaptive mental health metaverse. *Frontiers in Psychiatry, 14*. 1272783.

Parsons, T. D., Duffield, T., & Asbee, J. A. (2019). comparison of virtual reality classroom continuous performance tests to traditional continuous performance tests in delineating ADHD: a meta-analysis. *Neuropsychology Review, 29*, 338-356.

Pollak, S. D., Reyna, V. F., & Cohn, E. (2009). Developmental approaches to predicting psychological risk: Introduction to special issue. *Developmental Psychology, 45*(1), 120-126.

Riva, G., Di Lernia, D., Sajno, E., Sansoni, M., Bartolotta, S., Serino, S., ... & Wiederhold, B. K. (2021). Virtual Reality Therapy in the Metaverse: Merging VR for the Outside with VR for the Inside. *Annual Review of Cybertherapy & Telemedicine, 19*, 3-8.

Rizzolatti, G., Fadiga, L., Gallese, V., & Fogassi, L. (1996). Premotor cortex and the recognition of motor actions. *Cognitive Brain Research, 3*(2), 131-141. doi: 10.1016/0926-6410(95)00038-0. PMID: 8713554.

Roller, B. (1984). The group therapist stages of professional and personal development. *Small Group Behavior, 15*(2), 265-269.

Schimmel, C. J., & Jacobs, E. E. (2011). When Leaders Are Challenged: Dealing With Involuntary Members in Groups. *Journal for Specialists in Group Work, 36*(2), 144-158.

Seethaler, M., Just, S., Stötzner, P., Bermpohl, F., & Brandl, E. J. (2021). Psychosocial impact of COVID-19 pan-demic in elderly psychiatric patients: A longitudinal study. *Psychiatric Quarterly, 92*(4), 1439-1457.

Stavroulia, K. E., Ruiz-Harisiou, A., Manouchou, E., Georgiou, K., Sella, F., & Lanitis, A. (2016). A 3D Virtual Environment for Training Teachers to Identify Bullying. 2016 18th Mediterranean Electrotechnical Conference(MELECON); 2016 Apr 18-20; Lemesos,

Cyprus. IEEE; 2016, pp. 1-6.

Tasca, G. A., Francis, K., & Balfour, L. (2013). Group Psychotherapy Levels of Interventions: A Clinical Process Commentary. *Psychotherapy*. Advance online publication. doi: 10.1037/a0032520

Trub, L. (2021). Playing and digital reality: Treating kids and adolescents in a pandemic. *Psychoanalytic Perspectives, 18*(2), 208-225.

Usmani, S. S., Sharath, M., & Mehendale, M. (2022). Future of mental health in the metaverse. *General psychiatry, 35*(4), e100825.

Vuorisalmi, E. (2025). *The healing power of hormones: Harness dopamine, serotonin, and oxytocin to unlock your best life.* Vermilion.

Wade, N. G., Cornish, M. A., Tucker, J. R., Worthington, Jr., E. L., Sandage, S. J., & Rye, M. S. (2018). Promoting forgiveness: Characteristics of the treatment, the clients, and their interaction. *Journal of Counseling Psychology, 65*(3), 358.

Wheeler, A. M., & Bertram, B. (2019). *The counselor and the law: A guide to legal and ethical practice.* John Wiley & Sons.

Yalom, I. D. (1995). *The theory and practice of group psychotherapy* (4th ed.). New York: Basic Books.

Yalom, I. D. (2008). 최신 집단정신치료의 이론과 실제(5판) [*The theory and practice of group psychotherapy,* 5th Edition]. (최혜림 외 역). 서울: 하나의학사. (원전은 2005년에 출판).

찾아보기

내용

저자 소개

권경인(Kwon, Kyoung In)
서울대학교 교육학과 교육상담 박사(교육상담 전공)
현) 광운대학교 상담복지정책대학원 원장, 산업심리학과 교수

〈저서 및 논문〉
대가에게 배우는 집단상담(학지사, 2008)
관계의 힘을 키우는 부모 심리수업(라이프앤페이지, 2023)
초심 상담실무자를 위한 집단상담의 실제(학지사, 2024)
Expertise in counseling & psychotherapy(Oxford University Press, 2016)

김미진(Kim, Mijin)
광운대학교 산업심리학과 심리학 박사(상담심리 전공)
현) 광운대학교 상담복지정책대학원 겸임교수

〈저서 및 논문〉
집단상담 교육프로그램의 구성요소 도출: 중급집단상담자의 경험과 인식을 중심으로
　　(학습자중심교과교육연구, 2020)

이민주(Lee, Min Joo)
고려대학교 교육학과 교육학 박사(상담 전공)
현) 고려대학교 사범대학 겸임교수

〈저서 및 논문〉
WISC-V 임상적 활용과 해석 지침서(학지사, 2020)
Effects of Psychotherapy on the Problem Behaviors of Humidifier Disinfectant Survivors:
　　The Role of Individual Characteristics and Adaptive Functioning(In Healthcare, 2023)

중급 상담실무자를 위한

집단상담의 실제
Group Counseling Practice for Intermediate Counselors

2025년　2월　20일　1판　1쇄　인쇄
2025년　2월　28일　1판　1쇄　발행

지은이 • 권경인 · 김미진 · 이민주
펴낸이 • 김진환
펴낸곳 • ㈜ **학지사**
　　　　04031 서울특별시 마포구 양화로 15길 20 마인드월드빌딩
대표전화 • 02-330-5114　　팩스 • 02-324-2345
등록번호 • 제313-2006-000265호

홈페이지 • http://www.hakjisa.co.kr
인스타그램 • https://www.instagram.com/hakjisabook

ISBN 978-89-997-3336-9　93180

정가 27,000원

출판미디어기업 **학지사**

간호보건의학출판 **학지사메디컬** www.hakjisamd.co.kr
심리검사연구소 **인싸이트** www.inpsyt.co.kr
학술논문서비스 **뉴논문** www.newnonmun.com
교육연수원 **카운피아** www.counpia.com
대학교재전자책플랫폼 **캠퍼스북** www.campusbook.co.kr